Christian Dickinger

DIE SKANDALE DER REPUBLIK

Haider, Proksch & Co

UEBERREUTER

Die Deutsche Bibliothek – CIP-Einheitsaufnahme

Dickinger, Christian:
Die Skandale der Republik : Haider, Proksch & Co. / Christian Dickinger. -
Wien : Ueberreuter, 2001
ISBN 3-8000-3820-X

AU 0576/1

Coverabbildungen: Jörg Haider, Udo Proksch, AKH (Votava)

Printed in Austria
7 6 5 4 3 2 1

Ueberreuter im Internet: www.ueberreuter.de

INHALT

1. ZUM GELEIT

»Man kann sich des Eindrucks nicht erwehren«, schrieb die angesehene Publizistin Marion Dönhoff Ende der 80er-Jahre, »dass die Skandalwellen allenthalben höher schlagen und immer rascher aufeinander folgen.«[1] Dieser Befund bezog sich auf die Bundesrepublik Deutschland, zu deren 40. Geburtstag im Jahre 1988 ein Buch erschien, dem der Titel »Die Bananenrepublik« gegeben wurde.[2] In dieser Publikation beklagten die Herausgeber eine aktuelle »Flut von Skandalwellen«, die nach Auffassung journalistischer Beobachter auch die österreichische Innenpolitik zu überschwemmen drohte. Und tatsächlich: Skandale, deren Aufdeckung und Bewältigung waren in den 80er-Jahren ein fixer Bestandteil der politischen Tagesordnung. Die häufig erstellte Diagnose, wonach Österreich eine »Skandalrepublik« wäre, ist aber sowohl im Hinblick auf den gesamten Zeitraum der Zweiten Republik als auch im internationalen Vergleich (Korruptionsskandale, illegale Waffenexporte etc.) falsch bzw. ahistorisch. So wurde in der wissenschaftlichen Literatur nachgewiesen, dass es in der ausgehenden Habsburgermonarchie, in der Ersten Republik und vor allem auch in den ersten beiden Jahrzehnten der Zweiten Republik ebenfalls eine Fülle von Skandalen mit »Tatbildern« gab, welche jenen der 80er-Jahre durchaus entsprachen.[3] In den 70er-Jahren wurde das prosperierende, neutrale Österreich (auch im Ausland) als eine Art Kolonie der Hyperboreer wahrgenommen, selbst kritische Beobachter empfanden die Ära des großen Bruno Kreisky als »das beste Österreich, das es jemals gegeben hat«.[4] Dann brachen die Skandale wie Eiterbeulen auf: AKH, WBO und Rabelbauer, Frischenschlager/Reder und Waldheim, der Weinskandal, Noricum und Lucona: Das Epitheton »Skandalrepublik« war geboren. Beide Bilder freilich definieren sich über Klischees. Die Themen dieses Buches bewegen sich innerhalb einer relativ einfach auszudifferenzierenden Typologie: *Politischer Konflikt als Skandal, »Schatten« der NS-Vergangenheit, Skandale, die internationales Aufsehen hervorrufen und Einfluss auf das Image Österreichs haben,*

Politische Korruption bzw. Verflechtung politischer und wirtschaftlicher Interessen, Beeinflussung bzw. Behinderung der Justiz, Sonderregeln für die »politische Klasse«, Ausnützung persönlicher Kontakte zu den politisch »Mächtigen«. Festzuhalten ist, dass innerhalb dieser Themenspanne häufig Überschneidungen zu konstatieren sind. Nicht alle skandalisierten Sachverhalte seit 1945, die sich in eine oder mehrere dieser Kategorien einfügen, konnten berücksichtigt werden. Da mit dem Verlag vereinbart wurde, eine bestimmte Seitenanzahl nicht zu überschreiten, ergab sich die Notwendigkeit, zu selektieren. Als Auswahlkriterien sind die bundespolitische Relevanz der Themen, die Literatur- bzw. Quellenlage und nicht zuletzt mein persönliches Interesse zu nennen. Typische Korruptionsskandale wie die Fälle Krauland und Müllner, die Affäre um die Rückgabe der Starhemberg-Güter, die Wohnbauaffären »WBO« und »WEB«, der »Fall Rabelbauer«, der »Fall Gross«, der »Rosenstingl-Skandal« u. a. m. konnten nicht berücksichtigt werden, der »Spitzelskandal« wurde zumindest gestreift. Auf ein Kapitel über das »skandalöse« Privatleben einzelner Politiker, ein Skandalmuster, das nicht nur in Österreich erst vor etwas mehr als einem Jahrzehnt aus einer tabuisierten Zone heraustrat, habe ich ebenfalls verzichtet.

Der ursprünglich ins Auge gefasste Titel »Politische Skandale und Konflikte in Österreich« wäre meiner Annäherung an die ausgewählten – politischen (!) – Skandale, Krisen und Konflikte wohl gerechter geworden, doch die üblichen, die Aufmerksamkeit potenzieller Leserinnen und Leser antizipierenden Erwägungen sprachen dagegen. Das Bestreben, auf ein Buch aufmerksam zu machen, ist legitim. »Aufmerksamkeit«, also das Interesse der Öffentlichkeit bzw. einer qualifizierten Teilöffentlichkeit, ist auch eines der genuinen Charakteristika eines Skandals, der stets einer Arena bedarf, innerhalb derer er sich abspielen bzw. inszeniert werden kann. In diesem Zusammenhang ist mit Nachdruck auf die Rolle der Massenmedien hinzuweisen. Neben politischen Gegnern sind es vor allem Journalisten, die sich als »Aufdecker« betätigen und einen konkreten Sachverhalt als Skandal thematisieren. Was in der Öffentlichkeit als politischer Skandal gilt, ist zeitgebunden. Auslöser sind »Ereignisse, in die *Akteure des politischen Systems unmittelbar und auslösend verwickelt* sind, durch die weiters das *normative Inventar der Politik berührt* wird, also ein von politischen Normen und Werten der Gesellschaft *abweichendes Verhalten darstellen und in Form eines politischen Konflikts* (um die Durchsetzung von

Verhaltensnormen und Machtpositionen etc.) ablaufen. Die Grundvoraussetzung jedes politischen Skandals ist somit ein zumindest von Teilen der Bevölkerung als anstößig empfundenes Verhalten.[5]

Marc Bloch meinte einmal, dass man schlechte Historie daran erkennen würde, dass sie moralische Zensuren verteile. Er schrieb, dass jede Vergangenheit ihre eigene Gegenwart habe, ihr eigenes Recht. Die Vergangenheit würde Gerechtigkeit einfordern, nicht aber Exkulpation. Eine kritische Geschichtsschreibung dürfe nichts aussparen und nichts vertuschen, stets habe man sich der Widersprüchlichkeit und Ambivalenz der historischen Realität bewusst zu sein. Selten würde es um ein »Entweder-oder« gehen, meist jedoch um ein »Sowohl-als-auch«.

Kein Autor setzt sich als politisch-intellektuelles Neutrum an den Schreibtisch und taucht die Feder in reine, absolute Objektivität. Eine »objektive Wahrheit« der Darstellung historischer Ereignisse kann es nicht geben, es gibt keine Geschichte, »wie sie sich wirklich ereignet hat«, es kann nur »historische Interpretationen geben«, wie Karl Popper schrieb, »und von diesen ist keine endgültig«.

Als Autor hat man Farbe zu bekennen. Ich komme aus der Sozialdemokratie, und deshalb gilt mein Interesse vor allem auch jenen Skandalen, Krisen und Konflikten und den mit diesen verbundenen Reaktionsweisen, die in irgendeiner Form mit der SPÖ zu tun haben. Der Umgang gerade mit diesen Themen, deren Aufarbeitung sich der Exkulpation aus weltanschaulichen Gründen peinlichst zu enthalten hat, kann als Lackmuspapier für den hohen Anspruch intellektueller Redlichkeit betrachtet werden, dem größtmögliche Unvoreingenommenheit und Fairness nach allen Seiten hin immanent ist.

Christian Dickinger

2. »Der Habsburger-Kannibalismus ist ein seltsamer Fall von Fresslust, wo garantiert nichts mehr zu fressen ist ...«

DIE HABSBURG-KRISE[1]

Am 20. November 1997 feierte Otto Habsburg-Lothringen, der Sohn des letzten österreichischen Kaisers und vormalige Thronprätendent, seinen 85. Geburtstag. Ihm zu Ehren wurde von einem Mitglied der Paneuropa-Bewegung eine wohlwollend autorisierte Homepage im Internet erstellt, wo Habsburg als »Christ, *Kaiser* [!], Europäer« vorgestellt wird.[2] Am Ende der mit zahlreichen Bildern versehenen Seite heißt es: »Diese Internet-Seite wurde *Seiner Kaiserlichen und Königlichen Hoheit*, Otto *von* Habsburg, *Oberhaupt des Hauses Österreich*, Chef und Souverän des Ordens vom Goldenen Vlies ... gewidmet und am 29. September 1997 *von ihm angenommen.*« Grotesk anmutende Sätze wie diese sind heute jeder politischen Relevanz bzw. Brisanz entkleidet, doch sie vermitteln einen authentischen Einblick in die resistente Befindlichkeit monarchistischer Gruppierungen. In der ersten Hälfte der 1960er-Jahre freilich waren Habsburgs Ankündigungen bzw. Versuche, in verschiedenen Herrschaftssystemen politisch Fuß zu fassen bzw. fassen zu wollen, ob nun als Monarch, Bundeskanzler, »Justizkanzler« oder Staatspräsident, höchst präsent. Auch mangelnde Sensibilität, Ungeschicklichkeit, Überheblichkeit und damit verbunden Selbstüberschätzung seitens des Kaisersohnes trugen dazu bei, dass die Vorbehalte, welche die österreichischen Republikaner und hier vor allem die Sozialisten gegen ihn hegten, nicht erlöschen konnten. Dies deutlich zu machen, erscheint mir wichtig, denn ungeachtet des Umstandes, dass in diesem Kapitel die »Habsburg-Krise« als Symptom des Niedergangs, als Verfallserscheinung der seit 1945 bestehenden großen Koalition zwischen ÖVP und SPÖ betrachtet wird und insbesondere Politiker der letztgenannten Partei übertrieben emotional agierten bzw. reagierten, wurzelte deren Kompromisslosigkeit nicht nur in parteitaktischen Erwägungen, sondern auch in den leidvollen Erfahrungen zahlreicher Sozialisten in der Zwischenkriegszeit und somit in den schwer zu ergründenden Graubereichen der Psychologie.

Nach der Ausschaltung des Parlaments durch die »Bürgerblock«-Regierung unter dem christlich-sozialen Bundeskanzler Engelbert Dollfuß im März 1933 und der gewaltsamen Zerschlagung der Arbeiterbewegung im Bürgerkrieg vom Februar 1934 erhielt der monarchische Gedanke mit der Errichtung eines autoritären Regimes »auf christlicher Grundlage« (»Maiverfassung«) erstmals wieder Rückenwind.[3] Bereits einige Jahre davor, im Zuge der Verabschiedung der speziell von den faschistischen Heimwehren urgierten Verfassungsnovelle 1929 hatte Karl Renner gemutmaßt, dass die Aufwertung des Bundespräsidenten-Amtes u. a. auch aus dem Grunde angestrebt wurde, »... um ihren Otto im Wege der Wahl zum Präsidenten in die Wiener Hofburg zurückzuschwärzen«[4]. Während der seit Mai 1932 amtierende Dollfuß nach der Machtergreifung Hitlers in Deutschland im Januar 1933 in Habsburg vor allem eine instrumentalisierbare Symbolfigur für die Selbstständigkeit Österreichs sah, wurde nach der Ermordung des »kleinen Diktators« durch nationalsozialistische Putschisten am 25. Juli 1934 mit Kurt (von) Schuschnigg ein überzeugter Monarchist zum Bundeskanzler ernannt. Anlässlich der Trauerkundgebung am Wiener Heldenplatz sprach (Fürst) Starhemberg von den »Schwingen des Doppeladlers«, diese würden sich vom Heldenplatz wieder ausbreiten und Österreich vor der NS-Barbarei schützen.[5] Otto Habsburg selbst schätzte die durchwegs heterogene monarchistische Bewegung in den 30er-Jahren auf nicht mehr als 20.000 aktive Sympathisanten. Schuschnigg konnte einer Restauration im Rahmen des »Ständestaates«, der »Neugründung der Monarchie«, einiges abgewinnen, doch zuvor strebte er die Beruhigung der innenpolitischen Lage an. Am 10. Juli 1935 durfte sich Habsburg, dem die Restauration nicht schnell genug gehen konnte, über einen Zwischenerfolg freuen: die Landesverweisung der Habsburger sowie die Beschlagnahme des Privatvermögens wurde gesetzlich aufgehoben, einige Monate später wurde auch der »Familienversorgungsfonds« wiederhergestellt. Da die Versuche, die gedemütigte und in Wahrheit verhasste Sozialdemokratie ins politische Spiel zurückzubringen, ein Unterfangen, das Habsburg zu einem späteren, kritischeren Zeitpunkt vorantreiben wollte, gescheitert waren und Hitler immer fordernder die Hand nach Österreich, welches von der austrofaschistischen Führungselite in Rekurs auf den alten Habsburger-Mythos als der »bessere deutsche Staat« angepriesen wurde, ausstreckte, sah Schuschnigg in den Legitimisten die treuesten Verbündeten in der Abwehrschlacht gegen das Hakenkreuz. Die Nazis wussten natürlich um die Gefahren einer Restauration unter dem Kaisersohn, wofür schon der Umstand spricht, dass die Einmarschpläne in den Schubladen der deutschen Generalität den Codenamen »Fall Otto« trugen. Nach zwei geheimen Sondierungsgesprächen im französischen Mulhouse, über deren Datum und Gesprächsverlauf nichts Näheres bekannt ist, kamen Otto Habsburg und seine Berater am 7. Januar 1937 erneut mit Schuschnigg, der von Staatssekretär Guido Schmidt begleitet wurde, zusammen, »um zu besprechen, wie und wann eine Restauration durchgeführt werden könnte«.[6] Das Protokoll dieses Treffens wurde mit der Überschrift »Vorbereitung der Restauration« eingeleitet: »Es besteht Einigkeit, dass diese jetzt energisch in Angriff genommen wird; Schu.[schnigg] hat die Absicht, so schnell wie möglich im heurigen Jahr die Rest.[auration] ... durchzuführen, eventuell auch im Falle einer schweren europäischen Konflagration.« Schuschnigg, der Habsburg übrigens ständig mit »Eure Majestät« anzusprechen pflegte, unterbreitete im Laufe dieses Gesprächs den grotesken, einem politischen Suizid gleichkommenden Vorschlag, Hitler vorab über diese einschlägigen Pläne in Kenntnis zu setzen und dessen Zustimmung einzuholen. Da Habsburg, der viel realistischer war, entschieden ablehnte, erklärte Schuschnigg, er werde »seine Ideen formulieren und sie noch im Laufe des Januar ... S. M. [Seiner Majestät] unterbreiten«. Am 17. Februar 1938 schrieb der erst 25-jährige Otto Habsburg an Schuschnigg, der wenige Tage zuvor von Hitler auf dem Obersalzberg psychologisch schwer unter Druck gesetzt worden war, einen Brief, in welchem er ihm das »Angebot« unterbreitete, die Funktion des Bundeskanzlers zu übernehmen. Als *»legitimer Erbe einer Dynastie*, die durch 650 Jahre Österreich schirmte«, schrieb Habsburg, »als Sohn meines in Gott ruhenden Vaters, der für sein Volk sein Leben auf ferner Insel hingab, kann und darf ich meiner *ererbten Pflicht* nicht untreu werden ... Sollten Sie einem Druck von deutscher oder betont nationaler Seite nicht mehr widerstehen zu können glauben, so bitte ich Sie, mir, wie immer die Lage auch sei, das Amt des Kanzlers zu übergeben ... Infolge der Lage ... will ich von Ihnen für diesen Anlass nicht die Restauration der Monarchie verlangen ... Ich bin überzeugt, hiermit am besten meiner

Pflicht als Sohn des Märtyrerkaisers Karl, als glühender österreichischer Patriot und als *legitimer Kaiser dieses Landes* nachzukommen ... Wenn Österreich in Gefahr ist, hat der *Erbe des Hauses Österreich* mit diesem Lande zu stehen und zu fallen ...« (Hervorhebungen durch den Verfasser). Schuschnigg seinerseits teilte »Seiner Majestät« mit, dass »jeder Versuch einer Restauration ... mit hundertprozentiger Sicherheit den Untergang Österreichs bedeuten müsste«. In der Morgendämmerung des 12. März 1938 marschierten die Nazis in Österreich ein, zwei Tage später war Hitler in Wien. Da Habsburg in mehreren Erklärungen gegen den »Anschluss« protestiert hatte, wurde bereits im April ein Haftbefehl gegen ihn ausgestellt.

Bis 1940 lebte er in Belgien, dann flüchtete er über Frankreich, wo die österreichischen Monarchisten das Konzept einer »sozialen Volksmonarchie« unter Einschluss der Arbeiterschaft vertraten, Spanien und Portugal in die USA. Auf Grund seiner vielfältigen Kontakte zu höchsten Regierungskreisen in Frankreich und später in den USA konnte er sich rasch als die mit Abstand einflussreichste Persönlichkeit der nichtsozialistischen Emigration profilieren.[7] Präsident Franklin D. Roosevelt, den er bereits 1939 erstmals getroffen hatte, versuchte er von der Notwendigkeit der Wiederherstellung eines unabhängigen Österreich sowie für die Konstituierung einer »Donauföderation« zu überzeugen. Als Kreisky im schwedischen Exil von diesen Bemühungen erfuhr, notierte er: »Glaubt man wirklich in diesen Kreisen, dass die Hassgefühle, die mit dem Namen Habsburg verbunden waren, heute schon verschwunden sind?«[8] Habsburgs nachträglichen Beteuerungen, wonach er damit nicht die Restauration, welche er angeblich seit dem März 1933 abgeschrieben hatte, forcieren wollte, können weder widerlegt noch bestätigt werden. Für die österreichische Emigration jedenfalls, vor allem für die Sozialdemokraten, verkörperte der ehemalige Kronprinz, nicht zuletzt auf Grund dessen guter, ja ausgezeichneter Verbindungen zur Roosevelt-Administration, das Schreckgespenst der Restauration. Obwohl sich die monarchistische Bewegung in den USA und hier speziell in New York deutlich bemerkbar zu machen verstand, war »das einzige sichtbare Ergebnis ihrer Bemühungen ... eher kläglich«.[9] Im Herbst 1944 kehrte Habsburg nach Europa zurück. Den Legitimismus hatte er nach eigenen Angaben schon längst abgeschrieben, den Gedanken des Monarchismus hingegen nicht. Am 2. Juli 1945 unterlief »Otto von Österreich«, wie er sich nun nannte, der schwerste politische Fehler seines Lebens. In einem an

Roosevelts Nachfolger Harry S. Truman gerichteten Brief warnte er die Westmächte vor der Anerkennung der »selbstherrlich ernannten provisorischen Regierung in Wien, die unter dem Vorsitz Doktor Renners steht«. Habsburg, der nicht ohne Grund die Errichtung einer Volksdemokratie befürchtete, verstand damals nicht, dass die in- und ausländische Anerkennung der vom Sozialdemokraten Renner geführten Allparteienregierung notwendig war, um die Teilung des Landes zu verhindern. Bis Anfang 1946 hielten sich Otto und auch sein Bruder Robert Habsburg, der sich vor den Nationalratswahlen vom 25. November 1945 in die Wählerliste des Ortes Rum als »Robert von Österreich« eintragen hatte lassen, in Tirol auf. Als im Rahmen eines Besuches von Renner eine monarchistische Demonstration stattfand und in Auslagen vereinzelt Bilder von Kaiser Karl auftauchten, musste Renner, der in dieser Frage von den Alliierten gedrängt wurde, handeln. Im Auftrag des politischen Kabinettsrats wurde der Staatssekretär für Äußeres Karl Gruber, der in seinen Memoiren davon berichtete, nach Innsbruck geschickt, um die Kaisersöhne zur Abreise aus Österreich zu bewegen: »... Renner übergab mir feierlich eine versiegelte Order, die ich erst dann aufbrechen sollte, wenn meine Vermittlungsbemühungen zu keinem Erfolg geführt hätten. Mein geheimer Auftrag lautete, die Habsburger notfalls mit Hilfe der Staatsgewalt aus Tirol zu vertreiben.«[10] Diese Episode hatte zur Folge, dass schon in den ersten Staatsvertragsentwurf ein Paragraf Eingang fand, der die Bundesregierung verpflichtete, die Habsburgergesetze aufrechtzuerhalten. In der Schlussphase der Verhandlungen über den Staatsvertrag war es Bundeskanzler Julius Raab, der zuletzt sogar Bundespräsident Theodor Körner, einen ehemaligen Generalstabsoberst der k. u. k. Armee, um Vermittlung gebeten hatte, nicht gelungen, die SPÖ dazu zu bewegen, sich für die Streichung des Habsburgerparagrafen einzusetzen. Der ehemalige Thronprätendent wurde von Raab im Schriftverkehr übrigens »Kaiserliche Hoheit« genannt. Habsburg beantragte nun die österreichische Staatsbürgerschaft und nahm, nachdem ihm das Innenministerium verboten hatte, sich »Dr. Otto Österreich« zu nennen, 1957 den Namen »Dr. Otto Habsburg-Lothringen« an. Der erste Schritt für die Rückkehr in die Heimat war gemacht.

Über die Befürchtungen der Sozialisten gibt ein Brief Auskunft, den Bundespräsident Adolf Schärf am 19. Januar 1959 an Kreisky schrieb: »Lieber Freund! Die Habsburgerfrage drängt sich immer wieder auf. Wenn man bedenkt, dass Otto zur gleichen Zeit in Österreich das Gegenteil von dem erklärt, was er in Frankreich sagt, dann muss man damit rechnen, dass er seine Rückkehr nur dazu benützen würde, um die Restauration zu beginnen. Die Gründung einer monarchistischen Partei würde zweifellos nicht erfolgen, dazu hat Otto doch schon etwas gegenüber früheren Jahren gelernt. Es ist aber klar, dass die Volkspartei sich wahrscheinlich sofort mit ihm identifizieren würde. Man soll nicht unterschätzen – das französische Beispiel beweist es –, dass unter Umständen ein Diktatur- oder Monarchieprogramm zugkräftig sein kann, und man soll daher auch damit rechnen, dass besonders dann, wenn wir einmal in die Opposition gedrängt wären ... ein Otto ein zugkräftigerer Mann wäre, als es einmal Dollfuß gewesen ist. Aus diesem Grunde glaube ich, dass man alles tun sollte, um eine Rückkehr zu erschweren. Otto versucht ja immer, die Begriffe zu verwischen: er erklärt es zu einer Handlung gegen das Familienrecht, wenn man von ihm verlangt, auf die ›Zugehörigkeit zum Hause Habsburg‹ zu verzichten. Das ›Haus Habsburg‹ ist nicht eine Familie, sondern ein Herrschaftsbegriff. Mir scheint aber noch eine zweite Sache bedeutsam. Er redet immer wieder von Gütern, die er zurückhaben will; gewiss würde ein Besitz von solchen ihn wirtschaftlich unabhängig machen und ihn in die Lage versetzen, mit größerem Nachdruck aufzutreten. Da will ich aber aufmerksam machen, dass die Vermögenschaften, die er beansprucht, nicht Privatvermögen seines Vaters oder seiner Mutter waren, sondern, wenn sie nicht Staatseigentum waren, dem ›Hause Habsburg‹ gehört haben. Ein Verzicht auf die Mitgliedschaft zum Hause Habsburg müsste auch den Verzicht auf dessen Vermögenschaften einschließen. Ich glaube, die Aufstellung dieser Bedingungen, die im Geist des Habsburgergesetzes liegt, wird ihm zunächst seine Rückkehrabsichten verleiden. Mit herzlichem Gruß. Dein Schärf.«

1960 brachte der »rechte Rand« der ÖVP Otto Habsburg, welcher in einem Interview mit dem »Express« aus seinen Ansichten kein Hehl gemacht hatte, als möglichen starken Mann der Innenpolitik ins Gespräch: »Sie können es Staatsnotar nennen oder Justizkanzler oder Präsident«, hielt Habsburg fest, »entscheidend ist das Vetorecht, wenn die Grundrechte eines Staatsbürgers gefährdet sind. Dass ein Monarch dieser Funktion am besten gerecht werden kann, glaube ich deshalb, weil er von den Interessengruppen unabhängig ist, die beispielsweise einen Präsidenten wählen, und weil ich glaube, dass die erforderliche absolute Objektivität des Staatsoberhauptes in einer erblichen Monarchie anerziehbar ist.«[11]

Am 5. Juni 1961 überreichte Rechtsanwalt Ludwig Draxler Bundeskanzler Alfons Gorbach eine mit 31. Mai datierte Erklärung Otto Habsburgs, worin dieser auf seine »Mitgliedschaft zum Hause Habsburg-Lothringen und auf alle aus ihr gefolgten Herrschaftsansprüche ausdrücklich« verzichtete. Die Rechtslage, vor deren Hintergrund diese Erklärung zu betrachten ist, ist bis heute unverändert: Am 3. April 1919 hatte die Nationalversammlung ein Gesetz über die Landesverweisung und Übernahme des Vermögens des Hauses Habsburg-Lothringen (StGBl. 209), das unmittelbarer Bestandteil der Bundesverfassung und des Staatsvertrages von 1955 ist, beschlossen: »Im Interesse der Sicherheit der Republik«, so der Wortlaut, »werden die ehemaligen Träger der Krone und die sonstigen Mitglieder des Hauses Habsburg-Lothringen, diese, soweit sie nicht auf ihre Mitgliedschaft zu diesem Hause und auf alle aus ihr gefolgerten Herrschaftsansprüche ausdrücklich verzichtet und sich als getreue Staatsbürger der Republik bekannt haben, des Landes verwiesen. Die Festsetzung, ob diese Erklärung als ausreichend zu erkennen sei, steht der Staatsregierung im Einvernehmen mit dem Hauptausschuss der Nationalversammlung zu.« In Parenthese ist anzumerken, dass mit dem Bundesverfassungsgesetz 1920, durch das die Republik Österreich als Bundesstaat eingerichtet wurde, die Bundesregierung und der Nationalrat an die Stelle der Staatsregierung und der Nationalversammlung traten. Habsburgs Verzichtserklärung lautete wie folgt: »Ich, Endesgefertigter, erkläre hiermit gemäß § 2 des Gesetzes vom 3. April 1919, Staatsgesetzblatt für den Staat Deutschösterreich Nr. 209, dass ich auf meine Mitgliedschaft zum Hause Habsburg-Lothringen und auf alle aus ihr gefolgerten Herrschaftsansprüche ausdrücklich verzichte und mich als getreuer Staatsbürger der Republik bekenne.« Er setzte diesen Schritt, um »seinen Kindern das Schicksal des Exils zu ersparen und um sich eine breitere Basis für seine Propagandatätigkeit als Präsident der Paneuropa-Union zu verschaffen«[12]. Drei Jahrzehnte später kommentierte Habsburg die damalige Situation so: »Die Idee, irgendjemanden aufzufordern, seine eigene Familie zu verlassen, kam mir absolut niederträchtig vor, eine solche Verrücktheit konnte wohl nur dem Kopf eines unbeschreiblich engstirnigen Fanatikers entsprungen sein. Doch ich sagte mir, na gut, wenn ich auf der europäischen Bühne aktiv werden wollte ... dann sollte ich diese Bühne nicht in der Konfliktposition eines Anwärters auf einen der Throne Europas betreten ... Es geschah aus rein praktischen Überlegungen. Es war aber nicht leicht für mich, das muss ich zugeben, und nicht, weil ich mir irgendwelche Illusionen über meine Position machte, sondern auf Grund der reinen Infamie des Dokuments.«[13]

An dieser Stelle ist vielleicht ein kurzer Einschub von Interesse, um die zeitgenössische Skepsis der SPÖ gegenüber Otto Habsburg bzw. seinen Ambitionen besser zu verstehen. Ausgerechnet im Jahr der Verzichtserklärung wurde sein erster Sohn Karl geboren. Die Eintragung im Taufregister ließ unzweideutig erkennen, welche Ansprüche Otto und seine Gattin Regina Habsburg aufrechterhielten. In der Spalte »Name des Kindes« findet sich folgender Wortlaut: *Karl ... von Habsburg. Erzherzog von Österreich. Königlicher Prinz von Ungarn.* Das Familienoberhaupt begegnet uns in der Spalte »Name, Stand, ... des Vaters« als *»Seine Majestät Otto von Österreich-Ungarn«.*

Von Draxler wurde ferner ein Antrag gestellt, wonach die Bundesregierung diese »Verzichtserklärung« als ausreichend ansehen und dem Hauptausschuss des Nationalrates vorlegen möge. Da jedoch im Ministerrat der Koalitionsregierung, der sich mit dieser Erklärung am 13. Juni befasste, über die Annahme oder Ablehnung keine Einigung erzielt werden konnte, da die sozialistischen Regierungsmitglieder dem Antrag Gorbachs, man möge die vorliegende Erklärung positiv zur Kenntnis nehmen, nicht zustimmten, wurde der mangelnde Konsens als Ablehnung gewertet. Der Hauptausschuss wurde erst gar nicht mehr zu Rate gezogen, er wurde aber auch von sich aus nicht tätig, um sein Mitspracherecht auszuüben. Habsburg wandte sich daraufhin an den Verfassungsgerichtshof, der sich, da kein Bescheid einer Verwaltungsbehörde vorlag, in seinem Erkenntnis vom 16. Dezember 1961 für unzuständig erklärte und die Beschwerde zurückwies. Daraufhin wandte sich Habsburg, der nicht einmal über den schlichten Tatbestand der Nichteinigung in Kenntnis gesetzt worden war, mit einer Säumnisbeschwerde an den Verwaltungsgerichtshof, der seinerseits die Bundesregierung aufforderte, entweder einen Bescheid zu erlassen oder aber eine Gegenschrift einzubringen. Da die Regierung dem Verwaltungsgerichtshof mitteilte, dass sie »eine übereinstimmende Auffassung über den Inhalt einer solchen [Gegenschrift, Anm. C. D.] nicht erzielen konnte«, veröffentlichte dieser am 31. Mai ein mit 24. Mai datiertes, 32 Seiten umfassendes Erkenntnis, das einem innenpolitischen Sprengsatz gleichkam. Das Höchstgericht stellte fest, dass die Regierung säumig geworden wäre, und entschied an deren statt, dass die Verzichtserklärung Habsburgs ausreichend und die Landesverweisung somit aufgehoben sei. Es ist im Rahmen dieses Beitrages nicht notwendig, die höchst unterschiedliche juristische Argumentation der beiden Gerichtshöfe zu referieren, festzuhalten ist aber, dass beide Urteile seitens der »scientific community« fundierte Kritik erfahren haben.[14]

Der 16. Parteitag der SPÖ, der vom 6. bis zum 8. Juni 1963 stattfand, wurde zum Tribunal für das Urteil des Verwaltungsgerichtshofes umfunktioniert, was neben allen anderen Beweggründen überdies den Vorteil hatte, von der bereits einen dunklen Schatten werfenden Auseinandersetzung um Innenminister Franz Olah abzulenken. Taktik, Demagogie und strategisches Kalkül waren jedoch nicht die einzigen Faktoren, aus welchen sich die freilich maßlos überzogene Parteitagsrhetorik nährte, es spielten gewiss auch konkrete Ängste eine Rolle, deren historischer Bezugsrahmen bereits darzustellen versucht wurde. Die apodiktische Einschätzung Norbert Lesers, der dem alten Österreich sehr geneigt zu sein scheint[15], dürfte jedoch etwas zu weit gegriffen sein. Er schrieb von der »Angst gegenüber einem Mann, der sechshundert Jahre habsburgischer Geschichte verkörpert und der auch ohne Krone und Amt eine Persönlichkeit von historischer Statur ist, noch kleiner zu erscheinen und etwas vom republikanischen Glanz, in dem sich die Spitzenfunktionäre gerne sonnen, abgeben zu müssen. Die Angst vor der Rückkehr Otto Habsburgs war nicht die vorgegebene vor einer monarchischen Restauration, sondern die Angst, von dem Abkömmling einer Dynastie, die noch immer Respekt genießt und historisches Format aufweist, überstrahlt und in den Hintergrund gedrängt zu werden. Dabei hätte man froh sein sollen, dass man in der Person Otto Habsburgs über eine polyglotte und integre Persönlichkeit verfügte, die man zum Wohle Österreichs einsetzen und zur Geltung hätte bringen können.«[16] Eine solche Idee verfolgte 1963 im Übrigen Kreisky, der die brisante innenpolitische Situation zu entschärfen versuchte und in einem Gespräch mit Bundespräsident Adolf Schärf den Vorschlag unterbreitete, Habsburg als österreichischen Vertreter zum so genannten »Heiligen Stuhl« zu entsenden, doch diese »salomonische Idee«, der Schärf ursprünglich einiges abzugewinnen vermocht hatte, wurde schließlich doch verworfen.[17] Parteivorsitzender Pittermann, der davon sprach, dass die ÖVP seit längerer Zeit den Abbau »der roten Hypothek in der Regierung« forciere, Josef Hindels und Justizminister Christian Broda erinnerten an die Ausschaltung des Parlaments im Jahre 1933 und die diesbezügliche Tradition der ÖVP.

Es wurde unterstellt, dass die »österreichische und internationale Reaktion«, als deren »persönliches Symbol« Habsburg betrachtet wurde, nun den Nationalrat auszuschalten und die gesellschaftliche Restauration herbeizuführen gedenke. Nationalratspräsident Heinz Fischer, damals 25 Jahre alt, gestand in seinen Erinnerungen ein, dass die »damalige Aufregung« aus heutiger Sichtweise »wie ein sinnloser Sturm im Wasserglas« erscheint: »Tatsächlich konnte Otto Habsburg die Zweite Republik nie wirklich gefährden«, so Fischer weiter, »und dass ausgerechnet der Justizminister ... in einer emotionalen Parteitagsrede das Erkenntnis eines Höchstgerichts als ›Juristenputsch im Richtertalar‹ bezeichnete, war sicher ein schwerer Fehler.«[18] Ähnlich liest sich bereits der Rückblick des langjährigen Linzer Bürgermeisters und Parlamentariers Ernst Koref, der in seinen Memoiren festhielt: »Viel Lärm um nichts. Mein Parteifreund Bruno Pittermann, welcher nach Schärf, der, zum Bundespräsidenten gewählt, allgemeine Wertschätzung erfuhr, Parteiobmann geworden war, hatte, gewiss mit Zustimmung des Klubs, eine Staatsaffäre daraus gemacht. Wir haben aber, nicht ohne meine Mitwirkung, das möchte ich der Ehrlichkeit halber feststellen, lauthals mitgetan.«[19] Einer der wenigen, der von allem Anfang an für Gelassenheit plädiert hatte, war der Journalist Günther Nenning, vormals die Verkörperung des »Querdenkers« innerhalb der SPÖ, der die seither oft zitierten Sätze schrieb: »Der Habsburger-Kannibalismus ist ein seltsamer Fall von Fresslust, wo garantiert nichts mehr zu fressen ist. Es dürfte am ehesten einer tiefenpsychologischen Erklärung zugänglich sein. In einer neuen Welt, in der es viel zu aggredieren gäbe, aber darunter vieles, was aus verschiedenen Gründen nicht aggrediert werden kann, richtet sich die Aggression gegen ein Objekt, bei welchem der Erfolg sicher ist, weil es gar nicht mehr existiert. Der Schaum, der von diesen Mündern produziert wird, dient der Schaumschlägerei ... «[20]

Der besagte Parteitag fand zwischen zwei Parlamentsabstimmungen (5. Juni und 4. Juli 1963) statt, im Zuge derer es im »koalitionsfreien Raum«, für den sich in der Vergangenheit pikanterweise vor allem die »Reformer« innerhalb der ÖVP stark gemacht hatten, zu einem gemeinsamen Vorgehen von SPÖ und FPÖ kam. Dergleichen war seit 1945 noch niemals geschehen. Otto Schulmeister schrieb im Rückblick auf die Ereignisse: »Auf Grund der Koalitionspraxis geneigt, Prinzipienfragen nicht sehr ernst zu nehmen, und verstört durch die Möglichkeit, von der Linken mit Hilfe der Freiheitlichen aus der Regierung ausgebootet zu werden, war man in der ÖVP um des lieben Friedens willen zur Kapitulation bereit, wagte sie jedoch angesichts der Stimmung im eigenen Wahlvolk dann doch nicht. Der Habsburg-Streit hatte Österreichs Pandorabüchse geöffnet. Gerieten die Sozialisten über den Fall Olah in eine offene Parteikrise, so die Volkspartei durch das schwächliche Verhalten Gorbachs in eine Führungskrise, die ihn zwang, zuerst als Bundesparteiobmann zurückzutreten und dann auch als Kanzler.«[21]

Am 5. Juni wurde in einer Sondersitzung des Nationalrates ein Entschließungsantrag der FPÖ, in welchem die Bundesregierung aufgefordert wurde, »sie möge [bis 26. Juni, Anm. C. D.] alle zur Vermeidung einander widersprechender Entscheidungen der Höchstgerichte notwendig erscheinenden gesetzgeberischen Regelungen als Regierungsvorlage ... vorlegen«, mit den Stimmen der SPÖ angenommen. Die Regierung wurde darüber hinaus aufgefordert, »eine authentische Interpretation« des Habsburger-Gesetzes vorzulegen, »damit ausdrücklich festgestellt wird, dass der Hauptausschuss des Nationalrates bei der Prüfung von Verzichtserklärungen gemäß dem Habsburger-Gesetz mitzuwirken hat«. Broda wollte die Rückkehr Habsburgs zum Thema einer Volksabstimmung machen und forderte, dass das Parlament das Urteil des Höchstgerichts durch eine rückwirkende Bestimmung außer Kraft setzen solle. Das Parlament glich an jenem Tag »genau dem, was man im Sprachgebrauch der politischen Berichterstattung einen Hexenkessel zu nennen pflegt«, leitete Hellmut Andics seine Einschätzung dieses Tages ein. Und weiter: »Hatten sich eifrige Verfechter einer parlamentarischen Demokratie bis dahin beschweren können, der Nationalrat sei lediglich eine Abstimmungsmaschinerie, in der diensteifrige Parteisekretäre und Gewerkschaftsfunktionäre die vorher ausgehandelten Koalitionsbeschlüsse notifizieren, so kamen sie diesmal auf ihre Rechnung. Was sich in Sachen Habsburg tat, erinnerte sowohl hinsichtlich des Anlasses wie auch in seiner Lautstärke an die Zeiten des Österreichischen Reichsrates unseligen Angedenkens, wenn er die berühmte Frage, ob der Stationsvorstand von Leitomischl seine Fahrkarten auf Deutsch oder Tschechisch zu verkaufen habe, zur Existenzfrage des Staates erhob.«[22]

Am 4. Juli schließlich wurde von SPÖ und FPÖ gegen die Stimmen der ÖVP ein Entschließungsantrag angenommen, in welchem die Rückkehr Otto Habsburgs nach Österreich als unerwünscht erklärt wurde. Dazu ist festzuhalten, dass ein derartiger Antrag, unabhängig davon, ob er nun angenommen wird oder nicht, keine rechtliche Bindekraft besitzt, da dem Nationalrat nicht die Kompetenz zukommt, ein höchstgerichtliches Urteil außer Kraft zu setzen, er ist vielmehr als eine Art von Protest oder Appell zu werten. Der Inhalt des Entschließungsantrags, der vom sozialistischen Klubobmann Robert Uhlir und vom freiheitlichen Klubobmann Emil Van Tongel eingebracht worden war, lautete: »Der Nationalrat beauftragt die Bundesregierung, in Würdigung der Tatsache, dass – ohne Bezugnahme auf die einander widersprechenden Rechtsauffassungen des Verfassungs- und Verwaltungsgerichtshofes in dieser Angelegenheit – eine Rückkehr von Dr. Otto Habsburg-Lothringen nicht erwünscht ist, weil sie ohne Zweifel mit schwer wiegenden Konsequenzen für die Republik Österreich verbunden wäre und wegen der Gefahr daraus entstehender politischer Auseinandersetzungen auch zu wirtschaftlichen Rückschlägen führen würde, dieser Feststellung als Willenskundgebung der österreichischen Volksvertretung in geeigneter Weise zu entsprechen.« Bei dieser Sitzung des Nationalrates kam es zu tumultartigen Szenen, wie es sie in der Zweiten Republik noch nie gegeben hatte. Insbesondere während der Rede von Hermann Withalm, der als Hauptredner der ÖVP auftrat, brandeten die Emotionen hoch, beinahe wäre es zu Tätlichkeiten gekommen.[23] Withalm wurde von Mandataren der SPÖ mit insgesamt 156 Zwischenrufen bedacht: »Sie Faschist!« – »Das ist die reine Giftmischerei, was Sie da treiben!« – »Der Totengräber Österreichs!« – »Er will doch die Koalition zusammenhauen!« Als der Christdemokrat mit dem Ruf »Recht muss Recht bleiben!« seine kämpferische Rede beendet hatte, verließen die sozialistischen Abgeordneten protestierend den Saal.

Es war kein Zufall, sondern vielmehr der ungelöste Konflikt mit der eigenen Vergangenheit, dass nun die große Koalition ausgerechnet an der Person des ehemaligen Thronprätendenten, dessen mögliche Rückkehr zur »Staatskrise« aufgebläht wurde, zu zerbrechen drohte. Wenn schließlich nicht sofort und auch nicht formal, so ist die seit 1945 immer wieder erneuerte Koalition doch auch an der »Causa Habsburg« in die Brüche gegangen. Zunächst hatte es ganz den Anschein, als würde die SPÖ über die fallbezogene Ausnützung des »koalitionsfreien Raums« hinaus alle Vorbereitungen für eine kleine Koalition mit der FPÖ treffen.[24] Protagonist dieser Strategie war Franz Olah, der sich in der Fernsehreihe »Österreich II« wie folgt erinnerte: »Dann begann natürlich das Wettlaufen: Wann können wir endlich allein regieren? Wenn die große Koalition unergiebig ist, muss man Ausschau halten nach einem Wechsel. In der Demokratie ist das doch legitim, dass Mehrheiten wechseln, dass auch Parteien einmal in der Regierung, einmal in der Opposition sind. Und mir war eines klar, der erste Schritt musste eine Koalition zwischen SPÖ und FPÖ sein und nicht zwischen ÖVP und FPÖ, denn das würde wieder an das Trauma rühren – ein Bürgerblock, und Bürgerblock bedeutet Bürgerkrieg, und das darf es nicht geben. Also, wenn überhaupt eine kleine Koalition, dann zuerst wir mit der FPÖ.«[25] Olah war es auch, der folgende Episode berichtete: Als nach der Habsburg-Krise der Obmann des Ringes Freiheitlicher Wirtschaftstreibender bei Julius Raab in der Bundeskammer vorsprach, soll der Altkanzler minutenlang kein Wort gesprochen und dann nur anklagend gebrummt haben: »Ös gehts mit die Roten!«[26] Tatsächlich hatten SPÖ und FPÖ »Kontaktkomitees« gebildet, die sich seitens der Sozialisten aus Pittermann, Olah, Probst, Uhlir und Gratz sowie seitens der Freiheitlichen aus Peter, Van Tongel, Zeillinger und Bogner zusammensetzten. Ziel und Zweck dieser Zusammenkünfte war es, über jene Bedingungen zu verhandeln, unter welchen eine SPÖ-FPÖ-Koalition gebildet werden könnte. Da die FPÖ eine Änderung des sie stark (aber auch die SPÖ) benachteiligenden Wahlrechts als Conditio sine qua non betrachteten, trafen die potenziellen Partner über dieses Thema eine mündliche Vereinbarung, die am 16. Juli 1964 sogar schriftlich fixiert wurde. Deren Umsetzung wurde zwar vorbehaltlich der Zustimmung der jeweiligen Parteigremien akkordiert, doch die FPÖ-Spitze war sich des Einverständnisses der SPÖ sicher, zu sicher, wie sich herausstellen sollte, denn Pittermann und die Gruppe der »Traditionalisten« sahen sich mittlerweile in einen beinharten Machtkampf mit Olah verwickelt. Kurz nach der parlamentarischen Abstimmung über die Habsburg-Frage entschied sich die SPÖ im letzten Moment gegen den Bruch der Koalition.

Mit dem erwähnten Rücktritt von Gorbach schied die letzte große, von Bürgerkrieg und KZ-Haft zutiefst geprägte Integrationspersönlichkeit der alten großen Koalition aus der Bundesregierung aus. Zum neuen Kanzler wurde am 2. April 1964 der »Reformer« Josef Klaus angelobt, der nun vor der schwierigen Situation stand, dass zwar Gorbach und die ÖVP-Minister zurückgetreten waren, nicht jedoch die von der SPÖ gestellten Regierungsmitglieder, die nur dann zur Demission bereit waren, wenn Klaus einer neuen Koalitionsvereinbarung zustimmen würde. Im Epizentrum der sozialistischen Forderungen stand die Lösung der Habsburgfrage, doch Klaus, der Gorbach in erster Linie deswegen zu stürzen vermocht hatte, weil diesem eine zu nachgiebige Haltung gegenüber der SPÖ vorgeworfen wurde, konnte der gemeinsamen Erklärung von SPÖ und FPÖ aus dem Sommer 1963, in der Habsburgs Rückkehr nach Österreich für unerwünscht erklärt worden war, nicht zustimmen, ohne das Gesicht zu verlieren. Der Bundespräsident hätte diesen Gordischen Knoten zerschlagen können, indem er die gesamte Regierung entlassen hätte, doch Schärf, ein überzeugter Großkoalitionär, der bereits als entschiedener Gegner einer SPÖ-FPÖ-Koalition aufgetreten war, war zu diesem Schritt nicht zu bewegen. Aus dieser verfahrenen Situation blieb für die ÖVP nur ein einziger Ausweg: Otto Habsburg musste zu einem freiwilligen Verzicht auf die Heimkehr nach Österreich bewogen werden. Generalsekretär Withalm reiste mit diesem schweren Gepäck im März zu Habsburg nach Bayern, um die Modalitäten eines solchen Verzichts auszuhandeln. Der Habsburger ließ seinen Gast warten, weil er eine »Jubeldelegation von Anhängern« empfing, was sicherlich ein Grund dafür war, dass diese Unterredung »dementsprechend kühl« vonstatten ging.[27]

Withalms Bitte blieb jedoch nicht unerfüllt, Habsburg unterfertigte eine Erklärung folgenden Inhalts: »Der Verwaltungsgerichtshof hat in seinem Erkenntnis vom 24. Mai 1963 die Verzichtserklärung, die ich abgegeben habe und zu deren Inhalt ich stehe, für ausreichend erkannt, meine Landesverweisung zu beenden. Dieses Erkenntnis berechtigt mich, in die Republik Österreich einzureisen. Ich weiß jedoch, dass in unserem Vaterland über die Frage meiner Heimkehr eine bedauerliche und wohl kaum zu begründende Auseinandersetzung entstanden ist und dass hierin die Standpunkte der politischen Parteien nicht übereinstimmen. Nunmehr haben die beiden großen Parteien ihren Entschluss zum Ausdruck gebracht, nach der Bildung der neuen Bundesregierung Klaus – Pittermann eine gemeinsame friedliche und dauernde Lösung auf dem Boden der österreichischen Bundesverfassung und des darin verankerten rechtsstaatlichen Prinzips zu suchen. Unter dieser Voraussetzung will auch ich meinen Beitrag hierzu leisten. Diesen erblicke ich darin, dass ich, unter voller Wahrung meiner Rechte als Staatsbürger der Republik Österreich, auf die Dauer der erforderlichen Verhandlungen, längstens aber bis zum Ablauf der gegenwärtigen Legislaturperiode, von meinem Recht auf Einreise nicht Gebrauch machen werde.«[28] Mit dieser schriftlichen Erklärung, die Pit-

termann von Klaus und Withalm am 23. März überbracht wurde, war die weitere Existenz des Systems »große Koalition« bis auf weiteres gesichert, am 2. April verlautbarte die Regierung Klaus – Pittermann im Nationalrat, dass sie entschlossen sei, »die Habsburgerfrage in Wahrung der Verfassung und des Rechtsstaates gemeinsam in friedlicher Weise auf Dauer zu lösen«.
Am 1. Juni 1966, nach der Bildung der ÖVP-Alleinregierung, durfte Habsburg nach Österreich zurückkehren. Es war schließlich das Verdienst von Klaus' Nachfolger im Amt des Bundeskanzlers, die Sozialdemokratie mit den Habsburgern, d. h. aber auch die Republik mit Österreichs dynastischer Vergangenheit, »ausgesöhnt« zu haben, was am 4. Mai 1972 mit dem »historischen Handschlag« zwischen Bruno Kreisky und Otto Habsburg im Rahmen einer Feier zum 50-jährigen Bestandsjubiläum der Paneuropäischen Union sinnfällig zum Ausdruck kam. Im Parteivorstand der SPÖ stieß diese symbolische Geste allerdings nicht auf ungeteilten Zuspruch. Kreiskys Rechtfertigung verriet »das ungeheure taktische Gespür dieses Mannes«: »›Genossinnen und Genossen‹, hob er im bekannt schleppenden Ton an, ›ihr werdet euch sicher fragen, warum ich das zugelassen habe?‹ Prüfender Blick in die Reihen der finster dreinschauenden Funktionäre. ›Indem, dass der Herr seine Hand gegeben und sich vor mir verbeugt hat, ist er bei seinen Leuten unten durch!‹«[29]

3. »Natürlich wollte ich Macht. Vom ersten Tag meines öffentlichen Wirkens an. Man geht doch in die Politik, um Macht zu erringen und auszuüben.«

DIE OLAH-KRISE[1]

»Ich hab ihnen die Wahl versaut!« So lautete das retrospektive Urteil von Franz Olah hinsichtlich des Ergebnisses der Nationalratswahl vom 6. März 1966. An diesem Tag war es der ÖVP gelungen, mit 48,35 Prozent der Wählerstimmen (85 Mandate) eine absolute Mehrheit zu erzielen, während die SPÖ zwei Mandate verlor und nur auf 42,56 Prozent der Stimmen (74 Mandate) kam. Ebenfalls einen Verlust von zwei Mandaten musste die FPÖ hinnehmen, sie erreichte 5,35 Prozent. Diese Niederlage für die Sozialistische Partei, welche in der Folge zur ersten Alleinregierung der Zweiten Republik führte und damit die seit 1945 währende Ära der »alten« großen Koalition zwischen ÖVP und SPÖ beendete, war auf eine Reihe von Ursachen zurückzuführen. Die Sozialisten hatten entgegen dem Rat des damaligen Außenministers Kreisky den Fehler gemacht, eine Wahlempfehlung der KPÖ vom 10. Januar 1966 nicht zurückzuweisen, was dazu führte, dass das von bürgerlicher Seite zu oft bemühte Gespenst der »Roten Katze« wieder belebt werden konnte. Ein anderer Grund lag aber auch in der personellen Erneuerung der ÖVP, in der die »Reformer« unter dem 56-jährigen Kärntner Rechtsanwalt und früheren Salzburger Landeshauptmann Josef Klaus, welcher einen erfolgreichen, personenbezogenen Wahlkampf zu führen verstand, das Ruder der Partei in die Hand genommen hatte. Neben den Nachwirkungen der »Fußach-Affäre« kostete der SPÖ aber vor allem der Antritt der DFP, die mit ihren 3,28 Prozent allerdings kein Mandat zu erzielen vermochte, wichtige Stimmen. Vorsitzender der DFP war der zuvor aus SPÖ und Gewerkschaft ausgeschlossene Franz Olah, vormals u. a. ÖGB-Präsident, Zweiter Nationalratspräsident und Innenminister, dessen tiefer Fall schließlich auch die SPÖ mit in den Abgrund gerissen hatte.

Wer war dieser Franz Olah, der sich nach Jahrzehnten der »Ächtung« im Januar 1990 mit der Verleihung des Goldenen Ehrenzeichens der Stadt Wien über seine »endgültige Rehabilitierung« (Kreisky) freuen durfte und am 13. März 2000 in ausgezeichneter körperlicher und geistiger Verfassung seinen 90. Geburtstag feierte? Der 1910 in Wien geborene Sohn eines Berufsoffiziers musste auf Grund der bescheidenen materiellen Möglichkeiten der Familie, die einige Jahre in Laibach und Budapest gelebt hatte, vom Gymnasium abgehen und begann 1924 eine Lehre als Klaviermacher. In dieser Zeit setzte Olahs Sozialisation in der Gewerkschaftsbewegung ein, er wurde Vertrauensmann und betätigte sich auch in der Sozialistischen Arbeiterjugend in Wien-Hernals, der Jugendorganisation der Partei. Letzterer konnte er allerdings kein echtes Interesse abgewinnen. »Schon damals wurde dort, im Unterschied zur Gewerkschaftsjugend, mehr diskutiert als gearbeitet«, schrieb Olah in seinen Erinnerungen, »und zu den Funktionen drängte man sich, weil damit in absehbarer Zeit die Chance auf eine Anstellung bei der ... Gemeinde Wien oder in einer anderen uns nahe stehenden Institution ... verbunden war. Diese Einstellung behagte mir nicht. So wurde ich zum Anführer der Opposition innerhalb der SAJ Hernals.«[2] Ohne Zweifel wurde Olah von der sozialdemokratischen Subkultur des »Roten Wien« der Zwischenkriegszeit nachhaltig geprägt. Nachdem er bei verschiedenen Firmen gearbeitet hatte, wurde er im Zuge der Krise, die das Klaviermacherhandwerk wie viele andere Branchen in den Jahren der Wirtschaftskrise ereilt hatte, 1928 arbeitslos. Olah war in der Folge in Heimen der Aktion »Jugend und Not« tätig und übernahm etwas später die Wiener Oberaufsicht der Aktion »Jugend am Werk«, wo der Versuch unternommen wurde, arbeitslosen Jugendlichen eine sinnvolle Beschäftigung zu geben. Die Niederlage der Sozialdemokratie im Bürgerkrieg von 1934 beendete diese Tätigkeit. Olah schloss sich den Revolutionären Sozialisten an und stieg bereits 1935 in das Zentralkomitee auf. Im April dieses Jahres wurde er verhaftet, doch im Zuge der Weihnachtsamnestie wieder entlassen. Eine neuerliche Haftstrafe, welche er Ende 1937 antreten musste, folgte im Februar 1938 wieder die Amnestie. Nach dem Einmarsch der Nationalsozialisten wurde Olah sofort verhaftet und am 13. März 1938 mit dem so genannten »Prominententransport« ins KZ Dachau verschleppt. »Die gesamte Zeit der nationalsozialistischen Herrschaft überlebte Franz Olah in verschiedenen Konzentrationslagern. Verwickelt in Auseinandersetzungen innerhalb der Lager, gab es oftmals

Spekulationen über seine dortige Rolle. Details wurden durch einen außergerichtlichen Vergleich aber nie veröffentlicht. Olah war aber unbestreitbar unmitttelbares Opfer der Nationalsozialisten, der im lebensfeindlichen Milieu der Lager Überlebensstrategien entwickelte, die ihm letztlich die Rückkehr ermöglichten.«[3] Nach seiner Flucht aus einem KZ im Südharz kehrte der 35-Jährige am 1. Juli 1945 nach Wien zurück. Er wurde rasch zum Sekretär (etwas später zum Zentralsekretär) der Gewerkschaft der Bau- und Holzarbeiter bestellt und zog noch 1945 in den Wiener Landtag ein. 1948 übernahm Olah, mittlerweile Obmann der Hernalser SPÖ, das Nationalratsmandat des aus der Partei ausgeschlossenen, ehemaligen Zentralsekretärs Erwin Scharf. Seine politische Karriere ging in einem geradezu atemberaubenden Tempo weiter steil bergauf. 1949 wurde er Vorsitzender der Bau- und Holzarbeitergewerkschaft und Vorstandsmitglied des ÖGB. In der Öffentlichkeit war Olah äußerst populär, sein Einsatz gegen die kommunistischen Demonstrationen (September/Oktober 1950) im Zusammenhang mit dem 4. Lohn- und Preisabkommen (»Oktoberputsch«) begründete seinen Ruf als »Retter Österreichs«. Benya sieht dessen Rolle etwas differenzierter: »Den Generalstreik hat Olah mit seinen Leuten allein nicht verhindern können! Denn in die Metallbetriebe konnte er nicht hinein – dort war eben die Fraktion der Metaller! Oder wenn ich den Eisenbahnern gesagt hätte: Machts das, dann hätten die geantwortet: Geht dich einen feuchten Dreck an, das machen wir alleine! Bei den Gemeindebediensteten das Gleiche. Die Gewerkschaften insgesamt haben Stärke bewiesen!«[4] 1955 wurde Olah Vizepräsident des ÖGB und 1957 geschäftsführender Obmann des SPÖ-Parlamentsklubs. Als ÖGB-Präsident Johann Böhm 1959 – nur zwei Tage nach der Nationalratswahl vom 10. Mai, welche der SPÖ wie schon 1953 die Stimmen-, auf Grund des damals gültigen Wahlrechts nicht aber die Mandatsmehrheit bescherte – starb, folgte ihm Olah, der auch zum Zweiten Präsidenten des Nationalrats gewählt wurde, nach. Seine Macht und wohl auch sein Glaube an die Machbarkeit seiner politischen Vorstellungen hatten ihren Höhepunkt erreicht. Olah hatte früher als jeder andere Politiker die Bedeutung von Massenmedien für die Politik erkannt. Vor diesem Hintergrund ist seine Unterstützung bei der Gründung der »Kronen Zeitung« zu sehen, der nunmehr schon seit Jahrzehnten einflussreichsten Tageszeitung Österreichs.[5] 1959 fungierte Franz Olah gewissermaßen als »Geburtshelfer« des »unabhängigen« Blatts, von dem er sich massive Unterstützung bei der Umsetzung seiner Ziele erwarten durfte. Auf die Frage der »Furche« (10. Oktober 1970), ob er damals geplant hätte, die »Krone« in die Hand zu bekommen (»Dann wäre sie in Ihrer Hand gewesen, nicht?«), antwortete Olah: »Na gut, sie wäre mir wahrscheinlich, also, nicht wahr, etwas sympathischer gegenübergestanden, weil ich immerhin mitgeholfen habe ...« Chefredakteur Hans Dichand, der auf Grund von strategischen Meinungsverschiedenheiten mit Herausgeber Ludwig Polsterer den »Kurier« verlassen hatte, war zu diesem Zeitpunkt auf der Suche nach Geldgebern, um die »Kronen Zeitung« wieder gründen zu können. Olah trat auf den Plan und bot Dichand über einen »finanziellen Strohmann«, den polnischstämmigen Geschäftsmann Ferdinand Karpik, den er im KZ kennen gelernt hatte, die benötigten 11 Millionen Schilling an. Dieser Betrag wurde in Form eines Kredits von der Zentralsparkasse der Gemeinde Wien zur Verfügung gestellt. »Als Sicherheit diente der Zentralsparkasse neben der persönlichen Bürgschaft des Rechtsanwalts Dr. Levar [ein Vertrauter Olahs, Anm. C. D.] in der realen Bankpolitik das Sparbuch Nr. 557536, das aus dem Verfügungsbereich Olahs stammte und auf dem Gelder des so genannten Sonderprojekts mit anderen Mitteln vermischt waren.«[6] Ergänzend sei hier angemerkt, dass es sich beim »Sonderprojekt« um eine geheime, unter dem Befehl Olahs stehende Eingreiftruppe handelte, die zur Verhinderung kommunistischer Putschversuche gegründet worden war. Der Umstand, dass diese paramilitärische Truppe, die im Fall des Falles über geheime Waffenlager und Funkstationen verfügen hätte können, vom »westlichen« Ausland finanziert wurde, stellte eine massive Verletzung der österreichischen Souveränität dar. Olah war es schließlich auch, der Dichand mit dem später für die Geschäftsführung zuständigen Kurt Falk, dem Sohn eines Freundes aus der Bau- und Holzarbeitergewerkschaft, zusammenbrachte. Dichand erklärte übrigens im September 1985 in einem Interview mit der Zeitschrift »Basta«, dass ihm Kreisky, der dies später nicht bestätigen wollte, einmal erzählt habe, dass Falk der uneheliche Sohn Olahs sei.[7] Dichand und Falk, diese beiden kongenialen, höchst ungleichen Partner, bauten zusammen mit erstklassigen Journalisten wie Friedrich Dragon und Ernst Trost gleichsam aus dem Nichts die »größte Tageszeitung der Welt« auf, die etwa 1994 im Jahresdurchschnitt unglaubliche 40,7 Prozent der österreichischen Bevölkerung ab dem 14. Lebensjahr erreichte. Für die Titelrechte an der »Kronen Zeitung« hatte Dichand 1959 nur 170.125 Schilling bezahlt, zehn Prozent

von dieser Summe konnte er selber aufbringen, der Rest wurde vom Rechtsanwalt Dr. Stamm, einem Treuhänder des Olah-Vertrauten Levar, besorgt. 1961 betrug die Schuldenlast der »Kronen Zeitung« 11,9 Millionen Schilling und erneut sprang die Zentralsparkasse ein. Das Sparbuch, das für die Bank als Sicherheit diente, stammte aus dem Besitz der Gewerkschaft der Bau- und Holzarbeiter. Bereits 1965 waren alle Schulden beglichen. Olahs innerparteiliche Gegner waren fest von der Auffassung getragen, dass eigentlich ihm die »Kronen Zeitung« gehören würde, doch vor Gericht konnten diese Vorwürfe niemals bewiesen werden. Am 23. Februar 1966, also lange nach Olahs Sturz, wurde eine vom Österreichischen Gewerkschaftsbund, der sich im »wahren« Besitz der »Kronen Zeitung« wähnte, erwirkte »Einstweilige Verfügung« wirksam, die Dichand und Falk zur sofortigen Abgabe von Chefredaktion und Geschäftsführung zwang; die Herren, deren Aufgaben ein »Öffentlicher Verwalter« übernahm, hatten das Haus umgehend zu verlassen. Doch der öffentliche Druck, der Eindruck, dass es sich bei dieser Aktion um einen Anschlag auf die Meinungs- und Pressefreiheit handeln würde, war so groß, dass die »Einstweilige Verfügung« bereits zwei Tage später wieder aufgehoben wurde. Der Rechtsstreit im Zusammenhang mit den Eigentumsverhältnissen der »Kronen Zeitung« war damit jedoch noch lange nicht zu Ende. Nach dem von Olah im Herbst 1967 durch gezielte Indiskretion vereitelten Versuch einer durch Fritz Klenner repräsentierten Gruppierung der SPÖ, die »Kronen Zeitung« geheim zu kaufen, und einer Reihe von Prozessen finalisierte im November 1969 ein gerichtlicher Vergleich die jahrelangen Streitigkeiten über das Eigentum dieses Blattes. Die »Kronen Zeitung« überwies den Betrag von 7.825.000 Schilling an den ÖGB, welcher daraufhin auf »sämtliche aus welchem Rechtsgrund auch immer entspringenden Ansprüche zwischen dem Österreichischen Gewerkschaftsbund und seinen Fachgewerkschaften einerseits und dem ›Zeitungsverlag Dichand & Falk Gesellschaft m.b.H.‹, Hans Dichand und Kurt Falk andererseits« verzichtete.
Neben der Gründungsgeschichte der »Kronen Zeitung« lagen dem »Fall Olah« auch finanzielle Transaktionen zu Gunsten der FPÖ zu Grunde. Über das Verhältnis der Sozialisten zum »Dritten Lager« und der Rolle führender SPÖ-Politiker bei der Gründung des VdU, der Vorläuferpartei der FPÖ, kann hier nicht ausführlicher eingegangen werden, es ist auf die einschlägige Literatur zu verweisen.[8] Im Gegensatz zur ÖVP, deren Strategie auf die vollständige Einbindung des

»nationalen Wählerpotenzials« abzielte, setzte sich die SPÖ für die Gründung einer neuen Partei ein. Erklärtes Ziel der Sozialisten war es, das bürgerliche Lager zu spalten, doch dieses Ziel, das insbesondere von den »Niederösterreichern« um Oskar Helmer, Olah und Kreisky verfolgt wurde, konnte nicht erreicht werden. Die Verbindungen zur FPÖ freilich wurden bereits damals, in den Anfangsjahren der Republik, geknüpft. Da die Freiheitlichen massive finanzielle Schwierigkeiten hatten, sprang Olah im Herbst 1962 mit einer Finanzspritze von 1 Million Schilling bei. Dieser Betrag stammte aus Mitteln, die der ÖGB-Präsident im Jahr davor von fünf Einzelgewerkschaften für »politische Zwecke« erhalten hatte. Von den insgesamt 4,55 Millionen Schilling leitete Olah 4 Millionen an die sanierungsbedürftige Tageszeitung »Express« weiter, doch er bekam diesen Kredit nach zwei Jahren (verzinst) wieder zurück, ohne allerdings die Weiterleitung dieses Betrags an die Gewerkschaften in die Wege zu leiten. Das Fraktionspräsidium des ÖGB hatte von diesen Transaktionen nichts gewusst. Im Jahre 1964 wurden interne Untersuchungen durchgeführt, die dazu führten, dass Olah, der – und auch dies nur unter massivem Druck – bis zu diesem Zeitpunkt erst 750.000 Schilling an zwei Fraktionen refundiert hatte, die Millionen zurückerstatten musste. Eine Million aber fehlte und genau dieser Betrag hatte der Subventionierung der FPÖ gedient. »Die genaue Geschäftsgebarung bei den 4,55 Millionen blieb übrigens stets unklar. Die letzten Lücken wurden schließlich durch Einzahlungen ›von unbekannter Seite‹, von exterritorialen Konten aus den geheimdienstlichen Verwicklungen geschlossen.«[9]

Im Oktober 1961 führten Streitigkeiten über die Budgetverhandlungen sowie eine vom Gewerkschaftsbund urgierte Steuerreform dazu, dass jene seit längerer Zeit schwelenden Spannungen rund um den »zu intransigenten politischen Aktionen neigenden«[10] Olah, welcher, so Fritz Klenner, zeit seiner politischen Tätigkeit durch einen »scharfen Kontrast zwischen Licht und Schattenseiten«[11] hervorstach, auch in der Öffentlichkeit deutlich sichtbar wurden. Olah wollte den mit der ÖVP vereinbarten Ergebnissen nicht zustimmen und ging von der Forderung nach einer umfassenden Steuersenkung nicht ab. Da Olah sich am 22. Oktober im Parteivorstand nicht durchsetzen konnte, entschied er sich zu einem spektakulären Schritt, der hauptsächlich der eigenen Inszenierung diente und bei den Parteifreunden Ärger und Verbitterung nach sich zog. Noch während der Sitzung notierte Olah einige Sätze auf ein Blatt Papier, ohne allerdings zu sagen, worum es dabei ging. Kurz darauf wurde bekannt, dass es sich um eine Mitteilung an die Austria Presse Agentur handelte, die seinen Rücktritt als Abgeordneter zum Nationalrat und damit auch als Zweiter Nationalratspräsident zum Inhalt hatte. Olah hatte mitten in der Nacht eine APA-Redakteurin angerufen und zu dieser »Blitzmeldung« veranlasst. Er konnte damit auf Kosten der Partei suggerieren, dass er der einzige »wahre« Vertreter der Arbeitnehmerinteressen in der SPÖ sei, der mit der »Packelei« an der Parteispitze nichts zu tun haben möchte. »Wir haben das, was du gemacht hast, nicht verstanden«, kritisierte Waldbrunner, an Olah gewandt, im Parteivorstand am 27. Oktober, »du hast damit der Partei einen sehr schlechten Dienst erwiesen. Das bedauern wir alle sehr.«[12] Ähnlich eigenmächtig agierte Olah wenig später im Zusammenhang mit dem so genannten »Raab-Olah-Abkommen«, durch das die Zusammenarbeit der Wirtschaftspartner intensiviert wurde. Die Regierung und die Parteien reagierten »auf das Abkommen merklich kühl. In der Öffentlichkeit sprach man vom ›Alleingang‹ und von den einsamen Entschlüssen der beiden Präsidenten ... hie und da hörte man den Vorwurf, Altbundeskanzler Raab und Präsident Olah wollten nichts anderes als eine Nebenregierung bilden.«[13]

Die Nationalratswahlen vom 18. November 1962, die Olah wieder ins Parlament brachten, bescherten der SPÖ zwar eine Niederlage, doch aus den langen und hart geführten Regierungsverhandlungen gingen die Sozialisten, die ihre Machtpositionen zu halten verstanden, als »Sieger« hervor. Dies war einerseits möglich, weil die ÖVP wieder einmal nicht geschlossen genug aufgetreten war, und andererseits, weil Olah geschickt mit der FPÖ und deren Obmann Friedrich Peter, der sich dem Gewerkschaftsführer verpflichtet fühlte, zu taktieren verstand. Zankapfel bei den Verhandlungen waren das Außenministerium und die Person des Außenministers Kreisky. Berühmt wurde der Satz Olahs, wonach das Außenministerium »nicht am Christbaum« hängen würde. Es hat den Anschein, als wäre Olahs Einfluss so weit gegangen, dass er sogar Personalentscheidungen der FPÖ beeinflussen konnte. Vor dem Hintergrund der Causa Habsburg 1963, als er, wie oben skizziert, als Verbindungsmann der SPÖ zu den Freiheitlichen auftrat, hielt Olah in einer persönlichen Verteidigungsschrift in seinem Prozess fest: »Neben der Habsburgerfrage standen aber bei den Gesprächen mit der FPÖ auch finanzielle Probleme im Vordergrund ... Die SPÖ übernahm damals die finanzielle Sicherstellung der FPÖ, die

Überweisungen gingen allerdings schleppend vor sich, sodass die Vertreter der FPÖ wieder urgieren mussten. Weiters ging es nach wie vor um die Frage der Wahlreform, jetzt auf Bundesebene, welche im koalitionsfreien Raum gegen die Stimmen der ÖVP beschlossen werden könnte ... Diese wesentliche Bindung sollte die Grundlage für eine künftige kleine Koalition zwischen SPÖ und FPÖ sein. Obwohl diese Wahlreform vom Parteitag einstimmig beschlossen worden war, wurde sie doch von einigen Spitzenfunktionären der SPÖ immer wieder sabotiert, sodass die FPÖ mit der Zeit ungeduldig wurde. Gleichsam als Abschlagszahlung wurde der damalige Fraktionsobmann der FPÖ im Parlament Dr. Gredler zum Gesandten beim Europarat in Straßburg bestellt. Dies entsprach dem Wunsche des Parteiobmannes der FPÖ, Peter, weil Gredler Peters Politik der Anlehnung an die SPÖ entgegentrat. Nach dem Abgang Dris. Gredler nach Straßburg wurde Dr. Kandutsch sein Nachfolger als Klubobmann im Parlament, doch wollte er auch Kandutsch aus dem Parlament entfernen, weil auch er den neuen Kurs der FPÖ nicht recht mitmachen wollte. Dr. Kandutsch wurde dann zum Rechnungshofpräsidenten bestellt und der Abgeordnete van Tongel wurde Klubobmann und schwenkte voll auf die Linie der kleinen Koalition SPÖ – FPÖ ein.«

Diese Ausführungen dokumentieren, dass die kleine Koalition zwischen 1983 und 1986 auf eine jahrzehntelange Vorgeschichte zurückblicken konnte, die nicht alleine auf die langfristige Strategie eines Bruno Kreisky, der in vielerlei Hinsicht als Vollstrecker der politischen Zielvorstellungen seines Freundes Olah zu betrachten ist, zurückgeführt werden darf. Neben der FPÖ und den (bürgerlichen) Medien erwies sich Olah – und auch hierin folgte ihm Kreisky später – als sozialistischer Pontifex zur katholischen Kirche.[14] Als Anfang 1957 der bisherige Parteiobmann Schärf, der zweimal aus der katholischen Kirche ausgetreten war und sich deshalb selbst als »denkbar ungeeignetsten Kandidaten« bezeichnet hatte, zum Kandidaten für die Bundespräsidentenwahl nominiert wurde, befürchtete man in der SPÖ eine Anti-Schärf-Kampagne katholisch gesinnter Kreise, weshalb von führenden sozialistischen Politikern das Gespräch vor allem mit dem Wiener Erzbischof Franz König gesucht wurde. Die SPÖ, die in dieser Sache u. a. von Pittermann, Slavik und Olah vertreten wurde, konnte erreichen, dass König für die Zukunft eine parteipolitisch neutrale Haltung der katholischen Kirche zusagte. Die Gegenleistung bestand in der positiven Erledigung des von der Kirche lange gehegten Wunsches nach dem Abschluss eines Konkordats. Nach seiner Wahl zum Staatsoberhaupt beeilte sich Schärf dann auch umgehend festzuhalten, dass er sich bemühen werde, »mitzuhelfen zu einer zeitgemäßen Umschreibung der Beziehungen vor allem zwischen der römisch-katholischen Kirche und dem Staat«. Die damalige Frontstellung macht eine Episode deutlich, an die sich König noch nach Jahrzehnten erinnerte: »Ich schickte ihm [Schärf] ein Telegramm und hab heute noch ein bisschen das Entsetzen in den Ohren in den politischen Kreisen: Um Gottes willen, der Erzbischof gratuliert, wie wenn nichts geschehen wäre, einem sozialistischen Kandidaten, der Bundespräsident geworden ist.«[15] Olahs versöhnliche Haltung gegenüber der katholischen Kirche, die 1959 in einer gemeinsam mit dem Wiener Vizebürgermeister Felix Slavik bestrittenen Privataudienz bei Papst Johannes XXIII. gipfelte, brachte ihm innerparteilich zwar auch herbe Kritik ein, speziell vom atheistisch orientierten Parteiflügel, doch er hielt an seiner Linie der Öffnung der Partei zum Zwecke der Erreichung von Mehrheiten unverrückbar fest.

Lässt man Olahs Eigenmächtigkeiten bezüglich der geschilderten finanziellen Transaktionen einmal außer Acht, ebenso sein aufbrausendes Temperament wie diverse Unvorsichtigkeiten, so blieb er vor allem als Taktiker weit hinter Kreisky zurück. Während dieser nach seiner Wahl zum Parteivorsitzenden zur innerparteilichen Befriedung ansetzte, seinen Gegnern in der Gewerkschaftsbewegung und in der Partei, speziell in Wien, die Hand zur Versöhnung reichte, was etwa dadurch zum Ausdruck kam, dass sein Vorgänger Pittermann den Klubvorsitz behalten konnte, wichtige Posten in der Bundesregierung für Gewerkschaftsfunktionäre »reserviert« wurden und Franz Kreuzer als Chefredakteur der »AZ« abberufen wurde, setzte Olah auf den Schulterschluss mit den Massen.

Franz Olah, der westorientierte, streng antikommunistische Demagoge, verfügte zweifellos über ein beträchtliches Maß an Charisma, er war die populäre Verkörperung eines »einfachen« Arbeiters, der es, ohne seine proletarischen Wurzeln zu verleugnen, ganz nach oben »geschafft« hatte. Manche mag er an Franz Schuhmeier, den »Volkstribun aus Ottakring«, erinnert haben. Parteiintern war Olah die Symbolfigur jener insbesondere in den Bundesländern beheimateten Funktionäre, die Pragmatismus vor Programmatik stellten, die durch eher populistische Methoden und Stile bzw. charismatische Spitzenkandidaten Mehrheiten jenseits der traditionellen Lagergrenzen zu finden hofften. Dieser Gruppen standen die mächtigeren »Traditionalisten« gegenüber, die für Grundsätze und langfristige Programme eintraten, jene Funktionärsschicht um Christian Broda, Karl Czernetz, Otto Probst, Bruno Pittermann und Karl Waldbrunner, die Olah aber auch seine Popularität und Ausstrahlung, die er populistisch-appelativ einzusetzen verstand, neideten. Damit ist ein wesentlicher Gesichtspunkt dieses Konflikts, dieser Krise angesprochen. Olah verletzte das ungeschriebene Gesetz der Oligarchie, indem er die internen Auseinandersetzungen, anstatt sie innerhalb der Oligarchie auszutragen, über den Weg des direkten Appells an die Masse nach außen trug. Folgende Sätze aus einer richtungsweisenden Studie von Robert Michels über die »Soziologie des Parteiwesens« schienen wie auf Olah gemünzt zu sein: »Jede neue oppositionelle Strömung in der Partei wird als Demagogie zu diskreditieren versucht, der direkte Appell mit der Parteiherrschaft unzufriedener Elemente an die Massen, und mag er noch so edlen Motiven, wie den Gründen taktischer Überzeugung, entspringen, wird, trotzdem er unzweifelhaft als das Grundrecht aller Demokratie anzusehen ist, als unschicklich verworfen oder sogar als Einmischung oder boshafter Versuch der Untergrabung der Parteidisziplin und der Verhetzung gebrandmarkt. Wobei zu bemerken ist, dass die Führer, als im Besitz der Machtmittel und folglich der Macht befindlich, den Vorteil haben, stets im Lichte der Gesetzlichkeit zu erscheinen, während die rebellierenden Massen oder Unterführer in das Licht der Ungesetzlichkeit gerückt werden können.«[16] Olah – um bei Michels Diktion zu bleiben –, der »Unterführer«, schickte sich in der dieser Persönlichkeit eigenen Geradlinigkeit und Direktheit an, sich zum »Führer« aufzuschwingen, denn zum Zeitpunkt der durch ihn gleichermaßen verursachten wie symbolisierten Krise ging es bereits um die Nachfolge des führungsschwachen Parteiobmannes Pittermann. »Wir sprechen von den anderen immer als von den Konservativen«, erklärte Olah bereits 1961 unverblümt vor etwa 200 Funktionären, »die sind aber gar nicht so konservativ«, setzte er fort, »die sind im Stande, einen Parteiobmann über Nacht loszuwerden, bei uns dauert das viel länger.«[17] Broda, über den Kreisky später sagte, »wer ihm gefährlich zu werden droht, den versucht er schon vorher zu Fall zu bringen«, und andere befürchteten, Olah würde, erst einmal an die Macht gekommen, die SPÖ rücksichtslos zu einer »Führerpartei« umbauen. Als Erster hatte Czernetz diese Befürchtung artikuliert: »Aber es darf in der SPÖ keine plebiszitäre Demagogie, keine autokratischen Tendenzen, keine polizeilichen oder administrativen Interventionen in politischen oder gar parteiinternen Auseinandersetzungen geben. Jedes autoritäre oder autokratische Führertum widerspricht den Ideen und Grundsätzen des demokratischen Sozialismus.«[18] Was der selbst des »Faschismus« verdächtigte Olah, der aber auch mit Mussolini, Peron und Pierre Poujade, einem populistisch agierenden französischen Politiker, dem es 1956 gelungen war, mit 52 Abgeordneten in die Nationalversammlung einzuziehen, verglichen wurde, von solchen in der Theoriezeitschrift »Zukunft« geführten Diskussionen hielt, machte er gegenüber Josef Hindels klar: »Für eure Grundsätze ... könnt ihr euch nichts kaufen. Alles kommt darauf an, wichtige Positionen zu besetzen. Wer in der ›Zukunft‹ theoretische Artikel schreibt, wird es nie zu etwas bringen.« Mit seiner Angelobung als Innenminister der Regierung Gorbach – Pittermann am 27. März 1963 unterlief Olah sein größter taktischer Fehler. Um die Nachfolge des eher glücklos agierenden Josef Afritsch antreten zu können, musste er als ÖGB-Präsident zurücktreten und beraubte sich so seiner politischen »Hausmacht«. Zu seinem Nachfolger wurde Ende September Anton Benya bestellt. Einem amtierenden ÖGB-Präsidenten Olah hätten jene Untersuchungen, die ab 1963 durch den Obmann der Zentralen Kontrollkommission des ÖGB Fritz Klenner in der Arbeiterbank, der späteren BAWAG, angestellt wurden, wohl weniger geschadet als einem Mitglied der Bundesregierung. Als Innenminister griff Olah im Personalbereich hart durch. Unliebsame Kommandanten wurden abberufen oder versetzt, während ihm ergebene Beamte an wichtige Positionen gebracht wurden. Dies trug ihm den Vorwurf ein, er würde sich Polizei und Gendarmerie, deren modernere Ausrüstung er freilich rasch und konsequent vorantrieb, für seine Machtgelüste nutzbar machen. Am 19. Oktober 1963 titelte die »Wochenpresse«: »Olah. Schatten über Österreich«. Ein ganzseitiges Bild zeigte einen halb in Schatten getauchten Innenminister mit »mephistophelischen Gesichtszügen«. Olah ließ das Blatt umgehend beschlagnahmen und der von verschiedenen Seiten erhobene Vorwurf »diktatorischen Vorgehens« war Wasser auf den Mühlen seiner innerparteilichen Gegner. Vor allem aber ein problematischer, in der Öffentlichkeit aber durchaus populärer Schachzug Olahs im Jahr darauf führte dazu, dass Justizminister Broda Olahs Gegner um sich versammelte und – so zumindest Norbert Leser, der damals eng mit Broda zusammengearbeitet hatte – dessen »generalstabsmäßige Vernichtung« plante.[19] Am 28. Januar 1964 gab Olah im

Fernsehen ein viel beachtetes, ja als sensationell empfundenes Interview, in dem er erklärte, dass die Staatspolizei über Tausende Österreicher, darunter prominente politische Persönlichkeiten wie der Wiener Bürgermeister Franz Jonas oder Josef Afritsch, »Spitzelakten« angelegt habe, auch über ihn, Olah. »Das ist mein Akt, sehen Sie«, führte er gegenüber dem Moderator, der übrigens Helmut Zilk hieß, aus, »das sind die Karteikarten. So viele Karteikarten voll geschrieben über mich. Sie werden sagen, das war vielleicht in der Besatzungszeit. Nein, die Bespitzelung von mir, die hat man bis zum Jahr 1962 fortgesetzt, auch die private Sphäre.« Ungeachtet dessen, dass es sich bei der Anlegung dieser Akten tatsächlich um einen handfesten Skandal handelte, wurden Olahs Beweggründe, mit dem Material spektakulär in die Öffentlichkeit zu gehen, doch dahingehend interpretiert, dass er ein Klima der Unsicherheit und der Angst herzustellen versuchte, um sich selbst als »starken Mann« in den Vordergrund zu spielen, die Partei auf seinen Weg zu bringen und schließlich den Vorsitz übernehmen zu können. Nach Olahs Interview wurden schließlich auch die erwähnten Vorwürfe publiziert, er würde die Transformation der SPÖ in eine »Führerpartei« betreiben. »In manchen Sitzungen des Parteivorstandes der SPÖ, die ich seit Anfang 1964 miterlebte«, vermochte sich Heinz Fischer zu erinnern, »wurde mit größter Erbitterung diskutiert, und bei einer dieser Sitzungen erhob sich Karl Waldbrunner, als er das Wort erhielt, von seinem Sitz und sprach in höchster Erregung wie ein Staatsanwalt an die Adresse des in seiner Nähe sitzenden Franz Olah.«[20] Im nun einsetzenden Machtkampf konnte Olah, der innerhalb der Partei in diesen Monaten vor allem von Kreisky, Slavik, Rosa Jochmann und Ernst Winkler verteidigt wurde, voll auf die Unterstützung der »Kronen Zeitung« setzen. Vom März bis zum Mai 1964 wurden zahlreiche Beiträge und Leserbriefe veröffentlicht, in welchen Broda und Czernetz, die »Todfeinde« Olahs, hart angegriffen wurden. Tief unter der Gürtellinie gestalteten sich die Attacken der »Kronen Zeitung« gegen Anton Benya. Im August 1964, die Untersuchungen der Kontrollkommission des ÖGB gegen Olah waren in vollem Gange, startete eine längere Kampagne gegen den Gewerkschaftspräsidenten (»Benya muss man heißen, dann kommt man nicht ins Kittchen!«). Ein betrunkener Gewalttäter namens Friedrich Benya war verhaftet worden und hatte den prominenten Politiker als seinen Onkel angegeben, worauf er nach angeblichen Interventionen wieder freigelassen worden wäre. Der Haken an der Geschichte war freilich, dass dieser Mann, ein Rauchfangkehrer, mit Anton Benya nicht verwandt war, er kannte ihn auch nicht. Als die Causa im Parteivorstand der SPÖ besprochen wurde, lag auch bereits die Abendausgabe der bürgerlichen Tageszeitung »Die Presse« (15. September 1964) vor, der Olah zuvor ein brisantes Interview gegeben hatte, welches ihm nun seinen »Kopf« kosten sollte. Er hatte die Parteiführung beschuldigt, sich im Kampfe gegen ihn »stalinistischer Methoden« zu bedienen, »er werde von gewissen Parteigenossen ärger diffamiert als von politischen Feinden«. Daraufhin wurde umgehend ein Parteischiedsgericht eingesetzt, das sich aus Jochmann, Slavik und Ludwig Kostroun zusammensetzte, also aus drei Vertrauten Olahs, was wohl vermutlich den Eindruck absoluter Korrektheit suggerieren sollte. Da Olah jedoch eindeutig gegen einen nur wenige Monate zuvor verabschiedeten, aus heutiger Sicht prädemokratischen, die (zunehmende) Relevanz medialer Öffentlichkeit völlig missverstehenden Passus des Parteistatuts, wonach Mandataren und Funktionären jede nicht zuvor ausdrücklich genehmigte Mitwirkung an »nichtsozialistischen Presseerzeugnissen« verboten sei, verletzt hatte, kam dieses Gremium um eine »Verwarnung« nicht herum. Bereits am 17. September musste Olah als Innenminister zurücktreten. Im Parteivorstand war er von 13 Genossen, u. a. von Slavik, Klubobmann Robert Uhlir und insbesondere von Jochmann und Kreisky, von dem seine frühen Biografen Lendvai und Ritschel behaupteten, er hätte in seinem Leben nur zwei wirkliche politische Freunde gehabt, den im KZ umgekommenen Roman Felleis und eben Olah,[21] verteidigt worden, doch diese Gruppe war zu schwach, um ihn halten zu können.

Olahs durch eine Kampfabstimmung im Parteivorstand herbeigeführte Demission, welcher er freilich nicht zustimmen hätte müssen, womit die endgültige Entscheidung von Bundeskanzler Klaus, der aus taktischen Gründen womöglich eine Koalitionskrise riskiert hätte,[22] zu treffen gewesen wäre, evozierte heftige Proteste, die von Handlungen und Maßnahmen begleitet waren, welche die Befürchtungen der Parteispitze, wonach der von den Sympathien der Basis getragene »Rechtsabweichler« Olah die gesamte Macht an sich hätte reißen können, nachdrücklich nährte. So wurde etwa in Wien für drei Stunden der Strom für die Straßen- und Stadtbahn abgedreht, Tausende Arbeiter, die Transparente mit der Aufschrift »Wir wollen Olah« mitführten, zogen vor die Parteizentrale in der hinter dem Burgtheater verlaufenden Löwelstraße und protestierten lautstark gegen Broda, Pittermann und Benya. Auch antisemitische Töne, die in einer teilweise durchaus autoritär ausgerichteten Arbeiterschaft nicht zum ersten Mal zu vernehmen waren, mischten sich unter die Proteste. Folgender Grundtenor wurde dokumentiert: »An den Zuständen in der Partei seien nur die Juden schuld. Olah soll ›abserviert‹ werden, weil er kein Akademiker sei und weil er den intellektuellen Diskutierern in der ›Zukunft‹ den Mund stopfen wollte, der Franzl müsste hinauf (an die Parteiführung), um endlich mit eiserner Arbeiterfaust Ordnung zu machen usw.«[23] Olah beruhigte die Massen und versprach, weiter ihre Interessen zu vertreten. Für eine endgültige politische Demontage Olahs, der noch immer Abgeordneter zum Nationalrat war und von Kreisky, der ihn massiv in den Wahlkampf für die niederösterreichischen Landtagswahlen vom 25. Oktober dieses Jahres einzubinden wusste, weiter unterstützt wurde, waren seine Gegner zu diesem Zeitpunkt noch nicht bereit, doch nach dem »Schiedsspruch« eines von ihm selbst verlangten und am 24. September eingerichteten »Ehrengerichtes«, das aus Zentralsekretär Otto Probst, dem burgenländischen Parteichef Hans Bögl und dem vormaligen Staatssekretär Andreas Korp bestand, wurde Olah am 3. November 1964 vom Parteivorstand aus der SPÖ ausgeschlossen. Als Ursache wurden die Unstimmigkeiten hinsichtlich der finanziellen Transaktionen angegeben, doch die Öffentlichkeit ließ man darüber weitgehend im Unklaren. Am 29. Oktober waren erneut aufgebrachte Arbeiter vor die Parteizentrale gezogen und hatten die Wiedereinsetzung ihres Idols Olah in alle seine politischen Funktionen zu erreichen versucht, während sie den Rücktritt von Pittermann und Broda forderten. Der ungeliebte Justizminister war beim Verlassen des Hauses sogar tätlich angegriffen worden.

Das Bild, das Hans Dichand am 4. November 1964 in der »Kronen Zeitung« über seinen ehemaligen Mentor entwarf, entspricht in den wesentlichen Zügen der öffentlichen Wahrnehmung von Olah: »Mit Franz Olah scheidet ein Mann aus der SPÖ, der gegen das Verharren in politischer Bewegungslosigkeit, gegen den ideologischen Kastengeist an der Spitze der Politik und gegen Sattheit des Kollektivs ankämpfte. Er wollte seine Partei und damit die gesamte österreichische Innenpolitik aus der Erstarrung herausführen. Ihm schwebt ein praktischer Sozialismus vor, wie er in nordeuropäischen Staaten zu innerem Frieden und zu einem beispielhaft hohen Lebensstandard führte. Die Voraussetzung für einen gemäßigten Sozialismus in Österreich, für die Schaffung einer breiten SPÖ-Basis war die Kampfansage an die marxistische Ideologie und die Versöhnung der sozialistischen Bewegung mit der Kirche. Franz Olah gelang es, diese Aussöhnung herbeizuführen, aber gleichzeitig schuf er sich damit am linken Flügel der SPÖ eine Gegnerschaft, der es jetzt durch eine beispiellose Diffamierungskampagne gelungen ist, seinen totalen Sturz herbeizuführen ... Jene, die den Fall einigermaßen genau kennen, wissen, dass Franz Olah die so genannten ›finanziellen Transaktionen‹ immer nur im Interesse seiner Partei oder der Gewerkschaft durchgeführt hat. Und sie wissen, dass solche ›Statutenwidrigkeiten‹ stets im Nachhinein sanktioniert worden sind. Jene breiten Massen aber, die nur vage Vorstellungen vom ›politischen Geschäft‹ haben, spüren instinktiv, dass hier einem Mann Dinge vorgeworfen werden, die nur deshalb nach Jahren aus der Versenkung geholt wurden, weil man ganz einfach ein ›Parteiverbrechen‹ brauchte. Andere, die gleiche oder ähnliche ›finanzielle Manipulationen‹ tätigen, bleiben ungeschoren – bis man sie eben eines Tages loswerden will.«

4. »In Österreichs bisher ruhigstem Bundesland herrschte gestern Aufruhr!«

DIE FUSSACH-AFFÄRE[1]

Die Wurzeln des starken, traditionellen, ungewöhnlich stabilen Landesbewusstseins der Bundesländer sind mit den Abgründen und Klippen der österreichischen Geschichte, deren Brüche und Kontinuitäten, verwachsen und reichen, das Burgenland ausgenommen, bis in das Mittelalter zurück. Als Beispiel für die neuere Zeit können die geschichtlichen Sinn stiftenden napoleonischen Kriege genannt werden; was der Bauer und »Freiheitsheld« Andreas Hofer in dieser Epoche für Tirol wurde, wurde der volksverbundene Erzherzog Johann für die Steiermark. Die Länder überdauerten als historisch-politische Einrichtungen die Monarchie und kultivierten im republikanischen Staatswesen eine breite, soziale Schichten integrierende landespolitische Tradition. Nach einer mittlerweile obsoleten, noch immer weit verbreiteten Geschichtsauffassung waren es die Länder, die durch ihren freiwilligen Beitritt das neue Österreich erst entstehen ließen. In den deutschsprachigen Ländern nahmen die provisorischen Landesversammlungen ihre Tätigkeit jedoch unter der Aufsicht und auf Weisung der damals allmächtigen provisorischen Nationalversammlung auf: »Die Polarisierung zwischen den Politikern der Länder und der Wiener Zentralgewalt entstand erst einige Wochen nach der Staatsgründung und entsprang im Wesentlichen aus dem politischen Misstrauen gegen das von sozialistischen Kräften dominierte Wien und aus dem Interessenkonflikt, der zwischen der Millionenstadt Wien und den Ländern in der Ernährungs- und Versorgungsfrage ausbrach.«[2] Insbesondere vor dem Hintergrund der Anschluss-Problematik wurde aber auf das Recht auf Sezession beharrt: 1919 votierten 47.208 gegen 11.248 Vorarlberger für den Anschluss an die Schweiz, im April 1921 stimmten neun Zehntel der Tiroler und im Mai dieses Jahres drei Viertel der Salzburger für den Anschluss an Deutschland. In der Steiermark wurde eine solche Abstimmung in letzter Minute abgesagt.

Die sich von Fall zu Fall in höchst unterschiedlicher Intensität und Bedeutung manifestierenden Konflikte zwischen Zentrum und Peripherie, zwischen dem »Wasserkopf Wien« und einzelnen Bundesländern, wurden sowohl von handfesten Interessen als auch von weniger klar nachvollziehbaren Emotionen motiviert und gesteuert. Ein von den politischen Eliten in den Ländern praktizierter, von der Bevölkerung nur allzu gerne getragener Chauvinismus traf in kongenialer Sturheit auf die metropolische Überheblichkeit zentralistisch festgefahrener Wiener Funktionäre. So genannte »Landesfürsten« wie Josef Krainer sen., der »lärchene Stipfel«, und Eduard Wallnöfer, die langjährigen Landeshauptmänner von Steiermark und Tirol, personifizierten ein solchermaßen überhöhtes Landesbewusstsein beispielhaft. Krainer, der die Steiermark so ähnlich führte wie ein Bauer seinen Hof, überquerte den Semmering höchst ungern und hielt sich nur dann in Wien auf, wenn es unbedingt erforderlich war. Wallnöfer schlief einmal während einer Fahrt von Innsbruck nach Wien ein und erwachte erst in der Nähe von Melk in Niederösterreich wieder, wo er von seinem Chauffeur gefragt wurde, was er eigentlich in Wien zu erledigen habe. Wallnöfer wusste es nicht und kramte in seinen Akten herum. Als er die Papiere gesichtet hatte, soll er verärgert gemeint haben: »Und deschhalb sind wir nach Wien gefahren? ... Wir drahn sofort wieder um!« Gut in Erinnerung ist auch noch die Bemerkung des aus Graz stammenden, ehemaligen FPÖ-Obmannes Alexander Götz, dem auf die Frage, was denn eigentlich sein Lieblingsort in Wien sei, sofort der Südbahnhof einfiel, denn dieser würde ihn auf schnellstem Wege wieder nach Graz führen.
Wenn wir uns nun, um das gezeichnete Bild zu vervollständigen und den Faden zum eigentlichen Thema aufzunehmen, auf die Suche nach einem klassischen »Zentralisten« machen, so drängt sich der Name des 1911 geborenen Otto Probst auf, der in seiner langen politischen Karriere u. a. Zentralsekretär der SPÖ, Bundesminister für Verkehr und Elektrizitätswirtschaft, Obmann der SPÖ-Wien und Dritter Präsident des Nationalrates war. Probst, ein blendender Organisator, der mit der Sozialdemokratie seit seiner Jugend sehr eng verbunden war, kann vom Typus her als strukturkonservativer Parteisekretär eingeordnet werden, der als Kommunikator sogar dann versagte, wenn er sich innerhalb der SPÖ an ein Publikum außerhalb Wiens wandte.[3] Diese mangelnde kommunikative Kompetenz, die freilich auch von einem beträchtlichen Manko an Einsicht und politischer Sensibilität begleitet

war, zählte zu jenen Gesichtspunkten, welche die an sich banale, in den Bereich der politischen Routine zu rubrizierende Angelegenheit einer Schiffstaufe zu einer »Affäre« aufzublähen beitrug, manche wollten von einer »Revolte« wissen, andere wiederum sprachen von einem »Skandal«.

Erst viele Monate nach den nun zu analysierenden Ereignissen, die dem kleinen Vorarlberg für kurze Zeit einen Platz in der Weltpresse sicherten, konnte Probst nach mehreren gescheiterten Anläufen doch noch die »Taufe« eines neuen Bodenseeschiffes vornehmen, das allerdings nicht den von ihm präferierten Namen »Karl Renner« trug, sondern als »Vorarlberg« in Betrieb ging. Die Komik dieses offiziellen Aktes erschloss sich darin, dass Probst sich nicht nach Fußach zu reisen getraute, wo das Schiff vor Anker lag, die Schiffstaufe wurde stattdessen in der Korneuburger Werft, wo die »Vorarlberg« gebaut worden war, an einem Modell des Schiffes vorgenommen. »Ich habe Sie heute hierher gebeten«, erklärte Probst den zum Festakt geladenen Gästen, »um in Ihrer Anwesenheit dem neuen, gegenwärtig auf der Werft Fußach liegenden Bodenseeschiff, das in der Korneuburger Schiffswerft konstruiert und gebaut wurde, den Namen ›Vorarlberg‹ zu geben. Ich wünsche der ›Vorarlberg‹, dem neuesten, aber auch dem wohl schönsten Schiff auf dem Bodensee, eine glückhafte Fahrt. Möge es nach den vielen Sorgen, die uns seine Indienststellung bereitete, allen Menschen, die es benützen, viele Freuden bringen.«[4] Die »vielen Sorgen«, von welchen Probst sprach, waren teilweise berechtigt, teilweise höchst virtueller Spielart, etwa dann, wenn vereinzelt das Jahr 1938 bemüht wurde, von »Pogromstimmung« fabuliert und bereits die Demokratie in akuter Gefahr gesehen wurde. Was war also passiert, dass das »Volksblatt« am 22. November 1964 schreiben konnte: »In Österreichs bisher ruhigstem Bundesland herrschte gestern Aufruhr«?

1963/64 wurde mit dem Bau eines neuen, modernen Ausflugsschiffes für etwa tausend Personen begonnen, das neben den bereits in Betrieb befindlichen Schiffen »Austria« und »Österreich« auf dem Bodensee zum Einsatz kommen sollte. Probst teilte dem Vorarlberger Landeshauptmann Ulrich Ilg mit, dass er bezüglich der Namensgebung einen Vorschlag der Landesregierung erwarte, die übrigens dem Verkehrsministerium bereits einmal vorgeschlagen hatte, eines der beiden in Betrieb stehenden Schiffe in »Vorarlberg« umzubenennen und in der Folge eine Absage in angeblich »höchst arrogantem Ton« bekommen hatte. Als schließlich Gerüchte auftauchten, wonach für das neue

Schiff bereits konkret die Namen »Julius Raab« und »Karl Renner« im Gespräch seien, ergriff Karl Tizian, der Bürgermeister von Bregenz, die Initiative und schrieb an Probst einen Brief, in dem er festhielt, dass seit dem Ende der Monarchie am Bodensee mit Schiffsnamen kein »Personenkult« mehr getrieben worden wäre, als »Sprecher unserer Bevölkerung« lehne er Personennamen ab. Probst antwortete am 1. Oktober knapp und eindeutig: »Zu Ihrem Schreiben vom 28.v.Mts. teile ich Ihnen mit, dass ich heute dem Herrn Landeshauptmann Ilg bekannt gegeben habe, dass das neue Bodenseeschiff der Österreichischen Bundesbahnen den Namen ›Karl Renner‹ tragen wird. Mit dem Ausdruck der vorzüglichen Hochachtung.«[5] Unterschrieben wurde dieser Brief nicht, ein weiteres Schreiben blieb unbeantwortet und auch eine Intervention bei Bundespräsident Schärf zeitigte erwartungsgemäß keinen Erfolg. Rein formal war Probst natürlich im Recht, wenn er ausrichten ließ, dass es das »unbestreitbare Recht« der ÖBB sei, als Eigentümerin den Namen des Schiffes zu bestimmen, politisch war seine zentralistische, von Paternalismus und Überheblichkeit nicht freie Wahrnehmung der Problematik natürlich höchst unklug. Es war einfach nicht opportun, in einem Land, in dem stark föderalistisch orientierte Parteien wie die ÖVP und die FPÖ die Zweidrittelmehrheit hielten[6], das Schiff nach dem bis zu diesem Zeitpunkt einzigen von der SPÖ gestellten Regierungschef zu taufen.
Innerparteilich wusste sich Probst zunächst nach allen Seiten hin abzusichern, doch am 24. Oktober begehrte die Vorarlberger SPÖ, innerhalb derer es von Beginn an zahlreiche Befürworter des Namens »Vorarlberg« gegeben hatte, unter dem Druck der öffentlichen Meinung gegen die Zentrale auf und votierte kraft Vorstandsbeschluss für ebendiesen Namen. Interessant ist auch, dass tags darauf der Vorarlberger Landesparteirat aus seinen Sympathien für den abberufenen Innenminister Olah, der für mehr Pragmatismus und Flexibilität stand, kein Hehl machte, »was wiederum auf heftigen Argwohn durch Probst und Pittermann stieß«.[7] An der Entscheidung des zuständigen Ministers änderte die Haltung der Bundesländersozialisten nichts, am Namen »Karl Renner« festzuhalten, war aus der Sicht Probsts unumstößlich.
Als Datum für die umstrittene Bootstaufe wurde der 21. November festgelegt. Auf die aus Wien angereisten Ehrengäste, die mit einem »Paradeiserbombardement«, mit Pfiffen und Schmährufen begrüßt wurden, wartete am Bregenzer Bahnhof ein mehrere hundert Perso-

nen zählendes »Empfangskomitee«. Auf von Demonstranten mitgebrachten Transparenten waren Aufschriften wie »Mit fremdem Geld wird nicht gemopst, heil dir, Verkehrsminister Probst« oder »Mehr Demokratie, weniger Personenkult« zu lesen. Probst selbst war freilich gar nicht unter den Fahrgästen, er kam, wie tags zuvor auch bekannt gegeben worden war, über Lindau nach Bregenz. Diese Unmutskundgebungen waren aber erst der Auftakt zu den tumultösen Ereignissen, die sich im Anschluss im Bereich der Schiffswerft von Fußach abspielten. Die Autobusse der ÖBB, welche die Festgäste zur Werft zu chauffieren hatten, konnten sich ihren Weg nur mühsam durch die Masse der etwa 20.000 aufgebrachten Demonstranten bahnen, am Ende kamen sie überhaupt nicht mehr weiter und die Insassen waren gezwungen, ihren Weg zu Fuß fortzusetzen, wobei sie von den Demonstranten, die teilweise mit Stöcken bewaffnet waren, gestoßen und mit faulen Eiern und Tomaten beworfen wurden. »Als sie das Tor erreicht hatten, drängten die Demonstranten mit derartiger Wucht nach, dass das Gendarmerieaufgebot zur Seite geschoben und das dünne Absperrgitter durchbrochen wurde. Nun war das Werftgelände mit Menschen überfüllt. Die Gäste wurden vom Schiff gedrängt, die Österreich-Flagge vom Rednerpult gerissen, später auch das Tuch, das den Schiffsnamen verhüllt hatte. Da die Gendarmen den Ereignissen machtlos gegenüberstanden, flohen die Gäste auf das in unmittelbarer Nachbarschaft angelegte Motorschiff ›Österreich‹ ...«[8] Von dort aus mussten sie zusehen, wie einige Demonstranten eine »Nottaufe« improvisierten, indem der Name »Karl Renner« kurzerhand übermalt und das Schiff, an dessen Bug man eine Weinflasche zerschellen ließ, auf den Namen »Vorarlberg« getauft wurde.

Während sich die Situation auf dem Werksgelände zuspitzte, befand sich Probst auf einem Motorboot, auf das er in Bregenz umgestiegen war, um auf dem Seeweg nach Fußach zu gelangen. Nachdem er jedoch seitens des Vorarlberger Sicherheitsdirektors funktelegrafisch davon in Kenntnis gesetzt worden war, dass es nunmehr wohl unmöglich geworden sei, die Schiffstaufe wie geplant vorzunehmen, sagte er letztere offiziell ab, ließ das Boot wenden und fuhr nach Bregenz zurück. Das »Volksblatt« berichtete am nächsten Tag, dass es etwas später auf dem Gendarmeriekommando, wohin der Minister vor seiner Rückkehr nach Wien eskortiert worden war, zu einem Streit zwischen ihm und dem zuständigen Bezirkshauptmann gekommen wäre, welchem Probst zum Vorwurf gemacht habe, er sei nicht fähig, für die

Sicherheit eines Regierungsmitgliedes zu sorgen.[9] Da Probst in Fußach als Feindbild gewissermaßen nicht greifbar war, richtete sich der »Volkszorn« gegen den sozialistischen Nationalratsabgeordneten Ernst Haselwanter. Von den Demonstranten, nachdem sie ihn mit Steinen und Erdklumpen beworfen hatten, wurde versucht ihn ins Wasser zu werfen. Haselwanter wurde daraufhin von der Exekutive in eine Bauhütte geleitet, doch selbst das große Gendarmerieaufgebot konnte nicht verhindern, dass einige Vorarlberger auf das Dach der Hütte kletterten um es einzutreten, was allerdings nicht glückte. Später erzählte der Abgeordnete, dass ihm drohende Rufe wie »Haut ihn zusammen!« und sogar »Bringt ihn um!« entgegengebrandet seien.[10] Sein Kollege Franz Katzengruber soll von »einer führenden Persönlichkeit der Katholischen Aktion« mit der Apostrophierung »Schwein« bedacht worden sein. Neben Haselwanter wurde auch noch der ÖBB-Generaldirektor Maximilian Schantl bedroht, einige Männer zertrümmerten die Windschutzscheibe seines Wagens, der nicht das einzige Fahrzeug war, welches an diesem Tag beschädigt wurde. Zeitungen berichteten von drei verletzten Gendarmen. Die »Salzburger Nachrichten« resümierten über die Ereignisse des 21. Novembers: »Der Bodensee glich am Samstag einem Kriegsschauplatz.«[11]
Die geschilderten Vorfälle riefen verschiedene Reaktionen hervor,[12] wobei zunächst auf die Ebene der Justiz sowie auf jene der medialen Berichterstattung aufmerksam zu machen ist, um in einem zweiten Schritt die (partei-)politischen Reaktionen in Augenschein zu nehmen, die speziell in einer Sitzung des Nationalrates dokumentiert wurden.
Die Staatsanwaltschaft Feldkirch wurde von Justizminister Broda umgehend angewiesen, »gegen die Rädelsführer der Ausschreitungen und gegen die Gewalttäter die Einleitung des gerichtlichen Strafverfahrens zu beantragen« und gegen die marktbeherrschenden »Vorarlberger Nachrichten« wegen »Aufwiegelung« vorzugehen. Gegen Franz Ortner und Anton Ruß, die beiden für den problematischen Leitartikel vom 21. November verantwortlichen Redakteure dieser Tageszeitung, wurde seitens der Staatsanwaltschaft Feldkirch beim zuständigen Landesgericht ein Antrag auf Einleitung einer Voruntersuchung eingebracht. Ferner wurde gegen unbekannte Täter wegen des Verdachts strafbarer Handlungen die Einleitung eines Strafverfahrens beantragt. Beiden Anträgen wurde am 24. November stattgegeben. Ein weiterer Antrag bezog sich auf die Ausforschung jener Personen, welche »die Demonstranten lenkten, ihren Anmarsch oder die Zufahrt mit Autos

organisierten, Transparente und Spruchbänder anfertigten oder anfertigen ließen«, sowie »der einzelnen Gewalttäter, insbesondere auch durch Auswertung des vorhandenen Fotomaterials«. Außerdem wies Innenminister Hans Czettel die Sicherheitsbehörden an, jene Demonstranten auszuforschen, welche Gewaltakte gegen Festgäste und Gendarmen sowie Sachbeschädigungen begangen und Fahnen heruntergerissen hatten. Die ÖVP kritisierte diese Vorgangsweise und erneut wurde der »Fall Olah« ins Spiel gebracht. Broda habe, so der Vorwurf, keine Veranlassung zum Einschreiten gesehen, als er vor der SPÖ-Zentrale von Pro-Olah-Demonstranten attackiert worden und in Wien der Strom für die Straßenbahn abgeschaltet worden war, während er in Vorarlberg sofort den Staatsanwalt aktiviert hätte.

Das »Volksblatt« (24. November) brachte diese Auffassung wie folgt auf den Punkt: »Sind die Wiener Verkehrsbetriebe das Riesenspielzeug der SPÖ, mit dem gewisse Leute machen können, was sie wollen, wogegen die Vorarlberger nicht einmal den Namen eines Bodenseeschiffes mitbestimmen dürfen?« Während die »Salzburger Nachrichten« einseitig für die Demonstranten Partei ergriffen und Probst als Hauptschuldigen zu entlarven versuchten, berichteten die amtliche »Wiener Zeitung« sowie die katholische »Furche« relativ differenziert. Wenngleich die Schwerpunkte der Berichterstattung unterschiedlich gelagert waren, so kann doch festgehalten werden, dass die Mehrzahl der Zeitungen sowohl die mangelnde Sensibilität und den Zentralismus des Verkehrsministers als auch das gewaltsame Vorgehen der Demonstranten kritisierte. Persönliche Wertungen der mit der Thematik befassten Journalisten spielten jedenfalls eine große Rolle. Die »Presse« beispielsweise monierte zwar, dass es den politisch Verantwortlichen »an primitivstem politischem Instinkt« gefehlt hätte, sie verurteilte aber auch in aller Deutlichkeit, »dass die rot-weiß-rote Fahne in den Schmutz getreten wurde« (23. November). In der »Arbeiter-Zeitung« (24. November) wurde vor allem die Mitverantwortung der ÖVP thematisiert und der Vorwurf erhoben, die größere Regierungspartei hätte mit manipulierten Emotionen Politik gemacht. Die ÖVP-Majorität in der Landesregierung habe durch ihren Beschluss, an der Schiffstaufe nicht teilzunehmen, die Voraussetzungen für die »Pogromstimmung« geschaffen. Namentlich genannt wurden Landtagspräsident Tizian und der Funktionär Ernst Marxgut, der einer der Protagonisten der »Nottaufe« war.

Völlig zu Recht wurde im SPÖ-Organ schließlich die Berichterstattung der »Vorarlberger Nachrichten« (VN) an den Pranger gestellt, deren Engagement die unter der Bezeichnung »Fußach-Affäre« zusammengefassten Ereignisse sowohl schürten als auch skandalisierten, Gerhard Wanner sieht in den »VN« schlicht den »eigentlichen Initiator«.[13] Der »Volksaufstand« in Fußach zeigte deutlich die demokratiepolitisch bedenkliche Beeinflussungsmöglichkeiten einer hegemonialen Tageszeitung, die ihre machtpolitischen Möglichkeiten bereits 1954 anlässlich eines Kompetenzkonfliktes um die Länderhoheit im Rundfunk und ebenfalls 1964 beim Rundfunkvolksbegehren erfolgreich ausgelotet hatte. Noch Anfang der 80er-Jahre konnte ein Beobachter schreiben: »Ihre politische Macht ist zwar nicht mehr das, was sie einmal war, aber sie ist immer noch groß genug, um das halbe Landhaus nach ihrer Pfeife tanzen zu lassen.«

Neben den auf Grund ihrer Evidenz an dieser Stelle redundanten Reaktionen der Pressedienste von ÖVP und SPÖ und einer »zuweilen hitzigen Debatte«[14] in der auf die Ereignisse vom 21. November folgenden Ministerratssitzung, in welcher die Koalitionspartner – wenig überraschend – eine gemeinsame Erklärung verfassten, zog die Affäre am 25. des Monats einen Epilog im Nationalrat nach sich, die Sitzung wurde als »eine der stürmischsten der letzten Jahre« bezeichnet.[15] Die SPÖ brachte eine dringliche Anfrage an den Innenminister vor, die vor allem das Verhalten der Vorarlberger Landesregierung zum Inhalt hatte, welche »eine bewusste dem Staatsgedanken abträgliche Provokation gegenüber der demokratischen Republik Österreich« dargestellt hätte. Den erbosten Zwischenrufen von ÖVP-Mandataren versuchte Nationalratspräsident Alfred Maleta mit pointierter Rhetorik beizukommen: »Bitte, wir sind hier im Parlament und nicht in Bregenz!« Noch emotionaler wurde die Stimmung im Plenum, als der SPÖ-Abgeordnete Karl Czernetz, einer der besten (und radikalsten) Redner des Hohen Hauses, ans Rednerpult trat. Czernetz sprach von Ereignissen, die »es seit Hitler in diesem Land nicht gegeben hat«, und stellte letztlich sogar den Fortbestand der ÖVP-SPÖ-Koalition in Frage. »Wir haben getan, was möglich war, um Gewalttaten zu unterdrücken«, beendete er seine Ausführungen, »tun Sie das Ihre. Es geht um Demokratie und Republik.« Als ein anderer Redner der SPÖ schließlich erklärte, dass das Verhalten der ÖVP gegenüber den gewalttätigen Vorfällen darlegen würde, »dass Gesinnungsfreunde der Rädelsführer und Aufwiegler in ihren Reihen sind«, sprang ein ÖVP-Mandatar auf und brüllte: »Sie sind ein Lügner, ein Lügner, ein Lügner ...!« Die Haltung der ÖVP schien der Abgeordnete Hämmerle auf den Punkt gebracht zu haben, indem er mit pathetischen Worten den Mythos von Wilhelm Tell bemühte. In Fußach sei »der alemannische Gessler-Hut auf der Stange hochgegangen«.

Die Auseinandersetzungen um die Namensgebung des Bodenseeschiffes zogen sich noch über Monate hin. Probst, der später – freilich erfolglos – den Kompromissvorschlag unterbreitete, das Schiff »Europa« zu taufen, war aus Prestigegründen nicht zur Revidierung seiner Entscheidung bereit, was zu Konflikten mit der Vorarlberger Parteienvertretung und den sozialistischen Landtagsabgeordneten führte. Die Konsequenz daraus war, dass Haselwanter und Landesparteisekretär Karl Peter von ihren Funktionen zurücktraten. Am 2. April 1965 kam es in Bregenz erneut zu einer großen, diesmal jedoch friedlichen Demonstration, die den Namen »Vorarlberg« für das neue Schiff forderte. Vor 30.000 oder womöglich sogar 40.000 Menschen, die Angaben über die Teilnehmeranzahl gehen weit auseinander, sagte der heftig akklamierte Sprecher eines Aktionskomitees: »Der Zentralismus will das Mitspracherecht und die Mitverantwortung eines Bundeslandes ausschließen. Wir wehren uns gegen diese Brüskierung und empfinden einmal mehr den föderalistischen Notstand, in dem wir uns befinden. Was sich seit dem 21. November ereignete, hat in Vorarlberg und weit darüber hinaus Furcht und Angst vor dem Zentralismus ansteigen lassen ... Wir Vorarlberger sehen in unserem Schiff, der ›Vorarlberg‹, ein Symbol der Freiheit und der Mitsprache. Wir fragen uns aber, was gilt heute noch ein Bundesland in Wien? Muss das Volk von seinen gewählten Vertretern Diktate einfach hinnehmen?«[16] Dass sich in diesen Worten die politischen Empfindungen eines großen Teils der Bevölkerung Vorarlbergs tatsächlich wieder fanden, zeigte sich nur zwei Tage nach dieser Kundgebung, auf der Probst in nicht abreißen wollenden Sprechchören zum Rücktritt aufgefordert wurde. Bei den Gemeinderatswahlen musste die SPÖ empfindliche Stimmenverluste einstecken, während die ÖVP in der Wählergunst zuzulegen vermochte.

Am 19. Februar war selbst in der »Arbeiter-Zeitung« zu lesen, dass Probst den Wünschen der Vorarlberger Bevölkerung womöglich zu wenig Rechnung getragen habe. Expressis verbis wurde hingegen keine substanzielle innerparteiliche Kritik am Verkehrsminister nach außen getragen, auch wenn sie sehr wohl vorhanden war. Otto Tschadek, der langjährige Justizminister und spätere Landeshauptmann-Stellvertreter von Niederösterreich, berichtete in seinem Erinnerungs-

buch aus dem Jahre 1967, dass vielen Mitgliedern des Parteivorstandes der SPÖ die Vorgeschichte der umstrittenen Namensgebung ursprünglich gar nicht bekannt war und der Namensgebung »Karl Renner« ihre Zustimmung gegeben hatten, ohne über die anders lautende Absicht der Vorarlberger Landesregierung und die Unterredung zwischen Probst und Ilg in Kenntnis gesetzt worden zu sein. Tschadek vermisste bei Probst ganz offensichtlich das notwendige Fingerspitzengefühl, um überflüssige Konflikte von vornherein auszuschalten. »Ich war mir sehr bald darüber klar«, heißt es in diesem Buch, »dass der Vorarlberger Föderalismus sich durchsetzen und schließlich siegen werde. Ich stellte daher den Antrag, rechtzeitig einzulenken und dem Wunsch der Vorarlberger Rechnung zu tragen. Als ich damit in der Minderheit blieb, sagte man zu mir scherzhaft, dass ich nunmehr im Bodensee untergegangen sei. Ich habe mich darauf bereit erklärt, jede Wette einzugehen, dass das Schiff dennoch ›Vorarlberg‹ heißen werde. Wie sich später herausstellte, hätte ich diese Wette auch gewonnen.«[17]
In der einschlägigen zeitgeschichtlichen und politikwissenschaftlichen Literatur besteht Konsens darin, dass die Affäre Fußach eine der Ursachen für die Wahlniederlage der SPÖ bei den Nationalratswahlen 1966 darstellte. Als diese Auffassung jedoch unmittelbar nach dem Wahltag vom Chefredakteur der sozialistischen »Kärntner Tageszeitung« publiziert worden war, zeigte Probst sich erbost und fühlte sich »persönlich diffamiert«. Probst legte seine Sicht der Dinge in einem Beitrag in der »Zukunft« dar, dem monatlich erscheinenden »Theorieorgan« der SPÖ: »Die Wahrheit über Fußach – eine Dokumentation«. Probst entwarf darin ein persönliches Bild der Ereignisse, in welchem seine Partei (gemeint ist die Landespartei) noch härter kritisiert wurde als die ÖVP. Zunächst lag ihm an der Klärung folgender Punkte: Der Einfall, das Schiff »Karl Renner« zu taufen, sei »seinerzeit in einer Arbeitsbesprechung führender Parteifunktionäre, etwa Anfang September 1964, geboren« worden, »mehrere Male [seien] Parteikörperschaften, und zwar die Parteiexekutive, [der] Parteivorstand und die Parteivertretung« mit der Namensnennung befasst worden. Probst ortete einen »Konflikt« innerhalb der Landespartei und bemängelte, dass der Landesparteiobmann und der Landesparteisekretär »viele Parteimaßnahmen allein getroffen« hätten, und den eigentlichen Grund für das Verhalten der Vorarlberger Genossen erblickte er in deren Sympathie für den aus der SPÖ ausgeschlossenen Olah. Auch für die Demonstranten wäre er »in erster Linie der Vorsitzende des Ehrengerichtes über Franz

Olah« gewesen. Besonders negativ beurteilte Probst die Rolle der »Vorarlberger Nachrichten«, die über die Querelen in der Partei Bescheid gewusst und diese ausgenützt hätten. Die ÖVP wiederum, welche bei den Landtagswahlen vom Oktober 1964 einen Landtagssitz verloren hatte, hätte die Schiffstaufe instrumentalisiert, um diese Scharte mit einer Niederlage des politischen Gegners besser kompensieren zu können. Außerdem habe Tizian, der ÖVP-intern gegenüber Herbert Kessler als Nachfolger des Landeshauptmannes, der seinen Rücktritt angekündigt hatte, unterlegen war, nicht davor zurückgeschreckt, »politische Leidenschaften zu entfachen«.

Diese »Leidenschaften« verglühten freilich ebenso rasch, wie sie sich an der umstrittenen Schiffstaufe entzündet hatten, die Fußach-Affäre verschwand nach deren Beendigung rasch wieder aus den Schlagzeilen. Die mobilisierende Kraft einer regional mächtigen Tageszeitung, lokaler Chauvinismus und monocephalitische Funktionärspräpotenz hatten diesen Konflikt geprägt.

»Wien und die Länder sind sich im Ablauf der Generationen gegenseitig kaum etwas schuldig geblieben«, schrieb Claus Reitan, ohne auf diesen Konflikt Bezug zu nehmen, »weder an List und Tücke, noch an Vorwürfen und Vorurteilen oder bösartigen Machtspielen. Die vielen Beziehungsebenen im Verhältnis Hauptstadt und Bundesländer boten herrschaftlicher Überheblichkeit ebenso ein breites Feld wie den aus Unterlegenheit entstehenden Aggressionen. Dies alles könnte danach verlangen, aufgerechnet zu werden. Doch ein derartiges Vorhaben hat schon deswegen kaum Aussicht auf Erfolg, weil es lediglich dazu dient, aus Stimmungen ... Stimmen für Parteien zu machen. Genau dieses Geschäft wurde und wird ausreichend besorgt.«[18]

5. »Die zwei größten Tage in meinem Leben: Hitlers Rede auf dem Heldenplatz ... und die Krönung Pius' XII.«

DER FALL BORODAJKEWYCZ[1]

Am 28. Mai 1949 fand in der Villa des ÖVP-Abgeordneten Alfred Maleta in Oberweis bei Gmunden ein geheimes Gespräch zwischen führenden Funktionären der Volkspartei und Vertretern der ehemaligen Nationalsozialisten statt,[2] von dem Bundeskanzler und Bundesparteiobmann Leopold Figl und dessen Generalsekretär Felix Hurdes nicht informiert worden waren. Figl, der den »Ehemaligen« skeptisch gegenüberstand und zu Gorbach einmal spöttisch meinte, »Du, Alfons, mit deine Nazi ...«, sollte mit dieser Angelegenheit wohl nicht belastet werden, wahrscheinlich war aber auch seine Autorität in der Partei bereits im Schwinden begriffen. Der damals anwesende Julius Raab soll auf der Rückfahrt von Oberösterreich nach Wien gesagt haben: »Das war ein großer Tag für mich!«[3] Ziel der Zusammenkunft, die im Übrigen nicht nur von der Staatspolizei observiert wurde, sondern auch dem US Geheimdienst OSS wichtig genug erschien, um ein Dossier anzulegen, war es, den ehemaligen »minderbelasteten« Nazis, die in diesem Jahr erstmals wieder wählen durften, die ÖVP als politische Heimstatt zu offerieren. Was nun die teilnehmenden Personen anlangt, finden sich in der einschlägigen Literatur unterschiedliche Angaben. Nach Reimann nahmen seitens der ÖVP neben Maleta und Raab der steirische Landesrat Karl Brunner, der oberösterreichische Landesparteiobmann Alois Schöpf sowie dessen Landesparteisekretär Resinger und der ehemalige Gesandte Theodor Hornbostel an den Treffen teil, seitens der »Nationalen« u. a. der Herausgeber Manfred Jasser, der spätere Chefredakteur der »Oberösterreichischen Nachrichten« Walter Pollak, welcher dreißig Jahre später ein Buch über die Geschichte der Sozialdemokratie schreiben sollte[4], der Verleger Friedrich Heiß, der Staatsrechtler Raschhofer, Allitsch und Strohschneider

von den steirischen Amnestieausschüssen und der Historiker Taras Borodajkewycz.
Diesen Gesprächen, die als Gegenstrategie zur Vorgangsweise der SPÖ, durch die Zulassung einer »vierten Partei«, also des VdU, das bürgerliche Lager zu spalten, gedacht waren, lag ein Forderungskatalog zu Grunde, den Borodajkewycz ausgearbeitet hatte. So wurden ein den »Nationalen« genehmer Kandidat für die bevorstehende Bundespräsidentenwahl, 25 vom Klubzwang ausgenommene Nationalratsmandate, die Demission des parteilosen Justizministers Josef Gerö sowie eine den »Ehemaligen« genehmere Durchführung der Entnazifizierungsgesetze gefordert. Wenngleich diese maßlos überzogenen Bedingungen verbindliche Absprachen verhinderten, lohnte sich das Oberweiser Gespräch zumindest für einen der Teilnehmer. Borodajkewycz' Bestellung zum außerordentlichen Professor und Institutsvorstand an der Lehrkanzel für Wirtschafts- und Sozialgeschichte der Hochschule für Welthandel in Wien 1955 wurde mit seinen hervorragenden Kontakten zu kirchlichen Kreisen sowie zu führenden ÖVP-Politikern, insbesondere zu dem Anfang November 1954 zum Unterrichtsminister ernannten Heinrich Drimmel, einem Duzfreund Borodajkewycz', in Verbindung gebracht. Borodajkewycz selbst erklärte zehn Jahre später: »Ich habe seither [seit Oberweis, Anm. C. D.] aus meiner Sympathie für die ÖVP, der ich ja auch als gläubiger Katholik und päpstlicher Ordensträger verbunden bin, kein Hehl gemacht, wie etwa die Nationalräte Dr. Gorbach, Dr. Maleta, Leopold Weinmayr, Vizebürgermeister Dr. Drimmel, die Landeshauptleute Krainer und Dr. Lechner und auch Bundeskanzler Klaus. Sie alle kennen mich ...«[5] Kein Geringerer als Raab bescheinigte Borodajkewycz bereits im September 1949: »Seine Bemühungen haben mit Neonazismus nichts zu tun ... Sie geschehen mit Wissen und Billigung der Bundesparteileitung der ÖVP.«[6]
Wer war also dieser Taras Borodajkewycz, den sie »alle kannten«? Der 1902 geborene Sohn eines aus der heutigen Ukraine stammenden Beamten begann zunächst ein Studium der Theologie, später wechselte er das Fach, studierte Philosophie und schließlich Geschichte, worin er 1932 promovierte. Nach einem Jahr als Assistent von Heinrich von Srbik wurde Borodajkewycz vom Wiener Erzbischof Theodor Innitzer zum Sekretär des »Allgemeinen Deutschen Katholikentages« bestellt, eine Tätigkeit, für welche er das päpstliche Ehrenkreuz »Pro Ecclesia et Ponfice« erhielt. 1934 wurde Borodajkewycz Mitglied der illegalen NSDAP. Ab Februar des darauf folgenden Jahres wirkte er

als Vertrauensmann des Sicherheitsdienstes (SD) und von 1936 bis 1938 zusätzlich als NSDAP-Blockleiter. Der Umstand, dass Borodajkewycz ungeachtet seiner frühen nationalsozialistischen Gesinnung ein maßgeblicher und umtriebiger Repräsentant des politischen Katholizismus war, stieß bei der Gestapo auf Skepsis. So ist in seinem Gauakt nachzulesen, dass er im Ständestaat »auf zwei Hochzeiten« getanzt habe, auch Gerard Kasemir, der in diesem Kontext von einer »weltanschaulichen Ambivalenz«[7] schreibt, gelangte zu einer ähnlichen Auffassung. Katholizismus und Nationalsozialismus wiesen eine Reihe von ideologischen Schnittstellen auf, vor allem Antisemitismus, Antisozialismus bzw. -bolschewismus, Antiliberalismus, Antiparlamentarismus sowie eine spezifische »gesamtdeutsche« Geschichtsauffassung.[8] So ist auch erklärlich, dass der aus der Steiermark stammende Titularbischof und »Päpstliche Thronassistent« Alois C. Hudal sowohl als Herausgeber des Standardwerkes »Der Katholizismus in Österreich. Sein Wirken, Kämpfen und Hoffen« (1931) als auch als Herausgeber des in fünf Auflagen erschienenen Buches »Die Grundlagen des Nationalsozialismus« (1937) fungieren konnte.[9] Borodajkewycz' Bemerkung in einem Seminar – »Die zwei größten Tage in meinem Leben: Hitlers Rede auf dem Heldenplatz, in der er bekannt gibt, dass ... der Anschluss vollzogen sei ... und die Krönung Pius' XII.«[10] – machen seine weltanschaulich-emotionalen Bezugspunkte deutlich. Eine akademische Karriere im Dritten Reich war dem Historiker und vormaligen Staatsarchivar jedenfalls gewiss, 1940 wurde er Dozent an der Universität Wien, 1942/43 außerordentlicher Professor für Allgemeine Neuere Geschichte an der Universität Prag. Ein Artikel von Borodajkewycz aus 1942 verrät die Gesinnung des Verfassers wohl recht authentisch: »Es ist dieselbe deutsche Jugend, deren Kolonnen seit drei Jahren den deutschen Aufbruch von Sieg zu Sieg durch ganz Europa tragen und den harten Boden dieses alten Kontinents zu einem neuen Leben aufpflügen ... Die Welt von gestern, das war die Welt des angelsächsischen Liberalismus, die Welt der französischen Ideen von 1789, die Welt des atlantischen Imperialismus und der Niederhaltung der Mitte Europas. Höhepunkte und Peripetie dieser Periode sind durch die Namen Versailles, Genf und Lausanne gegeben, sie machen deutlich, dass Demokratie und Deutschland zueinander in unvereinbarer Feindschaft stehen müssen ... Es [das deutsche Volk, Anm. C. D.] erkannte aber, dass die demokratische Maske, die ihm angelegt worden war, seinem Wesen nicht entsprach.«

Als allerdings Borodajkewycz, der den Behörden bereits auf Grund einer abfälligen Äußerung über die Spinnstoffsammlung unangenehm aufgefallen war, sogar den deutschen »Endsieg« infrage stellte, wurde er aus der NSDAP ausgeschlossen. Dieses Urteil erlangte jedoch keine Rechtswirksamkeit, da Borodajkewycz umgehend Berufung eingelegt hatte. Er selbst hielt am 29. Oktober 1962 als Zeuge vor dem Strafbezirksgericht Wien fest: »Am 7. 7. 1943 wurde ich aus der NSDAP ausgeschlossen mit der Begründung, kein richtiger Nationalsozialist zu sein. Ich habe dagegen remonstriert. Baldur von Schirach [Gauleiter und Reichsstatthalter von Wien zwischen 1940 und 1945, Anm. C. D.] intervenierte für mich. Es kam zu einem großen Prozess im Parlament, der Ausschluss wurde rückgängig gemacht und ich kam mit einem Verweis davon.«[11] 1965 freilich, auf dem Höhepunkt der mit dem Namen Borodajkewycz verknüpften Affäre, leugnete dieser, wie bereits 1947 vor der Entnazifizierungskommission, als es um seine Registrierung als »Belasteter« ging, bis April 1945 Mitglied der NSDAP gewesen zu sein: »Wiewohl die Beschwerdekommission dieser Falschaussage keinen Glauben schenkte, folgte sie in ihrem Bescheid doch seiner Berufung, zumindest nicht der SS und damit auch nicht dem SD angehört zu haben. Borodajkewycz erreichte seine Einstufung als ›Minderbelasteter‹.«[12] Obwohl es bereits seit Mitte der 50er-Jahre sowohl medial als auch juristisch ausgetragene Konflikte um einige Artikel des Professors gegeben hatte, hatte dies keine weitergehenden Auswirkungen bzw. Konsequenzen.
Erst ein Aufsatz des jungen Juristen Heinz Fischer im sozialistischen Diskussionsorgan »Zukunft«, wo im Februar 1962 eine Artikelserie zum Thema »Gibt es Neonazismus? Und wie kann er verhindert werden?« initiiert worden war, brachte den Stein ins Rollen. Im April schrieb Fischer über die »Situation an Österreichs Hochschulen« und kam dabei auch auf Borodajkewycz zu sprechen: »Übereinstimmend stellen die Minister Afritsch und Dr. Broda fest, dass die Bekämpfung des Neonazismus bei der Erziehung im Elternhaus und in der Schule beginnen muss ... Sehr richtig! Aber wie sieht es in der Praxis aus? An der Hochschule für Welthandel wird die demokratische Gesinnung den Studenten unter anderen von Prof. Taras Borodajkewycz beigebracht, der unter Schuschnigg Katholikentage organisierte, aber 1938 sofort zum Naziregime überging und der jetzt – akademischer Lehrer und Vorbild sein soll.«[13] Zwei Monate später setzte Fischer in der »Arbeiter-Zeitung« vom 27. Juni nach: »Borodajkewycz war ein eifriger

Verfechter des Ständestaates ...; nach 1938 rühmte sich Borodajkewycz hingegen, schon lange Mitglied des illegalen Blocks gewesen zu sein ... Heute mutet man den Studenten zu, sich an der Hochschule für Welthandel von Herrn Dr. Borodajkewycz ausgerechnet in Geschichte unterrichten zu lassen.« Der in seiner »Ehre« gekränkte Historiker, der vom FPÖ-Abgeordneten Tassilo Broesigke juristisch vertreten wurde, klagte Fischer daraufhin wegen Ehrenbeleidigung vor dem Strafbezirksgericht Wien. Als »Zeugen« für seine Argumentation hätte Fischer einen Studenten an der Hochschule für Welthandel und VSStÖ-Funktionär, der im Studienjahr 1961/62 die Lehrveranstaltungen Borodajkewycz' besucht und dessen antisemitisch sowie deutschnational gefärbten Ausführungen feinsäuberlich notiert hatte, namhaft machen können, doch um dessen Studienerfolg nicht zu gefährden, verzichtete er darauf. Borodajkewycz hatte in einer Vorlesung am 9. November 1962 erklärt, dass er nicht zögern würde, jene Studenten, die gegen ihn aussagen, von der Hochschule relegieren zu lassen.[14] Der geheimnisvolle Student sollte viele Jahre später u. a. zum Bundesminister für Finanzen berufen werden, die Rede ist von Ferdinand Lacina. Dieser hatte u. a. niedergeschrieben, dass Borodajkewycz Rudolf Heß, den Stellvertreter des so genannten »Führers« (in welchem er den »glanzvollsten Redner des 20. Jahrhunderts« erblickte), als »eher sympathischen Menschen«, der »zu Unrecht heute noch festgehalten wird«, bezeichnet habe, die 1919 ermordete Sozialistin Rosa Luxemburg wurde als »an sich jüdische Suffragettin (sic!) und Massenaufpeitscherin« denunziert, vom weltberühmten Rechtsgelehrten Hans Kelsen, dem maßgeblichen Autor – wenngleich nicht »Schöpfer«[15] – der österreichischen Bundesverfassung, sprach er nie, ohne ihn dezidiert als »jüdischen« Staatsrechtslehrer zu bezeichnen. Fischers Anwalt Wilhelm Rosenzweig bot zwar dem Richter an, »vor Gericht zu beeiden, dass er den Autor der Mitschrift persönlich kenne und die Authentizität der handschriftlichen Mitschrift bestätigen könne. Aber das Gericht ließ diesen Vorgang nicht zu«, und so wurde Fischer am 25. November 1963 »wegen Übertretung gegen die Sicherheit der Ehre durch öffentliche Schmähung« zu einer Geldstrafe von S 4000,- verurteilt.[16]

Verschiedene einschlägige Aussagen bzw. Artikel von Borodajkewycz, etwa ein Zeitschriftenaufsatz, in welchem er schrieb, dass »es nur ein Teil der gesamtdeutschen Katastrophe [wäre], dass wir deutschen Österreicher zum zweiten Male innerhalb einer Generation das größe-

re Vaterland verloren haben«[17], führten dazu, dass Abgeordnete der SPÖ an Unterrichtsminister Piffl-Perčević eine parlamentarische Anfrage richteten, deren Inhalt unmissverständlich formuliert war: »Ob der Unterrichtsminister bereit sei, gegen Taras Borodajkewycz unverzüglich ein Disziplinarverfahren einzuleiten?« Da der ÖVP-Politiker, ebenfalls ein Duzfreund des umstrittenen Historikers, zunächst erklärte, das Recht zur Suspendierung von Hochschullehrern würde ihm gar nicht zustehen, erfolgte seitens der Sozialisten, die Rechtsgutachten vorlegen konnten, in welchen dem Unterrichtsminister sehr wohl das Recht zur vorläufigen Suspendierung von Hochschullehrern attestiert wurde, durch den Abgeordneten Max Neugebauer erneut eine Anfrage (919/M) folgenden Inhalts: »Ist der frühere NSDAP-Schulungsleiter, Mitarbeiter des SS-Sicherheitsdienstes und derzeitige Hochschullehrer Taras Borodajkewycz, der in der vergangenen Woche im Mittelpunkt einer antisemitischen Demonstration auf Hochschulboden stand, bereits vom Dienst suspendiert?« Piffl-Perčević verneinte dies in seiner Beantwortung am 31. März 1965 und erklärte schließlich zur Frage der Suspendierung: »Ich kenne die Problematik der Frage, ob ich unmittelbar dieses Suspendierungsrecht besitze oder nicht. Auch wenn ich es besäße, würde ich es nicht ausüben, ohne konkrete amtliche Berichte über die Vorkommnisse vorliegen zu haben ...«[18]
Mangelnde Sensibilität und die fehlende Bereitschaft, endlich zur finalen Entnazifizierung der Hochschulen anzusetzen, fanden sich neben der ÖVP aber auch in der SPÖ. Die für den 23. Mai 1965 angesetzten Bundespräsidentenwahl, für welche die SPÖ den Wiener Bürgermeister Franz Jonas und die ÖVP den ehemaligen Bundeskanzler Alfons Gorbach kandidiert hatte[19], warf ihre Schatten voraus, vielleicht auch bereits die Nationalratswahl 1966, Nützlichkeitsdenken und Opportunismus dominierten. Hugo Portisch schrieb dazu: »Die Kritik an Borodajkewycz deuten sie [deutschnationale Katholiken, Anm. C. D.] als linke, als marxistische Angriffe, die daher automatisch abzuwehren sind. In diesen Kreisen findet Borodajkewycz seine Fürsprecher. Und die Fürsprecher erinnern die Politiker der ÖVP daran, dass gerade dieses deutschnational-katholische Lager als Wählerpotenzial nicht vor den Kopf zu stoßen sei, besonders nicht, da es ja vom gemeinsamen Gegner, den Sozialisten, angegriffen werde. In dem Zusammenhang sei bemerkt, dass, je näher die Nationalratswahlen 1966 rücken, auch die Angriffe von links gegen Borodajkewycz verklingen und verstummen.«[20] Selbst innerhalb des VSStÖ gab es bezüglich der Vorgangswei-

se in dieser Causa Dissonanzen. Peter Kreisky, der Sohn Bruno Kreiskys, erhob noch Jahrzehnte später schwere Vorwürfe gegen die damalige VSStÖ-Führung. Diese »und Hannes Androsch sowie Beppo Mauhart in ihrem Hintergrund waren nicht bereit, sich gegen diesen NS-Professor zu engagieren. Es gibt deutliche Hinweise, dass ihnen das Einvernehmen mit manchen leitenden Herren in der Verstaatlichten Industrie – einige von ihnen waren damals für ihre zumindest pronazistische Tendenz berüchtigt – wichtiger war als eine praktizierte antinazistische Grundhaltung. Ein Teil dieser Herren, die dem VSStÖ relativ großzügige Subventionen aus ihren Unternehmungen zukommen ließen, waren sowohl Mitglieder beim BSA (Bund Sozialistischer Akademiker) als auch ›Alte Herren‹ bei schlagenden Burschenschaften. Damals argumentierte die ›rechte‹ VSStÖ-Führung mit einer Gefährdung des VSStÖ bei Hochschulwahlen, der zu diesem Zeitpunkt über einen Stimmenanteil von 11% bis 12% verfügte ... In der ersten dramatischen Phase der Auseinandersetzung um die Befreiung der Hochschulen von austrofaschistischem und postnazistischem Erbe ... kam uns der Parteiapparat nicht zu Hilfe, da maßgebliche Funktionäre Folgen für die Bundespräsidentenwahlen im Hinblick auf das wahlentscheidende ›deutschnationale Lager‹ befürchteten.«[21]

An dieser Stelle ist auf die »antisemitische Demonstration auf Hochschulboden«, von der Neugebauer in seiner Anfrage an Bundesminister Piffl sprach, zurückzukommen. Eine am 23. März vom VSStÖ, der an der Hochschule für Welthandel nur einen einzigen Repräsentanten stellte, im Auditorium Maximum organisierte Diskussion zwischen Borodajkewycz-kritischen Studenten und dem Professor war von der politisch exorbitant weit rechts stehenden Hochschülerschaft zu einem »Heimspiel« für Borodajkewycz umfunktioniert worden, man sprach von einer »Pressekonferenz«. Als Borodajkewycz den Hörsaal betrat, brandete ihm der Applaus von einigen hundert Studenten entgegen. Er brauchte nur den »jüdischen« Namen des Mitgliedes des Verfassungsgerichtshofes und Fischer-Anwaltes Rosenzweig erwähnen, um bei dem ganz offensichtlich antisemitisch eingestellten Auditorium demonstrative Heiterkeit hervorzurufen: »Der Gegenanwalt Dr. Wilhelm Rosenzweig (schallendes Gelächter) hat versucht, alle Minen gegen mich springen zu lassen, und hat ja zu dem Prozess auch eine große Zahl von Hörern dieser Hochschule als Zeugen vorgeladen. Nun kennen Sie meine Vorlesungen, und Sie wissen, dass ich ja tatsächlich Persönlichkeiten aus der Geschichte, die aus dem Judentum stammen, als solche deklariere, und ich werde das auch weiter tun, weil es meine Pflicht als Historiker ist ... Es ist der Jude Kelsen gewesen, der früher Kohn hieß ... Ich kann nicht sagen, dass Herr Kelsen Israeli war, weil damals der Staat Israel noch nicht existiert hat (schallendes Gelächter). Abgesehen davon, dass ja vieles von den Lehren Marx' nicht verständlich ist, wenn man seine jüdische Herkunft, seine Herkunft aus dem Rabbinertum nicht berücksichtigt (schallendes Gelächter).«[22] Im Rahmen dieser »Pressekonferenz« wurde Borodajkewycz auch auf eine seiner Bemerkungen aus dem Jahre 1956 angesprochen: Damals habe er erklärt, dass »zu den unerfreulichsten Überresten des an Gesinnungs- und Würdelosigkeit reichen Jahres 1945« das »Geflunker von der österreichischen Nation« gehört habe. »Ja, habe ich geschrieben«, meinte er lapidar, seine Meinung dazu habe er freilich nicht geändert, »wie sollte ich auch?« Ein anwesender Journalist stellte endlich die entscheidende Frage: »Bitte, an den Vorsitzenden möchte ich noch persönlich eine Frage richten, und zwar, wieso er es eigentlich nicht einmal eines Ordnungsrufes wert gefunden hat, wenn hier jedes Mal vom ganzen Auditorium bei der Erwähnung des Namens eines Juden oder überhaupt des Judentums hellauf gelacht wurde?« Wieder erschallte daraufhin das Gelächter der Studenten, dem sich Borodajkewycz zufrieden anschloss. Die Diskussion wurde vom Fernsehen übertragen, dem damals noch »jungen« Medium, durch das die skandalösen Ansichten Borodajkewycz' einem (relativ) größeren Publikum bekannt wurden, und bald formierte sich auch Widerstand: Es wurde gegen Antisemitismus demonstriert und die Abberufung von Borodajkewycz gefordert.

Dass ausgerechnet Bundesminister Piffl, der über die Schlagrichtung der »Wissensvermittlung« Borodajkewycz' sehr wohl Bescheid wusste, nur einen Tag vor dieser unappetitlichen Demonstration ewiggestriger Gesinnung im Gedenken an die Opfer von Auschwitz im Mittelpunkt einer Kranzniederlegung stand, dokumentierte die Janusköpfigkeit im Umgang mit der jüngeren Vergangenheit. Hinter dem offiziellen Schleier einer ritualisierten Betroffenheitsrhetorik wurden konkrete, nach umgehender Sanktionierung geradezu schreiende Anlassfälle immer wieder bagatellisiert oder ignoriert, und gerade in diesem Punkt verdichtete sich die beschämende Symbolkraft des mit dem Namen Borodajkewycz verbundenen Skandals. Als drei Jahre später der »Übertreibungskünstler« Thomas Bernhard anlässlich der Verleihung des »Kleinen Österreichischen Staatspreises« für Literatur seinen ersten Eklat inszenierte und vor der indignierten kulturpolitischen Prominenz den österreichischen Staat als »ein Gebilde« bezeichnete, »das fortwährend zum Scheitern verurteilt ist«, als einen »Requisitenstaat, in dem »alles austauschbar« ist, während er in den Österreichern ein Volk sehen wollte, das »ununterbrochen zur Infamie und zur Geistesschwäche verurteilt ist«[23], reagierte Piffl sensibel. Er eilte zum Rednerpult und bemerkte erzürnt: »Trotzdem bin ich stolz, ein Österreicher zu sein!« Im Anschluss verließ er aus Protest den Saal.[24] Zitate seines Duzfreundes Borodajkewycz' wie das nachfolgende aus dem Jahre 1962 versetzten den »stolzen Österreicher« hingegen nicht in Rage: »Hier versetzten die Nachkriegsjahre das makabre Erlebnis einer Umerziehung, bei uns in Österreich den charakterlosen Versuch der Entdeutschung seiner Geschichte, das Bemühen, in liebedienerischer Unterwürfigkeit gegenüber den Besatzungsmächten eine eigene ›österreichische Nation‹ zu kreieren, die die Absage an die bisher selbstverständliche Zugehörigkeit zum deutschen Volk in sich schließen wollte.«[25]

Am 29. März kam es zur ersten großen Kundgebung gegen Borodajkewycz, die allerdings auch dessen verblendete Kombattanten auf den Plan rief. Rufe wie »Saujuden«, »Kommunistenschweine« und dem an Infamie nicht zu überbietenden »Hoch Auschwitz!« kündeten von der Geisteshaltung eines nicht geringen Teils der studierenden Jugend. Zwei Tage später organisierte die »Österreichische Widerstandsbewegung« und das »Antifaschistische Studentenkomitee« erneut eine Anti-Borodajkewycz-Demonstration auf dem Karlsplatz in Wien. Während diese Gruppe die Absetzung des Historikers forderte, bekundeten zahlreiche Studenten der Hochschule für Welthandel lautstark Sympathie für »ihren« Professor, wobei sie von neonazistischen Aktivisten unterstützt wurden. Obwohl der damalige Vorsitzende des RFS Helmut Krünes und dessen Generalsekretär Friedhelm Frischenschlager, beide sollten später bekanntlich zu Ministerehren kommen, bis heute bestreiten, dass der RFS diese Gegendemonstration organisiert habe, ist es doch eine Tatsache, dass zahlreiche Sympathisanten dieser Studentenorganisation anwesend waren. »Nicht lange wird das Duell verbal ausgetragen«, fasste Portisch zusammen, »dann werden Steine geworfen, werden die Ordnerketten durchbrochen, es fließt Blut. Mit dem Ruf ›Vivat Academia, vivant Professores‹ marschieren die Studenten in Richtung Opernkreuzung und von dort gegen das so genannte ›Kurier-Eck‹, das prominente Innenstadtlokal des ›Kurier‹.

Der ›Kurier‹ hatte gegen Borodajkewycz scharf Stellung bezogen. Schon vorher hatten die Borodajkewycz-Studenten Exemplare des ›Kurier‹ zu einem Scheiterhaufen formiert und angezündet. Jetzt soll offenbar das ›Kurier-Eck‹« angegriffen werden. Aber dort treffen die Studenten auf die Abwehr von Anti-Borodajkewycz-Demonstranten. Kurz stehen die beiden Lager einander gegenüber, dann kommt es zum Zusammenstoß. Die Studenten werden zunächst abgedrängt, die Kämpfe verlagern sich vor das Hotel Sacher. Im Handgemenge wird der 65-jährige Ernst Kirchweger von einem Studenten niedergeschlagen. Er schlägt mit dem Kopf auf dem Pflaster auf und stirbt drei Tage später, ohne das Bewusstsein wiedererlangt zu haben.«[26] Diese Darstellung ist zu ergänzen. Der Kommunist Kirchweger, ein ehemaliger Widerstandskämpfer und KZ-Überlebender, der – richtigerweise – im 67. Lebensjahr stand, hatte sich wie so viele andere Opfer des Nazi-Terrors durch »Hoch Auschwitz!«-Rufe provoziert gefühlt und war den Gegendemonstranten nachgelaufen. Hinter der Oper wurde er vom 24-jährigen Chemiestudenten Günther Kümel, einem Amateurboxer und einschlägig vorbestraften Rechtsradikalen, der bereits 1961 an einem Bombenanschlag auf die italienische Botschaft beteiligt war, mit brutalen Faustschlägen ins Gesicht niedergeschlagen. Kirchweger wurde das erste politische Opfer der Zweiten Republik, sein Tod löste in allen politischen Lagern und Bevölkerungsgruppen Empörung und Trauer aus. Der »Kronen Zeitung« blieb es vorbehalten, ausgerechnet die Anti-Borodajkewycz-Demonstranten als »Schlägergruppen in Plastikmasken« zu bezeichnen.[27]

Zu Kirchwegers Begräbniszug fanden sich an die 25.000 Menschen ein. Dadurch, dass die Trauerkundgebung auf dem Wiener Heldenplatz stattfand, wurde dieser geschichtsträchtige Ort erstmals seit Jahrzehnten wieder in einen öffentlichen politischen Kontext gestellt. Noch 1965 wurde im Burgtor ein Weiheraum »für die Opfer im Kampf um Österreichs Freiheit« eingerichtet, wodurch der österreichische Widerstand gegen den Nationalsozialismus gewürdigt werden sollte.[28] Wenn Peter Pelinka schreibt, dass »Kirchwegers Begräbnis am 8. April zu einer Demonstration für den antinazistischen Grundkonsens der Zweiten Republik [wurde]«, ist ihm mit der Einschränkung zuzustimmen, dass dieser an der Oberfläche blieb, doch er irrt, wenn er festhält, dass »die gesamte Bundesregierung sich in den Trauerzug Zehntausender Teilnehmer ein[reihte].«[29] Bundeskanzler Josef Klaus und Unterrichtsminister Piffl-Perčević waren nicht erschienen, ebenso wenig der ÖVP-Bundespräsidentschaftskandidat Gorbach, der lediglich die »Zusammenstöße« bedauerte, ohne freilich deren Hintergründe zu erwähnen. Sein sozialistischer Gegenkandidat Jonas hingegen, der wenig später die Wahl mit einen hauchdünnen Vorsprung gewinnen sollte, setzte mit seiner Teilnahme ein weithin deutlich erkennbares Zeichen des Antifaschismus. Die Stimmung dieses Tages fing die »Arbeiter-Zeitung« wie folgt ein: »Linker Hand saßen vor dem Sarg die trauernden Verwandten Kirchwegers; rechts hatten sich die sozialistischen Regierungsmitglieder mit Vizekanzler Dr. Pittermann, die Delegation der Österreichischen Volkspartei, zahlreiche Mitglieder des Parlaments und Stadt- und Gemeinderäte unter der Führung von Präsidentschafskandidat Franz Jonas und Landtagspräsident Marek eingefunden. So wie vor zwanzig Jahren unmittelbar nach der Befreiung vom Nazijoch gab es keine trennenden Schranken: Minister Probst stand neben Staatssekretär Dr. Hetzenauer, Dr. Hurdes sprach mit Minister Czettel, Nationalratspräsident Maleta mit Minister Proksch und Minister Bock mit Minister Broda. Gewerkschaftspräsident Benya und Arbeiterkammerpräsident Hrdlitschka waren gemeinsam mit Vizepräsident Altenburger und Stadtschulratspräsident Neugebauer erschienen. Es war eine Stunde, in der das ganze demokratische Österreich angesichts der Schatten der Vergangenheit enger zusammenrückte. Ein Wald von rotweißroten Fahnen mit Trauerflor umgab den Platz; ein Flor schien auch die Sonne zu verhüllen.«[30]

Auch international zog der Tod Kirchwegers großes Aufsehen nach sich, weltweit beschäftigten sich Zeitungen mit dem »Fall Borodajkewycz«. Justizminister Broda erreichte am 17. April ein Brief von Hans Kelsen aus den USA, in dem er »die antisemitischen, gegen meine Person gerichteten, von einem Professor der Welthandelshochschule veranlassten Demonstrationen« sowie die kontrafaktischen Behauptungen Borodajkewycz' beklagte, er habe früher Kohn geheißen. Kelsen teilte ferner mit, dass er vor diesem Hintergrund an der 600-Jahr-Feier der Wiener Universität nicht teilnehmen werde. Zwar konnte der Gelehrte schließlich doch noch zur Revidierung dieses Entschlusses überredet und am 8. Mai in Österreich begrüßt werden, doch er mied gewisse Veranstaltungen bewusst.[31] Für das juristische Nachspiel des »Falles Borodajkewycz«, in welchem sich ein veritables Trauerspiel enttarnte, mag Kelsen, in dem viele den bedeutendsten Rechtswissenschaftler des 20. Jahrhunderts sehen, nur ein Kopfschütteln übrig gehabt haben. Im Oktober wurde Kümel, der wegen Totschlags angeklagt war, aber erklärt hatte, er habe sich von dem über vier Jahrzehnte älteren Kirchweger »bedroht gefühlt«, wegen »Vergehens gegen die Sicherheit«, also einer Notwehrüberschreitung, zu nur zehn Monaten Haft verurteilt.[32] Dass Kümel für eine gewisse Zeit von den österreichischen Hochschulen relegiert wurde, traf ihn vielleicht stärker als dieses skandalöse Gerichtsurteil.

Fischer, dessen Anwalt Rosenzweig einen Antrag auf Wiederaufnahme des Verfahrens gestellt hatte, wurde am 22. Juni freigesprochen. In der Urteilsbegründung hieß es u. a.: »Der Hauptakzent ist auf den beim Privatkläger tief eingewurzelten Antisemitismus zu legen ... Wer gegen Teile der Bevölkerung eine feindselige Haltung einnimmt, wer gegen andersrassige Gruppen ist, kann nicht als Demokrat angesehen werden ... Er [Borodajkewycz, Anm. C. D.] hat die Bemerkungen nicht am Stammtisch, sondern vor Studenten gemacht, die er zu demokratischen Staatsbürgern zu erziehen hatte.«[33] Der nunmehr schwer ins Hintertreffen geratene Borodajkewycz, dessen Berufung von der Zweitinstanz am 30. November abgelehnt werden sollte, suchte um seine vorläufige Beurlaubung an und forderte von sich aus eine Untersuchung über seine Tätigkeit an der Hochschule. Piffl-Perčević, der sich bis zuletzt gegen eine Suspendierung von Borodajkewycz zu wehren wusste und in der gesamten Causa eine jämmerliche Rolle gespielt hatte, wurde somit die Entscheidung abgenommen. Am 14. Mai 1966 versetzte der Senat der Hochschule für Welthandel den damals einzigen Professor für Wirtschaftsgeschichte zwangsweise in den Ruhestand, bei der lächerlichen Verminderung seiner Pension um ein (!) Prozent.

Ende März 1965 war von Kommentatoren die Frage aufgeworfen worden, wie lange die Zweite Republik mit einer unbewältigten Vergangenheit wohl leben könne, mit einer Vergangenheit, die sich unverfroren anschicken würde, die Gegenwart zu überwältigen. Fünf Jahre später saßen vier ehemalige Nationalsozialisten in der Bundesregierung, zehn Jahre später tobte der Konflikt zwischen Kreisky und Wiesenthal, zwanzig Jahre später begrüßte Verteidigungsminister Frischenschlager einen Kriegsverbrecher mit Handschlag und ebenfalls 1985 wurde mit der Präsidentschaftskandidatur von Kurt Waldheim der Grundstein für einen »Fall« gelegt, der u. a. die Konsequenz mit sich brachte, dass erstmals in einer breiten Öffentlichkeit die Rolle Österreichs als »erstes Opfer der nationalsozialistischen Aggression«

infrage gestellt wurde. Wiederum fünfzehn Jahre später freilich erklärte Bundeskanzler Schüssel ausgerechnet in Israel, dass die Österreicher das erste Opfer des Naziregimes gewesen seien. Die große Erzählung des Opfermythos hatte in der exkulpatorischen Metaphorik des rot-weiß-roten Lammes, das als »macht- und willenlos gemachtes« Opfer gleich einer unberührten Jungfrau zum braunen Altar gezerrt und vom preußischen Stiefelknecht vergewaltigt wurde, Gestalt angenommen und nach wie vor ist der Nationalsozialismus, ungeachtet der Bemühungen führender Politiker wie Vranitzky oder Klestil, die »Vergangenheit, die nicht vergehen will«.

6. »Da liefern zwei Juden der Welt ein politisches Schauspiel und die einstigen SS-Leute lachen sich dabei ins Fäustchen.«

DER KREISKY-WIESENTHAL-KONFLIKT[1]

Am Vortag der Nationalratswahl vom 1. März 1970, »nach einem in die Zukunft gerichteten, enthusiastischen, Optimismus versprühenden Wahlkampf, als schon abzusehen ist, dass die Stimmung im Wahlvolk Bruno Kreisky begünstigt«[2], überraschte der Parteivorsitzende und Spitzenkandidat der SPÖ mit der Einberufung einer Pressekonferenz in die Parteizentrale in der Wiener Löwelstraße. Hinter seinem Schreibtisch sitzend, von Stößen einschlägiger Literatur zum Thema Antisemitismus flankiert, dozierte er einer ausgewählten Gruppe von Journalisten, dass ihm völlig klar sei, was am Wahlsonntag geschehen werde: in Österreich könne ein Jude unmöglich Bundeskanzler werden. Ungeachtet dieser emotional bedingten, frühere Aussagen konterkarierenden Fehleinschätzung konnte sich Kreisky tags darauf als Vater eines historischen Wahlsieges, welcher der SPÖ erstmals seit 1945 eine Mehrheit an Mandaten im Nationalrat bescherte, feiern lassen. Die »Neue Zürcher Zeitung« urteilte am 5. März aber etwas vorschnell: »Am erfreulichsten ist wohl der Umstand, dass in diesem Land die Rassenvorurteile so gut wie verschwunden sind ... Die Tatsache, dass nun die Mehrheit der Wähler einem Mann jüdischer Herkunft ihr Vertrauen schenkt, deutet darauf hin, dass sich dieses Land jetzt vom Antisemitismus weitgehend rein gewaschen hat.«
Kreiskys skeptische Haltung wird verständlich, wenn man bedenkt, dass er im Laufe seiner politischen Karriere tatsächlich immer wieder mit antisemitischen Attacken konfrontiert worden war, im Februar 1966 beispielsweise hatte ihn der ÖVP-Abgeordnete Alois Scheibenreif, damals Obmann des Bauernbundes und Präsident der niederösterreichischen Landwirtschaftskammer, als »Saujud« beschimpft (»Er ist eh ein ganzer, dreckiger Saujud!«),[3] und im zurückliegenden

Wahlkampf war Bundeskanzler Josef Klaus als Spitzenkandidat der ÖVP auf Plakaten als »echter Österreicher« verkauft worden; ein geschmackloses Unterfangen sondergleichen, das der Volkspartei verständlicherweise den Vorwurf des unterschwelligen Antisemitismus einbringen sollte.[4] Klaus, der eine solche Absicht mehrfach dementierte, hatte schon 1932 als Leitungsmitglied der »Deutschen Studentenschaft« mit Gleichgesinnten heftig gegen die Wahl eines Juden zum Dekan protestiert: »Wollen Sie bedenken, dass Sie sich an einer deutschen Hochschule befinden und dass die deutschen Studenten als ihre Führer nur deutsche Lehrer anerkennen!«
Die Journalistin Elisabeth Horvath erblickte in der eingangs skizzierten Episode in der Löwelstraße »den Schlüssel zum Verständnis für Kreiskys zeitweise fragwürdige Zusammenarbeit mit dem Nationalen Lager«[5]. Noch in der Wahlnacht war Kreisky zu einem Gespräch mit FPÖ-Chef Friedrich Peter zusammengetroffen, in dessen Verlauf er die alte Forderung der Freiheitlichen nach einem gerechteren Wahlrecht anerkannte. Das zu diesem Zeitpunkt gültige bevorzugte insbesondere die ÖVP, was schon daran ersichtlich ist, dass die SPÖ bei zwei Nationalratswahlen, 1953 und 1959, die Mehrheit an Stimmen erlangen konnte, nicht aber jene an Mandaten. Peter erinnerte sich an dieses Gespräch wie folgt: »Wir mit unserem katastrophalen Wahlergebnis, das eine noch größere Katastrophe für mich war, dazu die Klaus-Erklärung, er mache keine Koalition der Verlierer, es käme eine ÖVP-FPÖ-Koalition nicht in Frage, obwohl beide Parteien ausreichend mehr Mandate gehabt hätten als die Sozialistische Partei. Also es war das eine Situation, in der ich nicht nur mich ad personam, sondern auch die Partei vor dem Ende glaubte. Und da rief etwa um die mitternächtliche Stunde Dr. Jankowitsch an, damals Kabinettschef von Dr. Kreisky, und fragte mich, ob ich Lust zu einem Gespräch mit Dr. Kreisky hätte. Und so kam es am 2. März um 1.30 Uhr in der Früh zu dieser Begegnung Kreisky – Peter. Ich war völlig niedergeschlagen, hörte aber plötzlich erstaunt zu, als Kreisky sagte: ›Ihnen ist von Pittermann Unrecht geschehen, Ihnen ist etwas zugesagt worden, was Pittermann nicht gehalten hat, Sie bekommen die Wahlrechtsreform ohne Gegenleistung.‹ Das war für mich so unglaubwürdig, dass ich mich auch entsprechend verhalten habe. Und Kreisky sagte: ›Sie können glauben, was Sie wollen, Sie kriegen diese Wahlrechtsreform.‹«[6]
Von einer möglichen Unterstützung einer sozialistischen Minderheitsregierung seitens der FPÖ war damals noch nicht die Rede.[7] Diese Re-

gierungsform schien innerhalb und außerhalb der SPÖ als zu exotisch. »Nichts war so gefürchtet in Österreich wie eine Minderheitsregierung. Eine solche Regierung trage den Charakter der Zufälligkeit und mache sich von anderen politischen Kräften abhängig«, rief Kreisky in seinen Memoiren die damalige Haltung in Erinnerung. Und weiter: »Es war nicht leicht, eine Partei, die sich zwanzig Jahre lang daran gewöhnt hatte, in einer großen Koalition zu regieren, davon zu überzeugen, dass eine Minderheitsregierung die große Chance wäre ... Sie haben einfach nicht genug Fantasie aufgebracht, zu verstehen, worin meine Taktik bestand, nämlich zu beweisen, dass die Sozialdemokratie in Österreich regieren kann.«[8]

Nachdem die SPÖ sechs Wochen mit der ÖVP über die Bildung einer Gemeinsamen Bundesregierung verhandelt hatte und bei diesen Gesprächen keine Einigung erzielt werden konnte, legte Kreisky den Auftrag zur Bildung einer Koalitionsregierung als unerfüllbar zurück, worauf ihm Bundespräsident Jonas den Auftrag erteilte, eine Regierung auf einer anderen Grundlage zu bilden. Als Kreisky eine Minderheitsregierung vorschlug, stimmte Jonas zu.[9] Für die parlamentarische Unterstützung durch die FPÖ machte Kreisky eine Reihe von Konzessionen, neben der Wahlrechtsreform, die das Prinzip der Verhältniswahl perfektionierte, waren dies der Posten des Rechnungshofpräsidenten, den mit Tassilo Broesigke (ausgerechnet) der ehemalige Anwalt Borodajkewycz' erhielt, sowie jener des Botschafters (ausgerechnet) in Bonn. Die FPÖ versicherte im Gegenzug, einem Misstrauensantrag der ÖVP nicht zuzustimmen, und sagte zu, der Verabschiedung des Budgets für 1971 nicht im Wege zu stehen.[10] Noch am Abend des 20. April legte der SPÖ-Vorsitzende dem Bundespräsidenten seine Ministerliste vor, tags darauf wurde das Kabinett Kreisky I, von dem viele Christdemokraten glaubten, dass es alsbald »auf dem Schindanger der Geschichte« landen würde, angelobt.

Dieser Regierung gehörten gleich vier (!) ehemalige Nationalsozialisten an: Erwin Frühbauer als Verkehrsminister, Josef Moser als Bautenminister, Otto Rösch als Innenminister und Johann Öllinger als Landwirtschaftsminister. Einschlägige Hinweise von Simon Wiesenthal an die katholische Wochenzeitung »Die Furche«, die publik machte, dass Öllinger im »Dritten Reich« Mitglied einer berüchtigten »Brand-Brigade« (SS-Kommandos, die nach der Erstürmung von Ortschaften die Überlebenden mit Flammenwerfern bestialisch ermordeten) war, und vor allem an das Hamburger Nachrichtenmagazin »Der Spiegel« führten zu heftiger internationaler Kritik an Kreiskys Personalpolitik. Am 22. Mai 1970 trat Öllinger nach nur 29 Tagen »aus Gesundheitsgründen« zurück. Kreisky hatte ihn vehement verteidigt, in einem Interview mit Franz Kreuzer etwa erklärte er: »Ich stehe nicht nur voll und ganz hinter Dr. Öllinger, sondern stehe sogar in dieser Kampagne vor ihm, schützend vor ihm. Und ich möchte das begründen: Ich selber weiß allzu gut, wie es in Österreich in den Dreißigerjahren ausgesehen hat. Ich kann mich sehr gut an diese Zeit erinnern, denn in den Gefängnissen zwischen 1934 und 1938 waren Sozialdemokraten, waren Kommunisten und auch Nationalsozialisten. Der Umstand, dass es damals keine Demokratie in Österreich gegeben hat, hat zu dieser grenzenlosen politischen Verwirrung geführt. Dazu kam die Not in dieser Zeit und die Hoffnung, dass eine andere politische Ordnung die Arbeitslosigkeit überwinden wird, und so sind damals viele Menschen auf politische Irrwege gekommen ... Es ist das unveräußerliche Recht jedes Menschen, seine politischen Ansichten im Lichte der Erfahrungen zu überprüfen und auch zu ändern.«[11]

Kreiskys Verständnis für die »kleinen ehemaligen NSDAP-Mitglieder« rührte aus seinen eigenen leidvollen Erfahrungen in der Dollfuß-Schuschnigg-Diktatur her, in welcher er beinahe eineinhalb Jahre im Gefängnis verbrachte, dort saß er mit dem Nazi Sepp Weninger und dem Kommunisten Rudolf Auerhahn in einer Zelle und teilte mit ihnen die Essenspakete ebenso wie die Schikanen und Unannehmlichkeiten. »Der unmittelbare Gegner«, schrieb Kreisky, »der auf uns Sozialdemokraten schoss, der uns vernichtete, gegen den wir kämpften, das waren die Kleriko-Faschisten. Das erklärt auch, warum die Österreicher eine so zwiespältige Haltung eingenommen haben, bis in unsere Zeit«.[12] Für Kreisky, der einmal festhielt, dass die »Dollfuß-Straße« direkt zu Hitler geführt habe, war 1934 das Ende, nicht 1938. Der Tag der »Vernichtung der österreichischen Arbeiterschaft« wäre »ein so schwerer Schlag« gewesen, »dass sie diesen 12. Februar als die Konfrontation erachtete, mehr als vier Jahre später den Einmarsch Hitlers«.[13] Der Austrofaschismus sei »politisch das Ärgste« gewesen, so Kreisky an anderer Stelle, weil er »die Diktatur nachher möglich gemacht und vorbereitet hat«. Diese und ähnliche Ausführungen eröffnen einen hochinteressanten Einblick in die Tiefenschichten seiner biografischen Prägung, vor deren Hintergrund Kreiskys Überzeugung, wonach es in Österreich kein demokratisch gefestigtes Bürgertum geben würde, verständlich wird. Insbesondere 1966, als es nach dem Wahlsieg der ÖVP auf einem Parteitag um die Frage der Regierungsbeteiligung der SPÖ ging, wurden Kreiskys Ressentiments deutlich. Während sich im Laufe der Koalitionsverhandlungen, die sich über sechs Wochen hinzogen, die Mehrheit der Spitzenfunktionäre auf die Oppositionsrolle eingestellt hatte, plädierte der damalige Außenminister bis zuletzt für die Weiterführung der Koalition: »... Bei uns in Österreich ... ist doch die Koalition die Folge des Bürgerkrieges ... Ob das jetzt die jungen Menschen interessiert oder nicht, ob sie der Hitler interessiert oder nicht, das will ich jetzt gar nicht untersuchen. Aber wir haben doch erlebt, wie die österreichische Demokratie zu Grunde gegangen ist. Und weil wir das nicht wieder haben wollen, haben wir uns dazu entschlossen, die Erinnerung an den Bürgerkrieg durch die Zusammenarbeit zu überwinden ... Genossen, es sind keine guten Demokraten, jene Herren, die mit uns in der Regierung zusammengesessen sind. Ich erinnere an den Ausspruch eines ihrer Größten, über den wir heute, nach seinem Tode, nur Gutes sagen [Julius Raab, Anm. C. D.], der einmal gemeint hat: Jetzt brauche ich nur noch ein paar blutige Schädel und dann geht die Uhr richtig. Genossen, wir haben keine demokratische Tradition ... ich bitte und beschwöre Sie, das alles nicht einfach beiseite zu schieben.«[14] Kreisky war weit davon entfernt, in der großen Koalition die ideale Regierungsform zu sehen, er war vielmehr der Auffassung, dass der historische Kompromiss zwischen den ehemals verfeindeten Lagern noch nicht lange genug praktiziert worden wäre. Nach seinem Ausscheiden aus der Bundesregierung stellte er diesbezüglich klar: »Als die Koalition endgültig zerbrochen war ... habe ich das zutiefst bedauert, aber nur aus einem einzigen Grund: Nicht weil ich geglaubt hätte, dass noch viel gemeinsam erledigt hätte werden können, was nicht auch zwischen Regierung und Opposition erledigt werden kann, sondern weil ich Angst gehabt habe vor dem Aufbrechen alter Gegensätze, vor Reminiszenzen in der Innenpolitik, deren Konsequenzen sich nur schwer abschätzen ließen.«[15]

Es ist mit Sicherheit davon auszugehen, dass der Kanzler von der NSDAP-Mitgliedschaft Öllingers keine Kenntnis hatte, der Vorwurf, dass »er jemanden zum Minister gemacht hat, von dem man so gut wie gar nichts wusste«[16], ist hingegen berechtigt. Dass mit Öllingers Nachfolger Oskar Weihs wiederum ein so genannter »Ehemaliger«, der bereits 1932 der NSDAP (Nr. 1.089.867) beigetreten war, in die Bundesregierung eintrat, ist jedoch kaum mehr verständlich. Öllinger wurde übrigens vom Kärntner Landeshauptmann Hans Sima vorgeschlagen,

der sich jedoch nicht einmal über den Vornamen seines Kandidaten informiert hatte und auch über die korrekte Schreibweise seines Familiennamens keine Auskunft geben konnte. Alan Levy ist der Auffassung, dass es »für das Nachkriegs-Österreich symptomatisch« gewesen wäre, dass »der Aufruhr 1970 nicht als ›Affäre Kreisky‹ oder ›Affäre Öllinger‹ ... sondern als ›Der Fall Wiesenthal‹ bekannt wurde«.[17]
Wenn seit der Causa Waldheim immer wieder und mit Recht von der Notwendigkeit der »Vergangenheitsbewältigung« die Rede ist, so muss der historischen Redlichkeit halber an den Umgang mit dieser Vergangenheit bzw. den diese Vergangenheit als »Täter« und »Opfer« symbolisierenden Persönlichkeiten in der Ära Kreisky erinnert werden: Wiesenthal wurde geschmäht, Öllinger, Rösch und später Peter wurden verteidigt. Damals wurden Signale ausgesendet, die grundfalschen Wertmaßstäben neue Nahrung zuführten und wesentlich zu deren Verankerung in der österreichischen Gesellschaft beitrugen.
Am 11. Juni 1970 war es Unterrichtsminister Leopold Gratz, der auf dem SPÖ-Parteitag gegen Wiesenthal mobil machte, dessen Tätigkeit als »Femegericht« bezeichnete und indirekt mit der Schließung des Dokumentationszentrums drohte. Dreißig Jahre später gab Gratz sich versöhnlich: »Damals war Wiesenthal für mich ein aktiver Politiker, der auf mein Idol Kreisky losgegangen ist. Heute ist er für mich ein weiser alter Mann, der Entsetzliches erlebt hat.« Heute würde er sich bei ihm entschuldigen.[18] Wesentlich heftiger als die Reaktion von Gratz fiel jene Kreiskys aus, der in dieser Situation Verhaltensmuster an den Tag legte, die auch in späteren Auseinandersetzungen immer wieder aufblitzten, er spielte mit unbeweisbaren Verdächtigungen, mit dunklen Anspielungen und ließ es auch an einem gewissen Maß an Skrupellosigkeit nicht fehlen. »Wir machen keine Jagd auf Wiesenthal«, ereiferte er sich gegenüber einer niederländischen Zeitung, »sie sind in Holland über die Aktivitäten des Ing. Wiesenthal schlecht aufgeklärt. Es wird nur diskutiert über die Wichtigkeit der persönlichen Freiheit des Menschen; wie kann man es vereinbaren, dass eine Privatorganisation die Menschen so belauern kann? Hier kann man nicht zuschauen. Wiesenthal ist ein jüdischer Faschist. Die Art, wie er unserem Innenminister Otto Rösch nach so langer Zeit die Mitgliedschaft bei der HJ vorgeworfen hat ... Nein, Ing. Wiesenthal ist ein sehr reaktionärer Mensch, der der VP nahe steht. Glücklicherweise ist er reaktionär, glücklicherweise findet man unter uns Juden auch Reaktionäre, ebenso wie man bei uns Juden Diebe, Mörder und Prostituierte findet.

So gehört es sich auch. Aber alles in allem finde ich die Angelegenheit Ing. Wiesenthal nicht so wichtig.«[19] In dieser aufgeheizten Situation soll Wiesenthal gegenüber dem Verleger Fritz Molden im Zorn bemerkt haben, Kreisky müsse »vernichtet« werden.[20]

Die Wiesenthal-Biografin Hella Pick stellte fest, dass dieser Konflikt »der Beginn einer erbitterten Fehde zwischen zwei Egozentrikern [war], die beiden eine lange Zeitspanne ihres Lebens vergällen sollte und eine Lawine der kritischen und damit unliebsamen Aufmerksamkeit für den österreichischen Bundeskanzler auslöste«.[21] Mit dem damals 62-jährigen Leiter des »Jüdischen Dokumentationszentrums des Bundes Jüdisch Verfolgter des Naziregimes« und dem um drei Jahre jüngeren österreichischen Bundeskanzler prallten zwei höchst unterschiedliche Welten aufeinander: Kreisky, der aus einer assimilierten Fabrikantenfamilie stammende großbürgerlich-liberale Agnostiker, Simon Wiesenthal, die Personifizierung des leidgeprüften Ostjudentums. Beide waren Opfer des Nationalsozialismus: Wiesenthal ging durch die Hölle von insgesamt zwölf Konzentrationslagern und verlor in den braunen Vernichtungsfabriken insgesamt 89 Verwandte, Kreisky, dem 1938 mit knapper Not die Flucht nach Schweden gelungen war, verlor 21 Familienangehörige. Letzterer erklärte 1986, dass er bei allen Auseinandersetzungen mit Wiesenthal das Gefühl gehabt hätte, dieser »wollte, ich solle meine Loyalität Israel gegenüber höher stellen als meine Loyalität Österreich gegenüber. Und das würde ich nie tun.«[22] Von der habituellen Verachtung, die bürgerliche, emanzipierte Juden den »Ostjuden« entgegenzubringen pflegten, konnte sich Kreisky nie lösen, eine Bemerkung aus 1978 belegt diese Ansicht: »Sadat hat es mit Krämern, kleinen politischen Krämern wie Begin zu tun, einem kleinen polnischen Advokaten oder was er ist. Sie sind dem Normalen so entfremdet, sie denken so verdreht, diese Ostjuden. Es fehlt ihnen die politische Verantwortung ...« Für Wiesenthal wiederum war Kreisky ein klassischer Fall des jüdischen Selbsthasses: »Meiner Meinung nach ist Kreisky eine tragische jüdische Gestalt, die es bei uns in jeder Generation gibt. Er hasst sich, weil er Jude ist. Er ist Jude und Anti-Jude in einer Person.« Kreisky war naturgemäß anderer Meinung: »Natürlich ist die Herkunft aus einer Religions- und Schicksalsgemeinschaft wie der jüdischen von bildendem Einfluss auf die Persönlichkeitsformung. Deshalb aber zu schließen, ich müsse mich der jüdischen Gemeinschaft in besonderem Maße verbunden fühlen, weil hier irgendwelche mystischen Kräfte obwalten, ist eigentlich rassistisch gedacht. Es bleibt bei dem Wort von der Persönlichkeit, aber die Bedeutung des Blutes und der Blutsbande ist mir immer fremd geblieben ... Die Leute, die ununterbrochen von meinem jüdischen ›Selbsthass‹ reden, vergessen, dass ich mich sehr bewusst zu meiner jüdischen Abstammung bekenne und sie als einen nicht unwesentlichen Teil meiner Persönlichkeitsstruktur betrachte.«[23]

Auf Kreiskys denkwürdigen Satz, wonach die Juden kein Volk wären, »und wenn sie es sind, dann sind sie ein mieses Volk«, komme ich weiter unten zurück, da es vor allem diese unbedachte, in höchster Erregung gefallene Äußerung war, die dem Kreisky-Wiesenthal-Konflikt eine internationale Dimension verleihen sollte.

Die bisherigen Ausführungen waren notwendig, um die unmittelbar nach der Nationalratswahl vom 4. Oktober 1975 einsetzende, überaus heftige Kontroverse zwischen dem »Sonnenkönig«, welcher den Olymp seiner Karriere und damit seiner Macht erklommen hatte, und dem »Nazijäger« zu verstehen. Im Vorfeld dieses Urnengangs – die SPÖ trat mit dem suggestiven Slogan »Kreisky, wer sonst?« an – war es auf Grund der Meinungsumfragen ungewiss, ob die SPÖ genügend Stimmen bekommen würde, um erneut eine Alleinregierung bilden zu können. Es wurde gemutmaßt, dass im Falle des Verlustes der absoluten Mehrheit eine kleine Koalition zwischen SPÖ und FPÖ geplant sei.[24] Seitens der FPÖ bzw. des Vorsitzenden war eine solche Koalition auf dem Innsbrucker Parteitag 1974 zum Wahlziel erklärt worden.[25] Kreisky hingegen verwies dieses Szenario in seinen Memoiren ins Reich der Spekulation: »Nun bekamen wir aber die Mehrheit, und es bedurfte gar keiner kleinen Koalition. Die Frage ist also müßig, ob ich eine gebildet hätte oder nicht, ich kann mich nur darauf berufen, dass ich im Sommer zuvor ein Gespräch mit Peter hatte und ihm sagte, ich persönlich könnte eine solche Koalition sicher nicht machen, das heißt, unter Umständen einen Politiker wie Otto Scrinzi in die Regierung zu heben, der meiner Meinung nach noch heute ein Nazi ist. Für mich käme so ein Vorgehen nicht in Betracht. Das wusste Peter und könnte jederzeit bezeugen, dass ich keine Absicht hatte, unter meiner Führung eine solche Koalition zu bilden. Was dann in der Partei beschlossen worden wäre, weiß ich nicht. Zum Glück war das jedoch nicht aktuell.«[26] Aus diesen Bemerkungen geht hervor, dass die SPÖ 1975 ihre absolute Mehrheit (ebenso wie 1971 93 von 185 Mandaten) zu halten im Stande war und sich die Frage einer kleinen Koalition somit nicht stellte. Ob Kreisky im Falle einer Koalition mit der FPÖ tatsächlich nicht als Bundeskanzler zur Verfügung gestanden wäre, ist allerdings zu bezweifeln.

Wiesenthal hatte bereits wenige Wochen vor der Wahl zu besorgten Freunden, die es als unerträglich empfanden, dass ein ehemaliger SS-Mann Vizekanzler der Republik werden könnte, gesagt: »Zuerst kommt die Wahl, und dann werden wir die Ergebnisse sehen – aber ich kann garantieren, dass es keine solche Koalition geben wird.«[27] Die Sicherheit Wiesenthals rührte von brisanten Informationen her, in deren Besitz er Anfang September zufällig gekommen war. Es handelte sich dabei um ein Verzeichnis der »Ersten SS-Infanteriebrigade« aus dem Jahre 1942, in dem u. a. der Name des am 13. Juli 1921 geborenen Österreichers Friedrich Peter zu finden war. Diese berüchtigte Einheit war für »Sondereinsätze« gegen Zivilisten verantwortlich, die in den Jahren 1941–1942 13.497 Menschen das Leben kosteten. Die Leichen der grausam Hingemetzelten wurden als »Juden, Zigeuner, Partisanen, Banditen und vermutliche Feinde« bezeichnet. Für die Tätigkeit seiner Brigade im »Winterfeldzug 1941–1942« erhielt Peter schließlich das Offizierspatent und das begehrte »Eiserne Kreuz«.[28]

Peter hatte seine Mitgliedschaft bei der NSDAP, der er 1938 als erst 17-Jähriger beigetreten war, sowie seine SS-Vergangenheit nie geleugnet, aber er hatte stets insistiert, dass er in der Waffen-SS »nur ein Leutnant« gewesen sei.[29] Im SS-Blatt »Wiking-Ruf« war 1956 eine Selbsteinschätzung Peters zu lesen: »Ich bin nicht jenem Kreis zuzuzählen, der ›gepresst und gezwungen‹ wurde, sondern ich bekenne auch heute, dass ich freiwillig gegangen bin. Und dem Vaterland zu dienen, war zu keiner Zeit eine Schande.«[30] Als Peter 1958 FPÖ-Obmann wurde, verlieh er seiner Geschichtsbetrachtung mit dem unerhörten Satz Ausdruck: »Die Soldaten in Stalingrad, gleichgültig ob Deutsche oder Österreicher, haben sich geopfert, um die Heimat zu schützen.«[31] Mit dieser plumpen Verfälschung der Tatsachen signalisierte der 37-Jährige, dass er die politische Orientierung seines Vorgängers fortzusetzen bereit war.

Die Freiheitliche Partei Österreichs, über deren Geschichte hier einige konzise Anmerkungen erforderlich sind, ging im April 1956 aus dem VdU hervor, der seinerseits – eifrig gefördert vom sozialistischen Innenminister Oskar Helmer – im Jahre 1949 konstituiert wurde. 1945 durften die »Ehemaligen« noch nicht an den Nationalratswahlen teilnehmen, 1949 war es dann aber so weit. SPÖ, ÖVP und sogar die KPÖ buhlten um deren Stimmen. Schärf und Helmer beabsichtigten mit der Unterstützung der VdU-Gründung das »bürgerliche Lager« zu spalten und die ÖVP nachhaltig zu schwächen, was jedoch nicht glückte. SPÖ und ÖVP verloren gleichermaßen Stimmen an den VdU – »ein Konglomerat von Altnazis, Neonazis, Deutschnationalen und einigen wenigen Liberalen«[32] –, der beinahe 12 % der Stimmen bzw. 16 Mandate erzielen konnte. Es ist bekannt, dass der ziemlich antiintellektuell veranlagte Helmer nicht frei von Antisemitismus war und etwa Kreiskys Rückkehr aus Schweden mit den Worten zu verhindern trachtete: »Juden werden bei uns wieder einen Antisemitismus verursachen.«[33] Helmers Kalkül und Einstellung werden deutlich, vergegenwärtigt man sich folgende Bemerkung, die er gegenüber der Widerstandskämpferin Rosa Jochmann machte: »Roserl, hör endlich auf vom KZ zu reden: Die Leut' wollen das nicht mehr hören, das kann uns nur schaden, das vertreibt die Wähler, die wir dringend brauchen.«[34] Waren die Gründer des VdU, Herbert A. Kraus und Viktor Reimann, eher liberal orientiert, so trat mit Anton Reinthaller ein vormaliger SS-Brigadeführer an die Spitze der FPÖ. Der nationale Flügel des »Dritten Lagers«, angeführt von ehemaligen Nationalsozialisten, schaltete somit den liberaleren Flügel aus. Mit der Wahl Peters zum Parteiobmann, der diese Funktion zwanzig Jahre beibehalten sollte, folgte ein Angehöriger einer schwerst belasteten SS-Infanteriebrigade nach. Die FPÖ blieb ebenso wie der VdU isoliert und diente bis Anfang der 70er-Jahre vorrangig als taktischer Spielball von ÖVP und SPÖ. 1957 stellten ÖVP und FPÖ einen gemeinsamen Präsidentschaftskandidaten auf, der jedoch gegen Schärf unterlag, und 1962 gab es zwischen diesen beiden Parteien Verhandlungen über eine mögliche »kleine Koalition«. Seit Anfang der 60er-Jahre hatte sich Peter aber kontinuierlich um ein ideologisch satisfaktionsfähiges Image bemüht, um die schrittweise Anerkennung als regierungsfähiger Partner. Während der »Habsburg-Krise« 1963 stimmte die FPÖ dann gemeinsam mit der SPÖ und Olah präferierte eine Koalition zwischen Sozialisten und Freiheitlichen. Die stärkste Aufwertung der FPÖ erfolgte aber unter Kreisky. Peter spielte zunächst den Part des »stillen Dulders«, später jenen eines potenziellen Koalitionspartners, was sich auf Grund der absoluten Mehrheiten von 1971, 1975 und 1979 jedoch erübrigte. Der Kreisky-Biograf H. Pierre Secher meinte, dass es dem Kanzler nicht schwer gefallen sei, »mögliche moralische Skrupel hinsichtlich der Vergangenheit der FPÖ zu überwinden, da diese Partei für ihn in den 70er-Jahren vor allem den liberalen und antiklerikalen

Flügel der Mittelschicht repräsentierte ... Kreisky sah keinen Grund mehr, Distanz zur FPÖ zu wahren oder sie als Geächtete im demokratischen Staat zu behandeln.«[35]

Nachdem Wiesenthal herausgefunden hatte, dass Peter am 4. September 1941 in der 5. Kompanie der besagten Brigade war, die laut einem Regimentsdienstbuch an diesem Tag 1.098 Juden erschossen und 38 Gefangene hingerichtet hatte, wusste der »Nazijäger«, dass er politischen Sprengstoff in seinen Händen hielt.[36] Um das Wahlergebnis nicht zu beeinflussen und dem Vorwurf vorzubeugen, er mische sich in die Politik ein, ging Wiesenthal mit seinem Wissen vorerst nicht an die Öffentlichkeit. Am 29. September, eine Woche vor dem Wahltag, überreichte er das »Peter-Dossier« Bundespräsident Rudolf Kirchschläger, über dessen Reaktion Wiesenthal Folgendes berichtete: »Der Bundespräsident las einige Seiten, erschauerte und brach dann in Tränen aus. Dann dankte er mir dafür, dass ich damit nicht vor der Wahl an die Öffentlichkeit gegangen war, sodass das Volk jetzt auf Grund der anstehenden Probleme und nicht auf Grund der Vergangenheit eines einzelnen Mannes wählen würde. Er gab mir das Gefühl, dass ich ein Patriot bin.«[37] Gegenüber Wiesenthal deutete das Staatsoberhaupt an, dass er Peter gegebenenfalls nicht zum Vizekanzler ernennen würde. Die Verfassung hätte ihm dieses Recht gegeben.[38] Kirchschläger ließ in der Folge von den Unterlagen Kopien anfertigen, die er sowohl Kreisky als auch Peter zukommen ließ. Wenige Tage nach der Wahl, am 9. Oktober, wurde auch die Öffentlichkeit über die Kriegsvergangenheit des FPÖ-Chefs informiert. Wiesenthal erklärte im Rahmen einer Pressekonferenz, dass er die Möglichkeit nicht ausschließen könne, dass Peter an den Gräueltaten dieser Einheit beteiligt gewesen sei, ferner halte er es für wahrscheinlich, dass er darüber Bescheid gewusst hatte. Das ihm vorliegende Material würde aber »noch nicht« reichen, um es an die Gerichte weiterzugeben, er habe jedoch »Archive auf der ganzen Welt mobilisiert«, um weiteres Material zu erhalten. »24 Stunden nach seinem Interview im Fernsehen erhielt Herr Wiesenthal über 100 Drohanrufe und wurde mit Briefen überschwemmt, die ein Ende dieses Wühlens in der Vergangenheit fordern«, schrieb eine angesehene britische Zeitung, »und ein Nationalratsabgeordneter der Freiheitlichen Partei stellte kategorisch fest, die (besagte) SS-Einheit habe nur ihre Pflicht erfüllt, und die Vergangenheit des Parteiobmannes würde dem Image seiner Partei in keiner Weise schaden«.[39] Noch am Abend des 9. Oktober reagierte Peter und erklärte gegenüber dem ORF, dass

er an Erschießungen und Repressalien nicht beteiligt gewesen sei und auch nichts davon gewusst habe. Seine Brigade sei für ihn eine »ganz normale« Einheit gewesen, die sowohl an der Front als auch in der Partisanenbekämpfung lediglich »ihre Pflicht getan« habe.[40] Außerdem hielt er fest, dass er zum Zeitpunkt des berüchtigten »Leltschitky-Massakers« wahrscheinlich auf Urlaub gewesen sei, Wiesenthal konnte jedoch umgehend nachweisen, dass in Peters Division während der »Sondereinsätze« keine Urlaube gewährt wurden.
Kreisky stellte sich tags darauf voll hinter Peter, während er Wiesenthal scharf angriff: »Es war eine Aktion hauptsächlich gegen mich gerichtet, weil in diesen Kreisen, wobei ... es sich hier um eine Aktion dieser Gruppe des Herrn Wiesenthal [handelt], der nicht wählerisch in seinen Methoden ist ... So möchte ich also sagen, dass ich diese Methoden ablehne, dass ich glaube, dass diese Sache eine gegen mich gerichtete war, nämlich im Fall einer kleinen Koalition ... gegen mich Stimmung zu machen.« Mit diesen Bemerkungen relativierte Kreisky einerseits seine Jahre später gemachte, oben zitierte Äußerung, wonach es mit ihm keine kleine Koalition gegeben hätte, andererseits ließ er durchblicken, dass er sich als das eigentliche »Opfer« fühle. Obwohl er der »ÖVP als Partei« keine Schuld an der Initiative Wiesenthals gab, ließ er deutlich durchblicken, dass der deklarierte ÖVP-Anhänger Wiesenthal vor allem auch parteipolitische Motive gehabt haben könnte. Dies schließen auch kritische Autoren wie Martin van Amerongen und Leopold Spira nicht aus.[41] Kreisky hielt auch fest, dass ihm im Falle des früheren ÖVP-Finanzministers Reinhard Kamitz, der NSDAP-Mitglied (Nr. 7.677.009), SS-Anwärter, Mitglied des NS-Fliegerkorps, des NS-Dozentenbundes usw. usf. war, keine Kritik Wiesenthals bekannt sei. Gegen Letzteren richtete Kreisky auch den Vorwurf, sein Verhalten würde den Antisemitismus neu aufbrechen lassen, es sei hoch an der Zeit, endlich einen »Schlussstrich« unter die Vergangenheit zu ziehen. Mit dem Hinweis, dass Wiesenthal, hätte man alles über ihn gewusst, womöglich gar nicht die österreichische Staatsbürgerschaft erhalten hätte, dokumentierte der Kanzler – und dies nicht zum letzten Mal –, dass er ein Meister darin war, mit dunklen Andeutungen einen politischen Gegner in Misskredit zu bringen. Peter stellte Kreisky hingegen einen Persilschein aus: »Herr Peter hat mir persönlich die Erklärung abgegeben, dass er niemals an Erschießungen teilgenommen hat ... Und ich persönlich kann nur sagen, ich kenne den Herrn Ingenieur Wiesenthal, das ist eine Mafia, die hier am Werk ist ...«

Und als Konklusion: »Hier sollte ein Politiker umgebracht werden!« Wiesenthal sagte im Übrigen wenige Wochen später tatsächlich, dass für ihn Peter bereits »ein toter Mann« sei.

Ein früherer Mitarbeiter Wiesenthals, Peter Michael Lingens, der Herausgeber und Chefredakteur des Nachrichtenmagazins »profil«, stellte sich als einer der Ersten auf die Seite des »Nazijägers«. Er schrieb: »In Wahrheit kann man das, was Kreisky tut, auf rationale Weise nicht widerlegen. Nur irrational: es ist unmoralisch. Würdelos ... Es gibt, und Bruno Kreisky möge gelegentlich daran denken, nicht bloß die Pflicht zu verzeihendem Verständnis für die Täter von damals – sondern auch die andere Pflicht, den Opfern von damals den allernotdürftigsten Takt entgegenzubringen.«[42]

Auf Grund der Emotionalität, die der Kanzler in dieser Angelegenheit an den Tag legte, spielte Friedrich Peter in der »Kreisky-(Peter-)Wiesenthal-Affäre« nur eine Statistenrolle, Kreisky hatte die Initiative ergriffen und wurde – um mit Rudolf Walter Leonhardt zu sprechen – zum Protagonisten eines »Österreichischen Trauerspiels«. Der Grazer Bürgermeister Alexander Götz, Peters späterer Nachfolger als Parteiobmann, forderte seinen Parteifreund allerdings intern zum Rücktritt auf, da ihm die Unabhängigkeit der FPÖ nicht mehr glaubhaft erschien, Peter würde, so Götz wörtlich, »im Westentaschl des Bundeskanzlers« stecken. Am 21. Oktober verkündete Kreisky, dass er den Wunsch habe, von seiner parlamentarischen Immunität entbunden zu werden, wenn Wiesenthal ihn auf Grund seiner abfälligen Äußerungen klagen würde. Dieser wolle ihn zur Strecke bringen, weil er, Kreisky, seine Aufgabe nicht im Dienste Israels leiste. In wissenschaftlicher Betrachtungsweise würde es gar kein jüdisches Volk geben, sondern lediglich eine verstreute Schicksalsgemeinschaft. Die Schlussfolgerung, dass sich alle Juden zu dieser Gemeinschaft bekennen müssten, bezeichnete er als »Rassismus unter umgekehrten Vorzeichen«. Nur drei Tage später zitierte der Londoner »Daily Telegraph« einen Wiener Taxifahrer, der freimütig festhielt: »Wir mögen es nicht, wie Wiesenthal die Leute verfolgt ... Auch wenn Herr Peter schuldig ist, glaube ich nicht, dass ein Großteil der Österreicher etwas dagegen hätte, wenn er Minister würde.«[43] Wiesenthal meinte in dieser Situation: »Da liefern zwei Juden der Welt ein politisches Schauspiel und die einstigen SS-Leute lachen sich dabei ins Fäustchen.«[44] Am 10. November setzte Kreisky nach und stellte unterschwellig in den Raum, dass Wiesenthal ein Nazi-Kollaborateur gewesen sein könnte: »Und der Herr Wiesenthal hat zur Gestapo, behaupte ich, eine andere Beziehung gehabt als ich ... Alles andere werde ich beim Prozess sagen. Meine Beziehung zur Gestapo ist eindeutig, ich war ihr Gefangener, ihr Häftling, und war beim Verhör ... er ist ja kein feiner Herr, und ich sage nur, das muss klargestellt werden, damit er nicht zu einer moralischen Autorität wird, die er nicht ist. Ich verstehe, dass er sein Leben retten wollte unter den Nazis, jeder hat's auf seine Art versucht ...«[45]

Wegen Kreiskys »Mafia«-Aussage klagte Wiesenthal, etwas später wurde die laufende Klage erweitert, da der Bundeskanzler den Vorwurf erhob, der »Nazijäger« sei ein »Spitzel« gewesen. Kreisky erweckte in dieser Phase des Konfliktes den Eindruck, als würde er es gar nicht erwarten können, vor Gericht seine kruden Anschuldigungen zu beweisen. »Das wird ein großer Prozess«, hatte er schon zuvor bekundet, »der Mann muss verschwinden.« Sollte der Nationalrat seine Immunität nicht aufheben, so Kreisky weiter, würde er nötigenfalls sogar sein Mandat zurücklegen. Doch dazu sollte es in der Folge nicht kommen, da der Klub der SPÖ, dessen Vorsitzender Fischer schrieb, dass mit Kreisky in dieser Angelegenheit – »die ihn ungeheuer emotionalisierte – nicht gut Kirschen essen« war, am 2. Dezember 1975 einen gegenteiligen Beschluss fasste.[46] Am 25. November schien Kreisky, dessen maßlos überzogene Reaktionen auch innerparteilich vereinzelt auf Kritik stießen (Otto Probst etwa wies darauf hin, dass die Attacken Kreiskys dem Ansehen Österreichs schaden würden), den geordneten Rückzug anzutreten. Er erklärte, »kein Bedürfnis« zu haben, »mit Herrn Wiesenthal zum Bezirksgericht zu gehen«, wenn es »probatere Mittel« gäbe, um dessen »Machinationen« aufzudecken. Wiesenthal formulierte nun seine Bereitschaft zum Verzicht auf den Prozess, »wenn die beleidigenden Vorwürfe Kreiskys in einer für beide Seiten passenden Form zurückgenommen werden«. Kreisky ging auf diesen Vorschlag jedoch nicht ein und forderte plötzlich die Einsetzung eines parlamentarischen (nicht öffentlichen!) Untersuchungsausschusses, die sozialistische Fraktion, gegen deren absolute Mehrheit Wiesenthal keine Chance gehabt hätte, unterstützte diesen höchst problematischen Vorschlag, ebenso die FPÖ. Sollte Wiesenthal bis zum 11. Dezember seine Klage nicht zurückziehen, so die Sprachregelung der SPÖ, würde für den 17. Dezember ein Untersuchungsausschuss eingesetzt werden. Da Wiesenthal, der beteuerte, er habe niemals parteipolitische Motive gehegt, am 3. Dezember seine Klage zurückzog, war diese Drohung rasch wieder obsolet. Kreisky versi-

cherte seinerseits, dass er seinen Konkurrenten niemals als »Nazikollaborateur« bezeichnet habe, »einige Agenturen« hätten ihm diese Bezeichnung »fälschlicherweise zugeschrieben«.
Hinter den Kulissen hatte es seitens mehrerer Persönlichkeiten Bemühungen gegeben, diesen Konflikt nicht weiter eskalieren zu lassen, der Großindustrielle Karl Kahane, einer der besten Freunde Kreiskys, wurde ebenso genannt wie Peter Michael Lingens, Ivan Hacker, der Präsident der Israelitischen Kultusgemeinde, und der Präsident der jüdischen Organisation »B'nai B'rith« in Wien. Mehr noch als diese Vermittlungsversuche und die Drohung hinsichtlich der Einsetzung eines Untersuchungsausschusses war es die kränkelnde Cyla Wiesenthal, die ihren Gatten zum Einlenken zu bewegen vermocht hatte. 1991 gab dieser gegenüber dem ORF zu Protokoll: »Immer, wenn man Radio oder Fernsehen hörte, gab es nur Wiesenthal, immer nur Wiesenthal. Die Journalisten und besonders dieses Kleinformat [die »Kronen Zeitung«, Anm. C. D.] haben wiederholt, was Kreisky gesagt hat. Natürlich gab es kolossale Proteste in aller Welt. In New York gab es eine Demonstration vor dem österreichischen Generalkonsulat mit Leuten in KZ-Uniformen und brennenden Kerzen. Auch gab es unzählige Telegramme von verschiedenen Leuten, eine Delegation des britischen Parlaments mit dem Enkel von Winston Churchill an der Spitze war bei dem österreichischen Botschafter. Jetzt ist die Sache vorbei, aber es hat in mir eine gewisse Bitternis zurückgelassen vor allem deswegen, weil meine Frau schwer darunter gelitten hat, mit Nervenzusammenbrüchen usw. Ich habe meine Tochter angerufen, die damals in Holland gelebt hat, und gesagt, bitte kommt, nehmt die Mama zu euch. Ich bleibe hier, ich werde das durchkämpfen. Aber meine Frau sagte, nein, ich bleibe hier. Das war einer der Gründe, warum ich nachgegeben habe und damals die Klage zurückgezogen habe.«[47]
Seitens der Sprachwissenschaft wurde unmissverständlich klargestellt, dass Kreisky sich in seiner Argumentation gegen Wiesenthal (unbewusst) traditioneller antisemitischer Klischees bzw. Stereotypen bediente, welche sich speziell über die Vorwürfe einer »verschwörerischen Tätigkeit« im In- und Ausland sowie der angeblichen »Ehrlosigkeit« der Vorgangsweise des »Nazijägers« definierten.[48] Er zeichnete das von Vorurteilen gerahmte Bild des Juden, der andere Menschen in unehrenhafter Weise schädigen würde, intolerant und sogar »verkappt rassistisch« sei, einen Teil seiner Vergangenheit verschweige und womöglich sogar seine Staatsbürgerschaft zu Unrecht erhalten habe.

Da Kreisky immer wieder unterstellte, Wiesenthal würde »gegen uns Österreicher« agitieren, grenzte er ihn aus der rot-weiß-roten (Wir-) Gruppe aus: Wiesenthal wurde zum »Feind« Österreichs stilisiert, während der »echte Österreicher« Peter seitens des Regierungschefs vor »mafiosen« Methoden in Schutz genommen werden müsse. Kreisky befleißigte sich einerseits einer klar dekuvrierten antisemitischen Argumentation und wies andererseits jeden Vorwurf des Antisemitismus »im Namen aller Österreicher« erbost zurück.
Nicht nur (potenzielle) Antisemiten und (ehemalige) Nazis, sondern wesentlich breitere Schichten der Bevölkerung verbanden mit Kreisky wohl auch die relativ bequeme Möglichkeit, im Zuge von Nationalratswahlen mit ihrem Kreuz sich selbst und stellvertretend ihre Väter und Brüder vor der Geschichte die finale Absolution zu erteilen. Der Psychologe Wilfried Daim, ein Kreisky ganz und gar nicht gewogenes CV-Mitglied, fand in diesem Zusammenhang zu einer durchaus luziden Erklärung: »Kreisky ist, wie tiefenpsychologische Untersuchungen zeigen, bei vielen Nazis angekommen. Für sie war es eine Art Erlösung, einen Juden zu wählen ... Die Nazis waren über den Juden Kreisky schon deswegen glücklich, weil er allein im Stande ist, sie wieder gesellschaftsfähig zu machen. Ein jüdischer Bundeskanzler sollte für sie Schlussstrich unter einer Vergangenheit sein, mit der sie nichts mehr zu tun haben wollen.«[49] Gewiss, Kreisky billigte den »Ehemaligen« Lern- und Besserungsfähigkeit zu, er wollte sie der Demokratie (und als potenzielle Wähler oder zumindest potenzielle Mehrheitsbeschaffer der SPÖ) dienstbar machen, doch durch seine maßlos überzogenen, aus tief in seiner Psyche verborgenen Quellen gespeiste Tiraden gegen Wiesenthal, der sich in den Wochen der Auseinandersetzungen wie ein »Aussätziger« in seiner »neuen Heimat« fühlte und den nur der Gedanke – »Hitler überlebt« zu haben – von der Emigration abhielt[50], zeichnete er für eine verhängnisvolle Tabuisierung der NS-Vergangenheit mitverantwortlich
Der gesamte Konflikt hatte auch eine »internationale Dimension«. Als der Kanzler im Oktober 1975 seine Angriffe startete, behauptete er, wie weiter oben bereits festgehalten, dass Wiesenthal ihn zu Fall bringen wolle, weil er seine Aufgabe nicht im Dienste Israels leisten würde. Kreiskys diesbezügliche Anmerkungen zum Thema »Israel« bzw. »Judentum« führten dazu, dass das israelische Außenministerium um Aufklärung bat, was er mit seinen Äußerungen zum »jüdischen Volk« gemeint habe. Da beide Seiten zu diesem Zeitpunkt jedoch um Kal-

mierung bemüht waren, blieben ernsthaftere Differenzen zunächst aus, doch auf Grund der fortgesetzten Kritik israelischer Medien und Politiker, wonach der österreichische Bundeskanzler auf Grund seiner jüdischen Wurzeln sehr wohl zu einer besonderen Loyalität zum Staat Israel verpflichtet sei, riss Kreisky die in diesem Zusammenhang ohnehin enden wollende Geduld: »Ich bin es satt, auf israelische Kritik zu reagieren«, richtete er einem israelischen Journalisten aus. Im Gegenzug wurde er in der Zeitung »Maariv« am 14. November als »ehrloser Hofjude« beschimpft. Itzhak Rabin, der seit 1974 regierende Ministerpräsident, verschob seinen Staatsbesuch in Österreich. Auch die Kontroverse rund um die ein Jahr zuvor von palästinensischen Terroristen erzwungene Schließung des Transitlagers Schönau, das sowjetischen Juden, die nach Israel auswandern wollten, beherbergt hatte, wurde bemüht. Kreisky, der mit großem diplomatischen Geschick sowohl die Geiselnahme friedlich beendet als auch die weitere Durchreise von Juden aus der damaligen UdSSR gewährleistet hatte, musste sich seitens der amerikanischen »Jewish Defense League« die Bemerkung gefallen lassen, dass er von zahlreichen Juden ohnehin als »beschnittener Nazi betrachtet wird«. Die »Schönau-Affäre« hatte Anfang Oktober zum legendären Wien-Besuch von Golda Meir geführt, der Vorgängerin Rabins, die in ihren Memoiren – freilich kontrafaktisch – behauptete, Kreisky hätte ihr »nicht einmal ein Glas Wasser angeboten«.[51]

Mitte November wurde das aus bekannten Gründen historisch ohnehin schwer belastete Verhältnis Österreich – Israel auf eine harte Probe gestellt. Eine wohl ironisch gedachte, jedoch äußerst unglückliche Äußerung Kreiskys, die am 17. d. M. im »Spiegel« publiziert wurde, fand Eingang in die Schlagzeilen der Weltpresse: »Wenn die Juden ein Volk sind, so ist es ein mieses Volk.« Kreisky hatte diesen Satz Anfang November in höchster Erregung gegenüber dem israelischen Journalisten Zeev Barth fallen lassen, dem er im Laufe des Gespräches mit Rausschmiss gedroht hatte, da er sich nicht »verhören« lassen wolle: »Sagen Sie einmal, Herr Redakteur, kommen Sie zu mir und wollen Sie vom Bundeskanzler der Republik Auskünfte haben oder wollen Sie mit mir ein Verhör machen? ... Die Juden nehmen sich so furchtbar viel mir gegenüber heraus und das erlaube ich nicht ... Jetzt habe ich genug. Ich bin nicht dazu da, vor der jüdischen und israelischen Öffentlichkeit mich wie ein Angeklagter zu verantworten.« Barth selbst dachte niemals an die Veröffentlichung der besagten, am Rande des In-

terviews gemachten Bemerkung Kreiskys, doch er erzählte Kollegen davon und auf diese Weise fand diese Passage Eingang in den »Spiegel«, dessen Herausgeber Rudolf Augstein sich zwar beim Kanzler entschuldigte, doch der Eklat war perfekt. Am 24. November relativierte Kreisky seine Aussage im »Spiegel«, wenngleich keineswegs überzeugend: »Ein Volk, das ›keines ist‹, kann also auch kein ›mieses‹ sein.« Und außerdem: in jedem Volk gebe es »miese« Menschen, und das habe nichts mit Rasse, Religion oder Herkunft zu tun.
Zu einer Versöhnung zwischen Kreisky und Wiesenthal, diesen beiden bedeutenden Österreichern, sollte es nicht mehr kommen. »Ich mag den Mann zufällig nicht und das ist mein Recht«, hatte Kreisky einmal bemerkt. Als er am 9. Dezember 1975 nochmals über seine Differenzen mit Wiesenthal befragt wurde, winkte er zwar mit der Bemerkung ab, dass ihn das alles »nichts mehr angehen würde«, doch in den darauf folgenden Jahren schwelte der Konflikt immer wieder an.[52] Stets dann, wenn Kreisky eine seiner bekannten Behauptungen über Wiesenthal wiederholte, versuchte dieser ihn zu klagen, doch der Nationalrat hob die Immunität Kreiskys in keinem dieser Fälle auf.
Der juristische Show-down fand erst 1989 statt: als der Richter dem gesundheitlich schwer angeschlagenen Altbundeskanzler den Vorschlag unterbreitete, er möge sich doch einfach bei Wiesenthal entschuldigen, um »die Sache hinter sich« zu bringen, erwiderte Kreisky nur knapp: »Ich werde mich nicht kurz vor meinem Tod dafür entschuldigen!« ... Bruno Kreisky starb am 29. Juli 1990.

7. »Wir müssen die Sümpfe trocken legen und, wir sind auf einer Landwirtschaftsmesse, nehmen wir gleich die sauren Wiesen dazu.«

DER AKH-SKANDAL[1]

Am 29. August 1980 hielt der eben erst wieder gewählte Bundespräsident Rudolf Kirchschläger eine Rede, deren pointierte, wenngleich aus gegenwärtiger Perspektive unspektakuläre und in der Folge auch völlig konsequenzenlose Kernaussage, wonach es das Gebot der Stunde wäre, die »Sümpfe« und »sauren Wiesen« der politischen Landschaft Österreichs »trocken zu legen«, unmittelbar auf die in den Frühjahrs- und Sommermonaten in ihrer ganzen Tragweite bekannt gewordenen Ereignisse rund um den Bau des Wiener Allgemeinen Krankenhauses (AKH) Bezug nahm. Kirchschläger formulierte seine mahnenden und warnenden Worte anlässlich der Eröffnung der »Welser Messe«, die, so setzte er an, »heuer in einer guten Situation [ist]. Denn sie wird nicht unmittelbar von jenen bösen Schatten beeinflusst, die gegenwärtig jene so genannten Wirtschaftspraktiken werfen, die am Beispiel einzelner Auftragserteilungen für das Allgemeine Krankenhaus in unserer Bundeshauptstadt zu Tage getreten sind und für die das harte Wort Korruption nicht vorschnell gewählt ist ... Im Zusammenhang mit dieser bösen Erfahrung wird da und dort der Ruf nach einem starken Mann vernehmbar. Viele von uns haben es an sich selbst erfahren, wohin das Regiment eines starken Mannes führt ... Der Rechtsstaat ist stark genug, auch mit diesen verabscheuungswürdigen Praktiken fertig zu werden. Was wir aber brauchen, sind charakterlich starke Demokraten mit einem hohen Berufsethos, und zwar in jedem Bereich, im wirtschaftlichen ebenso wie im politischen ... Wir müssen die Sümpfe trocken legen und, wir sind auf einer Landwirtschaftsmesse, nehmen wir gleich die sauren Wiesen dazu.«[2]

Wenige Tage später, am 3. September, ging Bundeskanzler Kreisky anlässlich einer Konferenz der Bezirksobleute des Pensionistenverbandes in Linz mit einem relativ spontan erstellten »10-Punkte-Programm« zur Sauberkeit im öffentlichen Leben und zur Trennung von Politik und Geschäft, das am 9. September von den Spitzengremien der SPÖ bestätigt wurde, in die Öffentlichkeit.[3] Kreisky verknüpfte dabei die Erfüllung dieser in ultimativer Form verkündeten Punkte mit seiner eigenen politischen Zukunft. Rasch wurde von den »10 Geboten« Kreiskys gesprochen, deren Hauptforderungen die Offenlegung der Vermögensverhältnisse der Mitglieder der Bundesregierung sowie deren nächster Angehöriger und die eindeutige Trennung von Firmeneigentum seitens der Regierungsmitglieder waren. Kreiskys »Gebote« standen in einem unmittelbaren Zusammenhang mit dem AKH-Skandal und seinem Konflikt mit Vizekanzler Hannes Androsch.

Die einzelnen Punkte lauteten wie folgt:

- Begleitende Kontrolle bei öffentlichen Großbauvorhaben
- Eigene Gesellschaften, die solche Bauvorhaben durchführen
- Ausschreibungen und Auftragserteilungen in aller Öffentlichkeit
- Bessere Möglichkeiten für Gerichte, die Unzulänglichkeiten verfolgen (Pallin-Kommission)
- Offenlegung der Vermögensverhältnisse der obersten Organe
- Verwaltung von Unternehmen, die sich im Besitz von Regierungsmitgliedern befinden
- Kein Firmenbesitz von sozialistischen Regierungsmitgliedern
- Ehrensenat für Anschuldigungen gegen hohe Amtsträger
- Volle Besteuerung von Politikereinkommen
- Verschärfung der Schadenersatzpflicht für Bestecher und Bestochene

Während Androsch der Überzeugung ist, dass der Kanzler diese Punkte mit der Absicht »ihn wegzubekommen« verkündet hat, schrieb die SPÖ-Politikerin Stella Klein-Löw über Kreiskys Motivation: »Bruno Kreisky quält jedes Vergehen gegen echte Moral in Politik und Leben wie eine Krankheit, die man nicht erkennt, gegen die man daher auch kein probates Medikament anwenden kann. Da gibt es nur eines. Man beobachtet sie und – hat man Erfahrungen gesammelt – erlässt Gebote und Verbote.«[4] Zu der Fülle von Skandalen, die ab Ende der 70er-Jahre ausbrachen, bemerkte Kreisky in einem seiner zahlreichen Monologe zurückschauend: »Die sind gewachsen wie eine Hydra, hat man einen Kopf abgeschlagen, ist der nächste nachgewachsen.« Kreisky hatte sich einst mit dem ehrgeizigen Ziel auf den Weg

gemacht, in allen gesellschaftlichen Bereichen einen permanenten Reformprozess mit hohen moralischen Werten zu implantieren, und er litt darunter, dass er in diesem Punkt gescheitert war. In einem seiner letzten Interviews erklärte er verbittert: »Wir haben uns nicht besser bewährt. Wir sind korrupter geworden. Wir sind unseren Grundsätzen nicht treu geblieben. Das war sehr bitter. Auch dass ich dafür kein Verständnis bei vielen meiner Freunde gefunden habe.«[5] Kreisky wusste und spürte, dass die Verflechtung von politischen und ökonomischen Interessen, die später auch in den Fällen »Noricum« und »Lucona« zum Tragen kam, einen politischen Entfremdungsprozess der Bürger herbeiführen und die ohnehin latent vorhandene Skepsis gegen die politischen Eliten verstärken würde.
Worin manifestierten sich die »verabscheuungswürdigen Praktiken«, über welche der Bundespräsident sich erregt hatte, wo waren die »Sümpfe«, deren dringende Trockenlegung er empfohlen hatte? Wenigstens die Vorgeschichte des AKH-Skandals ist in wenigen Sätzen darzulegen.[6] Der Bau des Wiener AKH wurde bereits 1955 beschlossen, die Kosten projektierte man damals mit einer Milliarde Schilling, als voraussichtliche Bauzeit rechneten die Verantwortlichen mit zehn Jahren. Dann geschah lange Zeit nichts. Erst 1972 beauftragte die Stadt Wien die Magistratsabteilung (MA) 17 mit der Durchführung der Betriebsorganisationsplanung für den Bau des AKH. Da sich herausstellte, dass diese Abteilung für das Mammutprojekt weder die notwendigen Ressourcen noch genügend Erfahrung zur Verfügung hatte, um die gestellten Anforderungen zufriedenstellend zu erfüllen, wurde die gesamte Planung an einen Experten, den deutschen Professor Hans-Ulrich Riethmüller, übergeben, dessen Honorar in der Höhe von insgesamt 14,5 Millionen Schilling nach Ansicht des Rechnungshofes aber massiv überhöht war. Da über einen längeren Zeitraum keine Fortschritte erzielt werden konnten, wurde 1975 mit der »AKPE«, die sich zu je 50 Prozent im Besitz der Stadt Wien und des Bundes befand, eine Planungs- und Errichtungs-AG gegründet, deren Aufgabe es sein sollte, das Projekt voranzutreiben. Ein Jahr später wurde seitens der »AKPE« auf Vorschlag eines Beamten (Gruppenleiter) der Stadt Wien namens Adolf Winter bei der »ÖKODATA Ges. m. b. H. & Co KG« ein Gutachten in Auftrag gegeben. Winter war eine der Schlüsselfiguren im AKH-Skandal, er spielte eine Hauptrolle bei der Errichtung der »AKPE«, als deren Direktor er fungierte, und auch die Zusammenarbeit mit den Firmen »ÖKODATA« und »Odelga« geht zu ei-

nem großen Teil auf sein Engagement zurück. Der Name des Geschäftsführes der erstgenannten Firma, Armin Rumpold, und jener der zweitgenannten, Sigfried Wilfling, tauchen im AKH-Komplex immer wieder auf. Politischer Zündstoff, der zum Unmut der Oppostion trotz intensivster Recherchen der Medien und später der Gerichte nicht explodierte, ergab sich aus dem Umstand, dass die Steuerberatungskanzlei von Vizekanzler Androsch, die »Consultatio«, mehrere in die Errichtung des AKH involvierte Firmen beriet, so auch »ÖKODATA« und »Odelga«. Als Geschäftsführer der »Consultatio« hatte Androsch 1973 Franz Bauer eingesetzt, seinen Vorgänger als VSStÖ-Obmann, der mit Rumpold die unterschiedlichsten geschäftlichen Verbindungen unterhielt, mit Wilfling verband ihn die begehrte Mitgliedschaft in Udo Prokschs »Club 45«. Der Spitalbereichsleiter Wilfling war neben seiner Funktion in der »Odelga« u. a. auch als Konsulent der »AKPE«, als Konsulent der Gemeinde Wien und später als Repräsentant des für das AKH zuständigen Magistrats und als Aufsichtsratsmitglied der »AKPE« tätig. Damit er Aufsichtsrat werden konnte, musste dieser von acht auf zehn Mitglieder aufgestockt werden. Doch nochmals zurück zu Winter: Auf die Konten seiner 1972 und 1974 in Liechtenstein gegründeten Briefkastenfirmen »Plantech« und »Geproma« wurden zwischen 1972 und 1979 von zahlreichen Unternehmen, die unter maßgeblicher Beteiligung Winters Aufträge für den AKH-Bau erhalten hatten, ungefähr 40 Millionen Schilling an Schmiergeldzahlungen überwiesen, die in der Folge an Konten in Österreich, Deutschland, Griechenland und der Schweiz rücküberwiesen wurden.
Anfang 1980 wurden die Berichte über die explodierenden Kosten bei der Errichtung des AKH immer häufiger, zudem gelangten durch eine Indiskretion Informationen in die Öffentlichkeit, wonach in diesem Zusammenhang der Rechnungshof,[7] dessen »Rohberichte«, zumindest was die politisch brisanten Teile anlangte, in den 80er-Jahren zumeist auch im »profil« abgedruckt waren, und das Kontrollamt der Stadt Wien einschlägige Kritik geübt hätten. Am 19. März d. J. brachte die ÖVP, welche bereits zuvor die Einsetzung einer Kommission zur Überprüfung der Vorgänge rund um die Planung und den Bau des AKH urgiert hatte, im Nationalrat eine dringliche Anfrage an Finanzminister Androsch ein, welcher eben dieses Thema zu Grunde lag. Androsch erklärte, dass die voraussichtlichen Errichtungskosten bei 36,7 Milliarden Schilling liegen würden und die zu erwartenden Be-

triebskosten vermutlich 20 Prozent der Errichtungskosten, d. s. 7,3 Milliarden, ausmachen würden. Zum Vergleich: 1962 war noch immer von jener Milliarde die Rede gewesen, die 1955 als Kostenpunkt angegeben worden war. In den Jahren von 1975 bis 1978 hatten sich die Kosten von »voraussichtlichen 15 Milliarden« auf »rund 18, 2 Milliarden« hinaufgeschaukelt, und noch am Tag vor Androschs Anfragebeantwortung hatte die »Sozialistische Korrespondenz« von 26,2 Milliarden geschrieben.[8] Vor diesem Hintergrund fasste die SPÖ den Beschluss, eine defensive »Aufklärungskampagne« in die Wege zu leiten.[9]
Bis zu diesem Zeitpunkt definierte sich das Thema AKH und die damit einhergehende, einem über die Jahrzehnte eingeübten bzw. internalisierten Ritus folgende Kontroverse zwischen Regierung und Opposition über die offensichtlich gewordene Kostenexplosion beim Bau des Krankenhauses, die für sich alleine genommen schon Grund genug gewesen wäre, von einem Skandal zu sprechen, doch als wenig später vom »profil«-Journalisten Alfred Worm, dem seine frühere Tätigkeit als Bauingenieur zugute kam, die oben angeführten Schmiergeldzahlungen an Winter aufgedeckt wurden, konnten bereits Superlativen wie »Megaskandal« bemüht werden.
Die investigative Methode, derer sich Worm bediente, um in den Besitz der für die Aufdeckung und damit Skandalisierung der Vorfälle notwendigen Informationen zu bekommen, hatte – zumindest für österreichische Verhältnisse – singulären Charakter und wurde in einer ersten Reaktion heftig kritisiert. Winter, der womöglich ahnte, dass »profil« im Zusammenhang mit seinen »Schmiergeldfirmen« in Liechtenstein Recherchen angestellt hatte, willigte ein, mit Worm am 1. April 1980 in einem Wiener Espresso »zu einem so genannten ›Off-Records‹-Gespräch, also zu einer vorher ausdrücklich als vertraulich vereinbarten Unterredung, bei der Hintergründe ausgeleuchtet werden sollten«, zusammenzutreffen.[10] Dieses Gespräch wurde von Worm – ohne Wissen und Zustimmung seines Interviewpartners – teilweise auf Tonband aufgezeichnet, das der Journalist in seiner Aktentasche versteckt hatte. Worm beteuerte, es wäre niemals seine Absicht gewesen, das Band in der Öffentlichkeit zu verwenden, es sollte lediglich als »Nachweis über ein gehabtes Gespräch« dienen. Umgehend beklagte der bekanntermaßen zur rhetorischen Vollmundigkeit neigende Gerd Bacher, damals Generalintendant des ORF, diesen angeblichen »Wanzenjournalismus« und auch der Leitartikler der »Presse« stellte besorgt die Frage in den Raum: »Heiligt der Zweck die Mit-

tel?«[11] Die Ausführungen Winters, der die Verantwortung für »geschobene Aufträge« hauptsächlich auf den Aufsichtsratspräsidenten der »AKPE«, Sektionschef Walter Waiz, abzuwälzen versuchte, kamen trotz allem einem Schuldeingeständnis gleich. »Winters Leutseligkeit während dieses Zweistundengespräches (das auf dem 45-Minuten-Tonband gar nicht mehr drauf ist) war Teil einer gut durchdachten Strategie: Winter wolle auf Waiz strafrechtliche Vorwürfe abladen, um seine eigenen Schmiergeldspuren zu verwischen.«[12] In der darauffolgenden »profil«-Coverstory (»18 Millionen nach Liechtenstein«)[13] wurden Winters Schmiergeldkontakte zur Firma Siemens aufgedeckt, der Name des Informanten über die Verwicklungen von Waiz gab Worm aber nicht bekannt. Nachdem Winter erfahren hatte, dass Worm ein Tonband über besagtes Gespräch besitzen würde, rief er ihn an und bekam zu hören, dass Worm dieses Tonband nicht zu verwenden gedenke. Trotzdem klagte Winter Worm wegen »übler Nachrede«, zusammen mit den beiden anderen Direktoren der »AKPE« ließ er die Behauptung des »profil« einklagen, einer der Direktoren hätte jemals mit Worm gesprochen. Der Journalist ging in die Gegenoffensive. In den Nachtstunden des 8. April spielte er im Büro von Herbert Schachter, des Rechtsanwaltes von Waiz, und dessen Stellvertreter im »AKPE«-Aufsichtsrat Heinrich Horny, kleine Teile des Tonbandes vor. Kurz darauf wurde Winter vom Dienst suspendiert. Er durfte auch sein »AKPE«-Büro nicht mehr betreten. Worm berichtete, dass Schachter ihm später einmal gesagt habe, »ohne dieses Tonband wäre Winter niemals vom Dienst suspendiert worden. Was so viel heißt wie: Winter würde ohne dieses Tonband noch weiterhin seine Millionen kassieren.«[14]

Fischer hielt fest, dass Kreisky Zusammenhänge zwischen den Unregelmäßigkeiten bei der Vergabe von Aufträgen für das AKH und »Androsch bzw. seiner Firma Consultatio [sah]. Am nächsten Tag stand ein Wiener Landesparteitag auf dem Programm und die Einsetzung eines parlamentarischen Untersuchungsausschusses hing in der Luft. Wir entschlossen uns dazu, offensiv eine parlamentarische Untersuchung zu betreiben, und am 16. April 1980 habe ich im Nationalrat folgenden Antrag eingebracht: ›Im Zusammenhang mit dem Bau des Allgemeinen Krankenhauses in Wien wird:

1. zur Untersuchung der Vergabe von Aufträgen (bzw. von Subaufträgen und deren Abwicklung),
2. zur Untersuchung der Vorwürfe im Zusammenhang mit angebli-

chen gesetzwidrigen finanziellen Zuwendungen durch die Firma Siemens bzw. von anderen Firmen, die am Projekt beteiligt sind, und

3. zur Untersuchung der Vorwürfe betreffend angebliche Parteienfinanzierung im Zusammenhang mit Auftragserteilungen ein Untersuchungsausschuss eingesetzt.«[15]

Dieser Antrag, der am 17. April einstimmig angenommen wurde, kam auf Grund des beträchtlichen öffentlichen Drucks in dieser Causa zu Stande. Art. 53 Abs. 1 B-VG bestimmt, dass der Nationalrat durch Beschluss Untersuchungsausschüsse (Enqueten) einsetzen kann, die im Gegensatz zu anderen parlamentarischen Ausschüssen das Privileg der Öffentlichkeit haben. Gerichte und alle anderen Behörden sind verpflichtet, dem Ersuchen eines Untersuchungsausschusses um Beweiserhebungen Folge zu leisten, alle öffentlichen Ämter müssen auf Verlangen ihre Akten vorlegen. Gegenüber einem Untersuchungsausschuss, dem von jeder im Hauptausschuss des Nationalrates vertretenen Partei mindestens ein Vertreter angehören muss, besteht die Pflicht zur wahrheitsgemäßen Aussage, nicht aber zur Wahrung der Amtsverschwiegenheit. Untersuchungsausschüsse, die sich ausschließlich auf »Gegenstände der Vollziehung« zu beziehen haben, sind lediglich zur Feststellung von tatsächlichen Verhältnissen und deren Bekanntgabe an den Nationalrat berechtigt, sie können jedoch an die festgestellten Tatsachen keine Konsequenzen knüpfen. Vor allem die Opposition findet in Untersuchungsausschüssen ein Forum zur Aufdeckung. Es wurde außerdem festgestellt, dass die Möglichkeit von Untersuchungsausschüssen dem ziemlich »braven« österreichischen Parlamentarismus die Dynamik und das potenzielle Ansehen verleiht, das dieses »traditionelle Stiefkind österreichischer Prägung« braucht.[16]

Der Grund, warum am 9. Mai mit dem neuen FPÖ-Obmann Steger ein Repräsentant der FPÖ zum Vorsitzenden des AKH-Untersuchungsausschusses gewählt wurde, lag darin, dass SPÖ und ÖVP einander in dieser Causa außerordentlich misstrauisch gegenüberstanden. Steger vermochte diese profilierungsträchtige Funktion zur Erhöhung seines Bekanntheitsgrades gut zu nützen, wenngleich Vertreter beider Großparteien seine Objektivität in Zweifel zogen. Mit der AKH-Untersuchungsrichterin Helene Partik-Pablé, damals eine Anhängerin Stegers, die wenige Jahre später mit wehenden Fahnen ins Lager Jörg Haiders wechseln sollte, hatte eine weitere Freiheitliche eine Möglich-

keit zur Profilierung gefunden. Da die Errichtung des AKH auf die Periode der großen Koalition zurückging und auch Hinweise auf Verwicklungen der ÖVP existierten, insinuierte die FPÖ, der AKH-Skandal sei Ausdruck eines illegalen Systems der Finanzierung von SPÖ und ÖVP, was von diesen beiden Parteien, die einander ansonsten als Regierungspartei und Opposition gegenüberstanden, mit Entrüstung zurückgewiesen wurde.[17] Steger behauptete, dass Kreisky ihn in seine »Anti-Androsch-Linie einbinden« wollte. Ihm sei »eine Art De-facto-Androsch-Urteil aus dem Munde des Ausschussvorsitzenden vorgeschwebt«, was er, Steger, jedoch abgelehnt habe.[18]
Am 26. August wurde Fritz Mayer, »ITT«-Manager und Präsident der österreichischen Industriellenvereinigung, wegen des Verdachtes der Untreue in Untersuchungshaft genommen, womit der Skandal eine besonders pikante Dimension erhielt. Mayer wurde zwar im März 1985 freigesprochen, doch alleine der Umstand, dass ein führender Repräsentant der Industriellenvereinigung und damit der Sozialpartnerschaft in konkreten Korruptionsverdacht geraten war, wurde mit Erstaunen und vor allem mit Misstrauen aufgenommen.
Als Konsequenz der offensichtlich nicht funktionierenden Rahmenbedingungen richteten der Bund und das Land bzw. die Stadt Wien als Eigentümer der »AKPE« ein eigenes Büro zur begleitenden Kontrolle des AKH-Baues ein und übertrugen am 7. November die Leitung der zwölf für diese Aufgabe abgestellten Mitarbeiter an den Freiheitlichen Jörg Kandutsch. Der ehemalige Präsident des Rechnungshofes übte diese Tätigkeit unentgeltlich aus. Ferner kam man zu der Überzeugung, dass eine Ges. m. b. H. eine erfolgreichere Kontrolle gewährleisten würde, weshalb der »AKPE« nun diese Rechtsform verliehen wurde.[19]
Am 13. Mai 1981 wurde der Bericht des Untersuchungsausschusses vorgelegt, durch welchen der Vorwurf der Parteienfinanzierung aber nicht bestätigt wurde. Ebenso wenig wurde Klarheit über die Schmiergeld- und Provisionszahlungen erzielt. SPÖ und FPÖ verfassten einen Mehrheitsbericht, die ÖVP bzw. deren Abgeordnete Bergmann, Feurstein und Steinbauer legten einen Minderheitsbericht vor, der jedoch ebenfalls keine neuen Fakten beinhaltete. Der Untersuchungsausschuss war parallel zu den gerichtlichen Erhebungen tätig geworden, und am 30. Dezember 1980 erhielten zwölf der Angeklagten die Anklageschrift zugestellt. Die Gerichtsakten umfassten mehr als 60.000 Seiten. Alleine die Verlesung der Anklageschrift nahm beinahe drei Stunden in Anspruch. Die Baumanager des AKH, allen voran Winter,

wurden schließlich zu unbedingten Haftstrafen zwischen zweieinhalb und neun Jahren verurteilt.
Ohne dem folgenden Kapitel vorzugreifen, ist an dieser Stelle nochmals kurz auf Androsch zurückzukommen. Ausgerechnet an jenem Tag, an dem Winter vom Dienst suspendiert wurde, kam Kreisky von einem Aufenthalt in Jugoslawien zurück. Es wurde bereits festgehalten, dass er Verwicklungen von Androschs Steuerberatungskanzlei in den Skandal befürchtete. Noch am Flughafen herrschte er Heinz Fischer und Karl Blecha an: »Ich kann als Bundeskanzler meine Aufgaben nicht erfüllen, wenn ich einen Finanzminister und Vizekanzler in der Regierung habe, dem ich nicht nur nicht vertrauen kann, sondern dem ich in allerhöchstem Grade misstrauen muss. Ich werde im Parteipräsidium Klarheit verlangen. Es muss eine Entscheidung getroffen werden. Wenn sich die Partei für Androsch entscheidet, dann hat sie sich eben gegen mich entschieden.«[20] Es wird noch zu zeigen sein, dass es in der Folge wieder einmal zu keiner Entscheidung kam, wesentlich ist hier nur die Feststellung, dass der Untersuchungsausschuss keinen Hinweis bezüglich einer Beteiligung Androschs bei den Vorgängen um den Bau des AKH fand, wenngleich Rumpold vor dem Ausschuss behauptet hatte, Androsch wäre an der »ÖKODATA« beteiligt. Im Gerichtsverfahren konnte er diese Vermutung allerdings nicht beweisen. Herbert Schachter, Androschs Anwalt, fasste in einer »Stellungnahme aus juristischer Sicht« zusammen: »Im gesamten, vor dem Landesgericht für Strafsachen Wien geführten Verfahren gegen die seinerzeitige Geschäftsführung der Errichtungsfirma AKPE ergab sich nicht der geringste Hinweis einer Verflechtung der Consultatio in strafrechtliche Vorgänge beim Bau des AKH. In den ... Strafverfahren gab es nicht den geringsten Hinweis auf eine Einflussnahme des Finanzministers Dr. Androsch. Alle gerichtlichen Feststellungen widerlegen in eindeutiger Weise den ... Vorwurf einer Involvierung von Dr. Androsch mit dem AKH bzw. Ökodata.«[21] Dass Androsch am 2. März 1989 von einem Berufungsgericht wegen Falschaussage vor dem AKH-Untersuchungsausschuss zu einer Geldstrafe von 360 Tagessätzen à 3000 Schilling verurteilt wurde, hatte mit anderen Fragen zu tun.
Anton Pelinka ist der Auffassung, dass der AKH-Skandal den »Abschied der SPÖ von ihrer Besonderheit« beschleunigt hat, »er half mit, die SPÖ als Normalpartei, als Partei wie andere auch zu begreifen«. Der Skandal wäre ein Symbol dafür gewesen, dass eben auch ein Teil der Sozialdemokratie »für die ganz alltägliche Korruption«, die in al-

len Parteien anzutreffen wäre, anfällig sei. »Er wirkte aber auch als Beschleuniger. Die ›Verwestlichung‹ der österreichischen Gesellschaft und damit des gesamten politischen Systems wurde durch den Skandal und dessen öffentliche Wahrnehmung vorangetrieben ... Dass im unmittelbaren Dunstkreis der Politik kriminelles Gewinnstreben so erfolgreich umgesetzt werden konnte ... bestärkte einen populistischen Druck: ›Die da oben‹ wurden zunehmend als Feindbild, als von bloßem Eigennutz gesteuert wahrgenommen ... Der AKH-Skandal«, so Pelinka weiter, habe mitgeholfen, »das politische System und seine Elite zu entmythologisieren. Und er half dadurch auch mit, mehr Offenheit und weniger Berechenbarkeit in die Politik zu bringen.«[22]
Erst im Jahre 1994 konnte das Wiener AKH der Öffentlichkeit übergeben werden. Bundeskanzler Vranitzky sprach anlässlich der Eröffnung von einem »Jahrhundertereignis«, denn mit einer Planungs- und Bauzeit von 37 Jahren, ein Zeitraum, in welchem die Wiener Ringstraße zum architektonischen Juwel der ehemaligen Reichshaupt- und Residenzstadt erwuchs, übertraf dieses größte Krankenhaus Europas, in das summa summarum 43 Milliarden Schilling an Steuergeldern geflossen waren, alle Rekorde.[23] Zum Vergleich: Wenn wir den Ägyptologen Glauben schenken dürfen, wurde die große Pyramide des Cheops bei Giseh, eines der sieben Weltwunder der Antike, in »nur« 20 Jahren erbaut.

8. »Hannes, geh, geh von selbst – er zermalmt dich!«

DER KREISKY-ANDROSCH-KONFLIKT[1]

»Warum dieses Team auseinander gefallen ist, aus welchen tiefenpsychologischen Gründen, das sollen andere untersuchen. Es erfüllt mich nicht mit Gram, sondern mit Bedauern.«
Hannes Androsch[2]

Androschs Aufforderung, »andere sollen untersuchen«, welche »tiefenpsychologischen« Ursachen dazu geführt haben mögen, dass sein vormals ausgezeichnetes Verhältnis zu seinem Mentor Bruno Kreisky erodierte und in einen sich über viele Jahre hinziehenden Konflikt mündete, ist bisher niemand nachgekommen, zumindest nicht in einer umfangreicheren, elaborierten Form, wobei eingangs festzuhalten ist, dass die Ursachen dieser harten, öffentlich ausgetragenen und über weite Strecken irrationalen Auseinandersetzung nicht nur tiefenpsychologischer, sondern natürlich auch sach- und machtpolitischer Provenienz waren. Eine Annäherung an das Thema ist schwierig, da die Motivlagen der beiden Kontrahenten, die im Laufe des Konfliktes, welcher ab einem nicht mehr rekonstruierbaren Zeitpunkt eine kaum noch steuerbare Eigendynamik erhielt, zahlreiche Kombattanten um sich zu scharen verstanden, teilweise wohl tatsächlich aus jenem tiefenpsychologischen Abgrund hervorzuschürfen sind, von dem Androsch sprach.
Ich habe im Zuge der Vorbereitung eines zwar längst fertig gestellten, jedoch noch nicht publizierten Buches über den »Kreisky-Androsch-Konflikt«, das – um die Komplexität des Forschungsgegenstandes zu unterstreichen – den Untertitel »Versuch einer Annäherung« trägt, mit den in der damaligen Machtstruktur der SPÖ einflussreichsten Funktionären der SPÖ Kontakt aufgenommen und zu einzelnen Fragen

schriftliche Stellungnahmen bzw. einen Gesprächstermin erbeten. Lediglich Karl Blecha, Ferdinand Lacina und Erwin Lanc, alle drei Parteigänger Kreiskys, haben ihre Bereitschaft zu einem persönlichen Gespräch bekundet, schriftlich wollte keiner der Herren Stellung beziehen, einige Anfragen wurden nicht beantwortet. Heinz Fischer und Hannes Androsch habe ich nicht kontaktiert. Fischer deshalb nicht, weil dieser habituell bedächtig formulierende, in seinen wertenden Aussagen zur Parteigeschichte demonstrativ zurückhaltende Politiker gewiss keine einschlägigen Informationen, welche über die Ausführungen in seinen Büchern hinausgehen, preiszugeben willens oder in der Lage ist, Androsch nicht, weil dieser als Reaktion auf einen 1998 von mir veröffentlichten Aufsatz (»Der Konflikt zwischen Bundeskanzler Kreisky und Finanzminister Androsch. Versuch einer Rekonstruktion«) in einer Fachzeitschrift in einer der darauf folgenden Nummern dieses Organs seinerseits einen Aufsatz schrieb, in dem er seine Sicht der Ereignisse präzise darlegte bzw. interpretierte. Diesem Beitrag ging ein Brief u. a. an den Chefredakteur der Zeitschrift voraus, in welchem Androsch meinen Rekonstruktionsversuch, der – allerdings ohne apodiktische Wertung – die Position Kreiskys stärker herausarbeitete als jene Androschs, in einer von persönlicher Betroffenheit (fehl-)gesteuerten Einschätzung, als ein »gegen meine Person gerichtetes ... Pamphlet« bezeichnete,[3] was meiner Intention ebenso wenig entsprach (und entspricht) wie die Abfassung einer Hommage an Kreisky, der es in seinem Konflikt mit Androsch – wie schon zuvor in seinen Auseinandersetzungen mit Wiesenthal – gewiss an Augenmaß fehlen ließ. Ungeachtet dessen ist festzuhalten, dass Kreiskys überaus emotionale, zumeist über die Medien kommunizierte Kritik an seinem »Kronprinzen« sehr wohl auch sachliche und damit berechtigte Hintergründe hatte, die alleine m. E. jedoch nicht die ausschlaggebende Ursache für Androschs erzwungene Ablöse als Mitglied der Bundesregierung waren, die Kreisky in erster Linie immer wieder mit der florierenden Steuerberatungskanzlei seines Vizekanzlers, der »Consultatio«, in einen kausalen Zusammenhang gebracht hatte. Ich teile, zumindest diesen zentralen Aspekt betreffend, die Ansicht Norbert Lesers, welcher der Auffassung ist, Kreisky wäre von Androsch bis zu dessen Ernennung zum Vizekanzler so angetan gewesen, »dass er nicht so genau hinsah, wie es notwendig gewesen wäre, um seine Rolle in dieser Affäre glaubwürdig erscheinen zu lassen. Denn in dem späteren Stadium, in dem die Frage der ›Consultatio‹ zu einem Zankapfel und Prüfstein wurde, konnte man sich des Eindrucks nicht erwehren, dass Kreisky eine Frage, der er lange kein großes Gewicht beigemessen hatte, ja die er auf sich beruhen ließ, als willkommenen Anlass benützte, um seine unabhängig davon bestandene Rechnung mit Androsch zu begleichen.«[4]

Bevor nun zu klären versucht wird, von welchen »Rechnungen« hier die Rede ist, sind die wichtigsten Eckdaten der politischen Biografie Androschs[5] zu referieren und – wo dies für das Thema des Aufsatzes notwendig ist – zu kommentieren. Androsch wurde 1938 im Wiener Arbeiterbezirk Floridsdorf geboren und studierte nach seiner Mittelschulzeit Betriebswirtschaft, in diesen Jahren war er sowohl im »Verband sozialistischer Mittelschüler« als auch im »Verband der sozialistischen Studenten Österreichs« engagiert, wo er dem »rechten« Flügel zugerechnet wurde. In diesen Jugendorganisationen wurden oft bereits die Fundamente für spätere SPÖ-interne Freund- und Feindschaften gelegt, die u. U. über Jahrzehnte hinweg Bestand haben konnten. 1963 wurde Androsch vom SPÖ-Parlamentsklub als Sekretär für Wirtschaftsfragen engagiert, womit der erste Schritt zu einer der schnellsten und zugleich faszinierendsten Politikerkarrieren der Zweiten Republik getan war. Da Androsch auch ein lukratives Angebot aus der Privatwirtschaft in Händen hielt und sich über das Wochenende entscheiden musste, hatte er Rat bei Bundespräsident Schärf eingeholt, dem Großonkel seiner Gattin. Sollte er das Angebot der Partei annehmen? Androsch dazu: »Er hat gesagt, du darfst nie deinen persönlichen gewissermaßen bürgerlichen Beruf aufgeben oder auf ihn verzichten. Wenn das gesichert ist, dann ist die politische Tätigkeit die Krönung. An diesen Grundsatz habe ich mich gehalten und er hat lange gehalten. Nur, dann sind die Spielregeln nachträglich geändert worden.«[6] Als 1965 Androschs Vater, der eine Kanzlei als »Helfer in Buchführungs- und Steuersachen« aufgebaut hatte, verstarb, übernahm der Sohn die Aufgabe als Kanzleiverweser des Witwenfortbetriebs. 1966 und 1968 eignete er sich Qualifikationen als beeideter Buchprüfer und Steuerberater bzw. beeideter Wirtschaftsprüfer und Steuerberater an. 1967 schließlich, Androsch war 29 Jahre alt, zog er als Nachfolger einer tödlich verunglückten Abgeordneten in den Nationalrat ein. Zwei Jahre später bemerkte Kreisky über den jungen Mandatar, dieser wäre »balanciert wie ein Sechzigjähriger«. Der Parteivorsitzende brachte mit dieser Feststellung womöglich ein recht ambivalentes Gefühl zwischen Irritation und wohl noch größerer Faszination zum Ausdruck, und so kam es, dass nach dem SPÖ-Wahlsieg bei den Nationalratswahlen im März 1970 Androsch am 21. April d. J., drei Tage nach seinem Geburtstag, mit 32 Jahren zum damals jüngsten Finanzminister der Republiksgeschichte bestellt wurde.

Vor der Regierungsbildung hatte Kreisky Androsch gefragt, »ob er sich zumute, die Funktion des Finanzministers zu übernehmen. Als Androsch dies bejahte, was mich eigentlich beeindruckte, ... habe ich ihm die Frage gestellt, ob es irgendetwas gäbe in seiner beruflichen Tätigkeit, das ein Hindernis darstelle. Er antwortete damals, es gäbe nur die Steuerkanzlei Dr. Androsch, und die werde er an Prof. Jonasch übergeben ...«[7] Tatsächlich übergab Androsch die Kanzlei »Dr. Hannes Androsch« zur treuhändischen Verwaltung an seinen Lehrer Franz Jonasch, er gründete aber nur wenige Wochen *nach* seiner Angelobung zum Finanzminister mit seiner Gattin und einem Partner die »Consultatio Revisions- und Treuhand GesmbH«. Im Jahre 1970 wurde die Minderheitsregierung der SPÖ von vielen als eine Art Betriebsunfall betrachtet, ein ÖVP-Politiker meinte sogar, sie werde alsbald auf »dem Schindanger der Geschichte« landen, »und das Verständnis für die Absicherung der privaten Existenz eines Selbstständigen war allgemein. Überdies war man in SPÖ-Kreisen durchaus stolz darauf«, schrieb Kreiskys ehemaliger Sekretär Wolfgang Petritsch, »einen ›Freiberufler‹ als Finanzminister zu haben. Kreisky selbst war es, der in den Anfangsjahren seiner Alleinregierung mehrmals auf die einschlägige Berufserfahrung von Androsch, Broda oder auf die praktizierende Ärztin und Gesundheitsministerin Ingrid Leodolter hingewiesen hat«.[8] Kreisky beteuerte freilich immer wieder, er sei der Überzeugung gewesen, dass die »Consultatio« Androschs Mutter gehören würde. Androsch hatte, um seine Berufsbefugnis nicht zu verlieren, neben der »Consultatio«, an welcher er zwar 50 Prozent der Anteile, jedoch keine Organstellung besaß, die Kanzlei »Dr. Hannes Androsch« behalten. Ende 1978 übertrug der Vizekanzler seine Eigentumsanteile an der »Consultatio« zur treuhändischen Verwaltung an die drei Präsidenten der Kammern der Freien Berufe, womit ihm auch formell der Einfluss auf die Geschäftsgebarung der Kanzlei entzogen war.[9]

Vor der »Causa Androsch« war die Sensibilität für politische Unvereinbarkeiten noch verhältnismäßig unterentwickelt. Dass der Finanzminister gleichzeitig Mehrheitseigentümer einer prosperierenden Steuerberatungskanzlei war, wurde in der Öffentlichkeit lange Zeit nicht als »skandalös« wahrgenommen, wenngleich die oppositionelle ÖVP

und einige Medien bereits seit 1972 an diesem Tatbestand Kritik übten. Hertha Firnberg, die langjährige Wissenschaftsministerin, sagte einmal: »Wir haben alle gewusst, dass es eigentlich nicht geht, aber es ist akzeptiert worden, auch in der Öffentlichkeit.« Androsch erlangte innerhalb kurzer Zeit durch seine sachpolitische Kompetenz und durch sein selbstbewusstes, charismatisches Auftreten, das nicht selten auch als überheblich kritisiert wurde, zunächst in Österreich und später auf der Bühne der internationalen Finanz- und Wirtschaftspolitik beträchtliche Reputation. Neben Leopold Gratz und Karl Blecha galt Androsch bald als einer der »Kronprinzen« des durch überwältigende Wahlerfolge zum »Sonnenkönig« gesalbten Bruno Kreisky, für viele als der aussichtsreichste unter den möglichen Nachfolgern. 1976 erklärte Kreisky, auf sein Verhältnis zu den »Kronprinzen« angesprochen: »Mit Gratz spreche ich häufig telefonisch. Und der Androsch kommt oft am Samstag, Sonntag zu mir. Da gehen wir am Nachmittag spazieren. Und wir reden über die langfristige Regierungspolitik.«[10] Der Kanzler und sein Finanzminister galten als »eigenes Team innerhalb der Regierung«. Kreisky meinte sogar einmal: »Ich bin sehr glücklich mit Androsch gewesen!«[11] Der Journalist Hugo Portisch schrieb über dieses Duumvirat: »Auch privat verstehen sie einander bestens, verbringen gemeinsame Schiurlaube am Arlberg, und was sie dort gemütlich bei einem Glas Wein am Abend besprechen, wird oft am nächsten Tag schon Regierungsprogramm.«[12] Jede wichtigere Entscheidung von allgemeinpolitischer Bedeutung pflegte Kreisky zuerst mit Androsch zu besprechen. »Was sagt der Hannes dazu?«, soll für gewöhnlich Kreiskys erste Reaktion gewesen sein, wenn eine interessante Idee oder ein Vorschlag an ihn herangetragen wurde. »Ursprünglich war das Verhältnis von Kreisky und Androsch ... geradezu ideal gewesen«, bestätigte auch Fischer, der außerdem festhielt: »Andere Sozialdemokraten, die im Bereich der Wirtschaftspolitik tätig waren, wie z. B. Staribacher und Ernst Eugen Veselsky, litten unübersehbar ... daran, dass Androsch so demonstrativ bevorzugt wurde ... .[13]
Anfang Oktober 1976 wurde Androsch, der zu diesem Zeitpunkt bereits einer der stellvertretenden Parteivorsitzenden war, als Nachfolger von Rudolf Häuser zum Vizekanzler bestellt. »Das trug mir großen Verdruss bei den älteren Mitgliedern der Regierung ein«, erinnerte sich Kreisky in seinen Memoiren. Und weiter: »Androsch war damals 38 Jahre alt. Es schienen sich zu dieser Zeit bereits gewisse Gegensätze anzudeuten.«[14] In der Öffentlichkeit wurde hingegen Einigkeit de-

monstriert, die Ernennung des Finanzministers zum Vizekanzler wurde als demonstrativer Vertrauensbeweis Kreiskys gewertet. In Wirklichkeit war Kreisky zu diesem Zeitpunkt jedoch erzürnt darüber, dass Androsch Interesse an der Funktion des Präsidenten der Nationalbank angemeldet hatte, ein Ansinnen, das der Kanzler später als »Quelle unserer Entfremdung« bezeichnen sollte. Er lasse sich von seinem Finanzminister nicht »das Simperl vor die Tür stellen«[15]. 1978 wäre Hans Kloss, der damalige Präsident der Notenbank, in Pension gegangen und der für diese Aufgabe fachlich zweifellos qualifizierte Androsch, der wegen der »Consultatio« immer heftiger kritisiert wurde, sah, so seine Kritiker, die Chance, sich »zu verbessern«. Kreisky gewann offenbar den Eindruck, der Finanzminister würde vor allem an seinem persönlichen bzw. finanziellen Vorteil interessiert sein, anstatt Partei und Staat zu dienen. Der Diplomat Thomas Nowotny, ebenso wie Petritsch ein ehemaliger Kreisky-Mitarbeiter, fand zu folgender Erklärung: »Was Androsch möglicherweise nichts anderes schien als die Wahrnehmung einer Option beim persönlich-beruflichen einkommensmäßigen Aufstieg, war in den Augen Kreiskys etwas anderes – nämlich Verrat.«[16] Vor diesem Hintergrund schrieb Portisch, eine psychologische Deutung bemühend: »Wenn ein Ziehsohn in die Phase kommt, wo der Ziehvater seiner nicht mehr ganz sicher ist, dann versucht der Ziehvater zunächst einmal, den Ziehsohn doppelt und dreifach zu umarmen. Genau das hat Kreisky in dieser Situation getan.«[17]
Die Auseinandersetzung zwischen Kreisky und Androsch wird von manchen Beobachtern auf das psychologische Deutungsmuster eines Vater-Sohn-Konfliktes zurückgeführt, das ich ebenfalls als eine der konstitutiven Dimensionen des Konfliktes betrachte, wenngleich einschränkend zu bemerken ist, dass es ungeheuer schwierig ist, persönliche und generationsbedingte Spannungen, die dem skizzierten engen Vertrauensverhältnis auf dem Fuße folgten, in einer als ausgewogen geltenden und gültigen Form und Intensität in den Gesamtkontext einzubetten und in diesem im Verhältnis zu den anderen Konfliktdimensionen und Entfremdungsstadien eine angemessene Gewichtung zu finden. Kreisky wurde im Laufe der Jahre wohl von der Befürchtung gehetzt, von seinem ehrgeizigen »Kronprinzen« vorzeitig von der Macht verdrängt zu werden. Bei Shakespeare (»König Heinrich IV.«) heißt es: »Dein Wunsch, Harry, war Vater zu diesem Gedanken. Ich lebe zu lange für dich, du wirst es müde. Ist deine Begierde nach meinem leeren Thron so heftig, dass du dich meiner Vorrechte schon

anmaßest, eh deine Stunde reif ist? O törichter Jüngling! Du suchst eine Hoheit, die dich zu Grunde richten wird!« So genannte »Kronprinzen«-Schicksale, welche bekanntlich schon das Publikum im alten Hellas berauschten, spielen sich in der demokratischen Republik natürlich nicht mehr so brachial und blutig ab, wie es in der Antike der Fall war, bei den Saliern, den Staufern oder noch im Jahre 1889 im niederösterreichischen Jagdschloss Mayerling. Nicht zu leugnen ist jedoch, dass »moderne« politische Dramen nach wie vor den archaischen Spielregeln der Macht gehorchen. Auch republikanische »Thronfolger« stehen automatisch in einem Spannungsverhältnis zu den jeweiligen »Regenten« in Regierung und/oder Partei, da sie eine neue Generation verkörpern, neue Konzepte und neue Ideen. Je begabter sie sind, desto kritischer und selbstbewusster pflegen sie zu agieren. »Mir kommt diese ganze Geschichte vor wie eine griechische Tragödie«, gab Sinowatz einmal zu Protokoll, »ohne dass man so recht begreifen konnte, wie, ist letztlich jeder der Akteure schuldlos schuldig geworden.«[18]

Nochmals: 1976 war sich Kreisky seines Finanzministers »nicht mehr ganz sicher« und identifizierte Androschs Ambition auf den hochdotierten Posten des Nationalbankdirektors als »Quelle unserer Entfremdung«. Auch wenn diesem Anlassfall der Rang einer emotionalen Peripetie eingeräumt werden kann, bedarf es, um dem Ursprung ersten Misstrauens nachzuspüren, einer chronologischen Rückblende ins Jahr 1974. Am 24. April d. J. verstarb Bundespräsident Franz Jonas im Amt und bereits viele Wochen zuvor erlangte die Nachfolgefrage eine traurige und erschütternde Aktualität.[19] Jonas' bemerkenswertes Pflichtgefühl unterstreicht eine Begebenheit, von der Christian Broda erzählte: An seinem letzten Tag in der Hofburg fragte ein völlig unsentimentaler Jonas, zu dieser Stunde ganz SPÖ-Mann: »Sag mir, Genosse Broda, wie weit seid ihr im Parteivorstand mit den Überlegungen für meinen Nachfolger ...?« Spekulationen über mögliche Kandidaten für die Nachfolge waren seit Herbst 1973 angestellt worden. Jonas lebte noch, als sich die Parteien bereits die Plakatflächen für den anstehenden Bundespräsidentenwahlkampf sicherten. Unter der virtuosen Regie Kreiskys, dessen unkonventionelle Personalpolitik für viele Parteifreunde durchaus irritierend war, drehte sich das Kandidatenkarussell der SPÖ in eine höchst überraschende Richtung: Mit dem parteilosen Außenminister Rudolf Kirchschläger, der sich als das unumstrittenste Staatsoberhaupt in die Geschichte der Zweiten Republik

einschreiben sollte, wurde ein katholischer Berufsdiplomat nominiert. Dieser Entscheidung war eine innerparteiliche Diskussion vorausgegangen, die von Benya, welcher selbst als Kandidat im Gespräch war, Firnberg, Broda, Androsch und Gratz ausgelöst worden war. Dieser Kreis vertrat die Ansicht, Kreisky selbst sollte kandidieren. Gratz wurde auserkoren, den in Kärnten urlaubenden Kanzler aufzusuchen, um ihm diese Idee zu unterbreiten. In seinen Erinnerungen schrieb Kreisky sarkastisch von einem »wohlmeinenden Vorschlag ..., den ich allerdings nicht als solchen empfand.«[20] Er mutmaßte, man wolle ihn »in ein politisches Ausgedinge schieben«, und ließ sich auch mit dem Argument, dass durch dieses Szenario lediglich die SPÖ auf eine breitere Basis gestellt werden sollte, nicht besänftigen. »Seids narrisch«, soll er gegenüber Gratz bemerkt haben, »ich will ja meine Ideen durchbringen und nicht Galionsfigur sein«.[21] Johannes Kunz, der Kreisky von 1973 bis 1980 als Pressesekretär zur Seite stand, schrieb in diesem Zusammenhang: »Kreisky hat schon damals den Eindruck gehabt, man wolle ihn weghaben, und hat hier schon Gefühle der Aversion, nicht nur gegen Androsch, auch gegen Gratz entwickelt.«[22] Auch Fischer kam zu einer ähnlichen Schlussfolgerung, wenn er den Vorschlag zur Präsidentschaftskandidatur als »Baustein für Animositäten, die Kreisky zu entwickeln begann«, bezeichnet.[23]
Androschs ohnehin ausgeprägtes Selbstbewusstsein wurde mit den Jahren immer größer, sein Verhalten gegenüber Kreisky wurde fordernder, wohl auch prätentiöser. So soll es z. B. vorgekommen sein, dass dem Bundeskanzler am Telefon beschieden wurde, dass der Vizekanzler »unabkömmlich beim Tennisspielen« sei. Parallel dazu entwickelte »der Alte« ein starkes Gefühl des Misstrauens gegenüber seinem präsumtiven Nachfolger, ein Gefühl, das sich alsbald in offene Abneigung und schließlich in einen von zahlreichen Beobachtern als »alttestamentarisch« charakterisierten Hass, von dem Kreisky sich in der Folge nie mehr zu lösen vermochte, verwandeln sollte. »Es besteht kein Zweifel, dass der ›Fall Hannes Androsch‹ Bruno Kreisky als Menschen, als Politiker und als Sozialisten schwer getroffen hat«, analysierte die langjährige Abgeordnete Stella Klein-Löw. Und weiter: »Der Vater verlor seinen Sohn, auf den er große Hoffnungen gesetzt hat ... Jeder Mensch, der führend tätig ist, hat seine Achillesverse. Er kann sie nicht loswerden. Dort ist er verwundbar. Das kann die Zeit kaum ändern. Die Achillesverse Bruno Kreiskys ist das Gefühl der Verachtung und – fast muss man sagen – des Hasses gegen Hannes

Androsch.«[24] Das überaus komplexe Geflecht der zutiefst persönlichen Beweggründe dieses Zwistes, die sich im Laufe der Jahre zu einem – wenn überhaupt – nur schwer entwirrbaren Gordischen Knoten verdichteten, lag zeitweise wie ein Spinnennetz über der SPÖ. Es wäre jedoch zu einfach, anzunehmen, dass die SPÖ in zwei »verfreundete« Lager gespalten gewesen wäre – die einen in Nibelungentreue *für* Kreisky, die anderen *gegen* ihn –, vielmehr verhielt es sich so, dass sich die einzelnen Loyalitäten teilweise auch überlappen konnten. Aus Kreiskys zahlreichen einschlägigen Äußerungen ist zu entnehmen, es wurde bereits festgehalten, dass sein Vizekanzler aufgrund des »Falles Consultatio« demissionieren musste, während Androsch primär in sachpolitischen Meinungsverschiedenheiten den Keim für den Konflikt begründet sieht. Meines Erachtens handelt es sich bei beiden Interpretationen um so genannte »Deckerinnerungen«, worunter in der Psychologie Erinnerungsbilder verstanden werden, die nur einen gewissen Teil des erinnerten Ereignisses wiedergeben. Mit einem einzigen Schwerthieb, geführt von der sicheren Hand der Gewissheit, dass dieser vielleicht spannendste politische Konflikt der Republiksgeschichte primär vor dem Hintergrund »handfester« sachlicher Auffassungsunterschiede zu entschlüsseln sei, ist unser Knoten sicher nicht zu durchschlagen. Wie unverständlich der Konflikt auch für einen »Insider« wie Anton Benya war, illuminieren einige Sätze anlässlich eines Nachrufes auf Kreisky in einer Wiener Tageszeitung. Benya schrieb damals: »Kreisky war ein großer Mann. Deshalb hat mich immer gewundert, dass sein Wollen, junge Menschen in Spitzenpositionen zu bringen, aus mir nie erklärlichen Gründen vor allem bei einem, den er sehr gefördert hat, um ihn später an der Spitze der Partei zu sehen, so geendet hat. Aber es gibt Dinge, die nicht erklärbar sind.«[25]
Die sachpolitischen Differenzen zwischen Kreisky und Androsch sind speziell im Zusammenhang mit der Währungspolitik transparent geworden, wenngleich es auch in verschiedenen anderen Bereichen ernsthafte Auffassungsunterschiede gab. Auf diese vielfältigen inhaltlichen Gegensätze Bezug nehmend, erklärte Androsch gegenüber der Journalistin Hella Pick: »Währungspolitik – verschiedene Auffassungen; Finanzierung des Wohlfahrtsstaates – verschiedene Auffassungen; Energiepolitik – verschiedene Auffassungen; Verstaatlichte Industrie – verschiedene Auffassungen. Da genügt jeder einzelne Bereich für einen Konflikt; zusammen erst recht.«[26] Androsch ist der Überzeugung, dass es Kreisky »nie verwunden habe«, dass er sich in der Frage der

Währungspolitik innerparteilich nicht durchzusetzen verstand: »Im Herbst 1977 musste Dr. Kreisky mit seiner zu mir gegenteiligen Position in der Frage der Währungspolitik eine politische Niederlage hinnehmen. Er begann mich zu bekämpfen. Die Consultatio schien ihm, wie in der Folge auch der Bau des AKH, hiefür eine geeignete Möglichkeit zu sein. Dabei wurde er von Teilen der ÖVP und einigen Medien unterstützt.«[27] Androschs konsequentes Festhalten am »harten Schilling« – eine Politik, welche sich im Nachhinein auch als richtig herausstellen sollte – war vermutlich jener Dissens, den Kreisky seinem politischen »Ziehsohn« nicht »verzeihen« konnte bzw. wollte. Androschs Eigenständigkeit war Kreisky ein Dorn im Auge und nichts anderes als Verrat, da er es doch war, der den Floridsdorfer in die hohen Positionen in Staat und Partei gebracht hatte. Die Journalistin Elisabeth Horvath meinte, dass der so genannte »Androsch-Clan«, eine Bezeichnung, die für den Namenspaten im Übrigen als »Kampfbegriff« rubriziert, Kreisky unverblümt wissen ließ, dass der Kanzler von Wirtschaftspolitik keine Ahnung habe: »Im kleinen wie im großen Kreis hielten die Freunde Androschs ... mit ihrer Meinung über Kreisky nicht hinter dem Berg. Nach dem ersten Viertel zogen sie über den ›Alten‹ her und machten kund, dass nun ihre Zeit gekommen sei. Deutlich sprachen sie das auf einer Geburtstagsparty aus, die der spätere Verstaatlichtenminister Rudolf Streicher einige Zeit nach der Zwentendorf-Abstimmung gab. Was dem Regierungschef nicht verborgen bleiben konnte. Es waren die Präpotenz, das Schimpfen hinter seinem Rücken, der rüde, arrogante, aggressive Ton, den Kreisky, der nie wirklich daran geglaubt hatte, in der SPÖ groß zu werden, als unerträglich empfinden musste.«[28] Kreisky beabsichtigte zum Zwecke der Beschäftigungssicherung, welche ohne Zweifel das Credo seiner Wirtschaftspolitik schlechthin war, die Exportförderung zu forcieren und war bereit, eine der Säulen des bisherigen wirtschaftspolitischen Kurses, die »Hartwährungspolitik«, also die enge Bindung des Schillings an die D-Mark, zu fällen. »Kreisky gegen Androsch – Politik des beinharten Schillings«, titelten am 8. August 1977 die »Oberösterreichischen Nachrichten«. In diesem Sommer besuchte Androsch Kreisky auf Mallorca um ihm darzulegen, dass er als Finanzminister zurückzutreten entschlossen sei, wenn von der Hartwährungspolitik abgegangen wird. Da Androsch u. a. von Benya und Karl Waldbrunner unterstützt wurde, musste Kreisky auf einer Regierungsklausur zu Beginn der Herbstarbeit eine Niederlage hinnehmen. »Die Luft war in

dieser Sitzung so, dass man sie schneiden konnte«, erinnerte sich Androsch, Kreisky sei am Ende »völlig fertig« gewesen.[29]
Im Sommer 1978 wurde der Zwist über die Medien weitergeführt. Mallorca und das Salzkammergut, die bevorzugten Urlaubsorte der Kontrahenten, entwickelten sich zu Zentren journalistischer Aufmerksamkeit. Wechselseitige Beschuldigungen unglaublicher Schärfe füllten ab diesem Zeitraum regelmäßig die Zeitungsspalten. Kreisky stellte beispielsweise das Gerücht in den Raum, dass die Klienten der »Consultatio« von den Finanzbehörden bevorzugt behandelt werden würden, zudem gab es unterschiedliche Stellungnahmen zur Zwentendorf-Problematik und – immer wieder – zur Währungspolitik. Nach diesem Sommer setzte jene Periode ein, in welcher Kreisky gegenüber fast allen seinen Besuchern und Gesprächspartnern das Thema Androsch zur Sprache brachte; manche Beobachter konstatierten bereits eine regelrechte »Besessenheit« des Bundeskanzlers. »Wenn man mit irgendeinem eiligen Sachthema zu ihm gekommen ist«, erinnerte sich Gratz, »dann hatte man ein Problem. Wenn man nicht bereit war, ihm vorher eine Stunde lang zuzuhören, was der Hannes wieder alles angestellt hat, ist man zum Sachgespräch überhaupt nicht gekommen.«[30]
Bei Fischer ist nachzulesen, dass Kreisky am 6. Dezember 1978 im Hinblick auf die nächsten Nationalratswahlen, in welche die SPÖ mit gewohnter Geschlossenheit zu gehen trachtete, einen »Versöhnungsversuch« startete. In Vorbereitung auf eine Sitzung des Parteipräsidiums, welches sodann auch noch am gleichen Tag (um 17 Uhr) stattfinden sollte, bat Kreisky Androsch, Firnberg, Fischer, Gratz und Benya für 11 Uhr zu sich, um die Causa zu diskutieren und nach Lösungen zu suchen. Benya verstand sich während des sich über Jahre hinziehenden Konfliktes als Verteidiger Androschs, der jedoch um einen dauerhaften Ausgleich bemüht war. In einem Gespräch mit Fischer und Broda, das am 28. November stattfand, erklärte Androsch, dass Benya ihm geraten habe, nichts zu überstürzen und die Weihnachtsfeiertage bzw. Neujahr als »Abkühlphase« zu nützen. Er, Androsch, wolle diesen Rat befolgen. Der Vizekanzler gab damals zu verstehen, dass er auch zum Ausscheiden aus der Bundesregierung bereit wäre, so dies unter »ehrenvollen Bedingungen« geschähe. Er hielt es aber ebenso für möglich, dass seine angeschlagene Beziehung zu Kreisky wieder glaubhaft hergestellt werden könne, im Falle seines Verbleibs in der Regierung würde er zudem schärfere Unvereinbarkeitsbestimmungen akzeptieren, sofern diese nicht als »Lex Androsch« erstellt

würden (solche verschärften Unvereinbarkeitsbestimmungen schlug Kreisky am 6. Dezember vor). Man kam schließlich überein, Androschs Anteilsrechte an der »Consultatio« treuhändisch verwalten zu lassen, ein Vorschlag, der vom Vizekanzler selbst kam. Das für den Abend einberufene Präsidium akzeptierte einstimmig einen von Fischer und Gratz formulierten Beschlussantrag. Fischer berichtet ferner, dass es etwas später noch ein Vier-Augen-Gespräch zwischen Kreisky und Androsch gegeben habe, »das eine Basis für die politische Arbeit in den nächsten Monaten schaffen sollte, und tatsächlich entstand der Eindruck, als sei der Konflikt zwischen Kreisky und Androsch wesentlich entschärft worden«.[31] Alsbald sollte sich aber herausstellen, dass der akkordierte Vernunft-Friede nur von kurzer Dauer war und sich zwischen Kanzler und Vizekanzler bzw. Parteiobmann und Stellvertreter eine Kluft aufgetan hatte, die auch mit viel gutem Willen aller Beteiligten nicht mehr versiegelt werden konnte.

Kurz vor dem besagten Treffen – Bundespräsident Kirchschläger hatte unter Anwesenheit der Mitglieder der Bundesregierung den Arlberg-Tunnel eröffnet – ereignete sich ein Vorfall, der die ganze Dramatik des Kreisky-Androsch-Konflikts seitens des Bundeskanzlers dokumentiert: »Androsch hatte Gäste im ›Zürcher Hof‹ geladen. Er ließ sie eineinhalb Stunden warten und kam dann total besoffen herein. Er hat irgendwas gefaselt, ›du bist der Letzte‹. An diesem Abend habe ich einen Knall gespürt und bin am rechten Auge erblindet. Ich musste 1979 in die Wahl gehen als Blinder – nicht zuletzt wegen Androsch. Dann kam die Nierenkrankheit. Ich musste dialysiert werden. An all dem ist Androsch schuld, ich musste ja immer meinen Ärger, meinen Groll unterdrücken.«[32] Androsch wiederum erklärte, dass der geschilderte Vorfall auf Kreiskys drastischen Bluthochdruck zurückzuführen ist, der in Kombination mit seiner Diabetes – und hier beruft sich der ehemalige Vizekanzler auf den prominenten Internisten und Kreisky-Arzt Anton Neumayr – die Nierengefäße schädigte.[33] Androsch ist ferner auch der Überzeugung, dass sich Kreiskys angeschlagener Gesundheitszustand negativ auf dessen Persönlichkeit auswirkte. Die vielen gescheiterten Versöhnungsversuche späterer Jahre sieht er in der von vornherein ablehnenden Haltung des Altbundeskanzlers begründet, zu dessen »größten Schwächen ... wohl die sich mit zunehmendem Alter und abnehmender Gesundheit verstärkende Charaktereigenschaft der Unversöhnlichkeit« zählte.[34] Ohne verifizieren zu können, ob es tatsächlich zutrifft, dass sich Kreiskys Persönlichkeit

gegen Ende seiner politischen Karriere zu verändern begann, ist anzumerken, dass sich hohes Alter und ein schlechter Gesundheitszustand sehr wohl persönlichkeitsverändernd auswirken können; wissenschaftliche Untersuchungen belegen dies jedenfalls eindeutig.[35]
Die wichtigsten Foren und Arenen des Kreisky-Androsch-Konflikts waren nicht die unter dem Ausschluss der Öffentlichkeit tagenden Gremien der SPÖ, innerhalb derer sich noch der Olah-Konflikt abgespielt hatte, sondern vielmehr die nicht parteigebundenen Medien. In den 60er-Jahren wäre dies undenkbar gewesen, die Reihen waren damals noch so dicht geschlossen, dass innerparteiliche Konflikte, die es natürlich immer gegeben hatte, niemals mit einer derartigen Wucht und Deutlichkeit aus dem monolithischen Corpus nach außen gelangt wären. Neben Olah hatte in dieser Zeit eigentlich nur Kreisky, der später bekanntlich als »Journalistenkanzler« gefeiert wurde, die Bedeutung der Medien für die Politik erkannt.[36] Nachdem er über die Medien relativ eindeutig die Ablöse des glücklosen Parteiobmannes Pittermann gefordert hatte, führte dies sogar »zum De-facto-Hinauswurf aus der Parteizentrale in der Löwelstraße«.[37] Vor allem aber im Zuge seines Zwistes mit Androsch bediente sich Kreisky mit großem Geschick der (bürgerlichen) Zeitungen. Peter Rabl schrieb kurz nach dem Tod des Altkanzlers im »profil«: »In der Kritik an der privaten Geschäftstüchtigkeit [Androschs] trafen sich Unbehagen des Kanzlers und Rechercheergebnisse des Magazins. Helmut Voska – wie Kreisky sehr wohl wusste, kein Parteigänger der SPÖ – wurde zum intimsten journalistischen Gesprächspartner des Kanzlers in seiner Androschschlacht ...«[38] Seitens des »Androsch-Clans« wurde wiederholt unterstellt, Kreisky habe im Zusammenhang mit den inkriminierten Finanzgebarungen Androschs dem Nachrichtenmagazin »profil« einschlägige Informationen zukommen lassen, was Alfred Worm, der vormalige »Chefaufdecker« des Magazins, jedoch ausdrücklich verneint: »Er hat eher angerufen, um sich nach dem Stand der Dinge zu erkundigen, als um Informationen zu geben«.[39] Es wurde z. B. behauptet, dass eines Nachts Ferdinand Lacina, der von 1980 bis 1982 Kreiskys Kabinettschef war, das Haustor der SPÖ-Parteizentrale aufgesperrt hätte, um Chefredakteur Voska zu einem konspirativen Gespräch zu Kreisky zu führen.[40] Nach Androsch beruht diese Geschichte auf Fakten und er schildert diese wie folgt: »Verbürgt ist auch die Begebenheit, dass ›profil‹-Redakteur Helmut Voska, ehemals Mitarbeiter des ÖVP-Pressedienstes und Pressereferent von Finanzminister

Prof. Dr. Stephan Koren, am 20. August 1980 während einer abendlichen Tarock-Partie im Café Grünwald mit Hans-Paul Strobl, Erwin Rauscher, Helmut Donner und Ernst Wolfram Marboe spätabends telefonisch zu einem Gespräch mit dem SPÖ-Vorsitzenden in die Löwelstraße gebeten wurde, wo ihm von Dkfm. Ferdinand Lacina die Tür geöffnet wurde, der ihn auch durch das dunkle, leere Haus in das im zweiten Stock gelegene Zimmer des Parteivorsitzenden führte. Das Gespräch von Kreisky mit Voska diente dazu, diesen mit vermeintlichem Material auszustatten, das gegen mich Verwendung finden sollte. Nach ungefähr einer Stunde kehrte Voska mehr als verwundert zur Tarock-Runde zurück.«[41]

Den Medien bzw. einem Teil der österreichischen Medien schreibt Androsch offensichtlich einen beträchtlichen Teil der Verantwortung dafür zu, dass seine politische Karriere in dieses dramenähnliche Finale mündete. »Eine Vorverurteilung durch die Medien«, hielt er in Retrospektive fest, »kommt einer öffentlichen Hinrichtung gleich. Man muss jemanden nicht durch eine Kugel töten. Man kann dies auch mit Worten tun.«[42] Auch für Beppo Mauhart, den Freund und ehemaligen Mitarbeiter, war Androsch das Opfer einer »bedrückenden Personenhatz (Parteifeinde, Parteifreunde, politische Staatsanwälte, überforderte Richter, missionarische Journalisten und andere Zeitgenossen mit Politinteressen ... Androsch wurde endlich aus allen öffentlichen Ämtern und Funktionen hinausintrigiert. Was einem Bundeskanzler, einem Finanzminister [Herbert Salcher, Anm. C. D.], einer Journalistenclique, einem Generalsekretär nur unzureichend gelang, schaffte schlussendlich ein Einzelrichter.«[43] Androschs Konflikt mit seinem Nachfolger Salcher, der darin gipfelte, dass dieser am 2. August 1984 dem Leiter der Staatsanwaltschaft Wien persönlich eine Anzeige wegen des Verdachtes der Abgabenverkürzung übergab, die Geschäfte der »Consultatio«, deren kolportierte Querverbindung zu der in den AKH-Skandal verwickelten Firma »Ökodata«, die Finanzierung der 1975 angeschafften »Androsch-Villa«, die Selbstanzeige seines so genannten »Wahlonkels« bei der Finanzbehörde oder beanstandete Geldtransfers zwischen anonymen Konten und schwer durchschaubaren Firmenkonstruktionen können im eng bemessenen Rahmen dieses Beitrags, der um die Erhellung jener Ursachen bemüht ist, die zum Konflikt Kreiskys mit und am Ende zu dessen Trennung von Androsch führten, nicht präziser ausgeführt werden, die von Mauhart kritisierte Tätigkeit von Richter und Staatsanwälten im »Fall Androsch« ebenso wenig.

Anknüpfend an Mauharts Anklage gegen »missionarische Journalisten«, gegen eine »Journalistenclique«, ist aber noch auf die Berichterstattung zahlreicher Medien über den als zu aufwändig kritisierten »Lebensstil« Androschs einzugehen, weil gelegentlich gemutmaßt wurde, dass dieser Punkt den Entfremdungsprozess zwischen Androsch und Kreisky vorangetrieben hätte. Der Kanzler klagte wiederholt über das mimetische Verhalten seines Stellvertreters, das er wie folgt charakterisierte: »Er hat alles nachgemacht. Er hatte Maßanzüge wie ich, nur zu viele. Er hatte Maßschuhe wie ich, nur zu viele. Er hat überzogen, immer eine Drehung zu viel, wie dies so oft bei Leuten aus kleinbürgerlichen Verhältnissen, die plötzlich aufsteigen, zu beobachten ist.« Permanent wiederkehrende Berichte, Androsch besitze 108 Anzüge von exklusiven Herrenausstattern, von welchen jeder etwa 15.000 Schilling kosten würde, gingen dieser Einschätzung voraus.[44]
Nach Horvath erzählte Kreisky mehrmals von jener Begebenheit, als er im Prater zu einem Essen geladen war und dort im Gästebuch blätterte: »Da stand ununterbrochen Gratz, Androsch, Gratz, Androsch ...«[45] Androsch war hinsichtlich seines Habitus ein typischer Vertreter der »Aufsteiger«-Klasse, der es zu Ansehen und Wohlstand gebracht hatte, es jedoch nicht verstand, im Stillen zu genießen. Im Gegenteil, er stellte das, was er erreicht hatte, was er sich mit großer Begabung und Fleiß erarbeitet hatte, demonstrativ zur Schau und erzeugte auf diese Weise eine problematische Optik, u. a. auch deshalb, weil zu jener Zeit von sozialistischen Politikern noch immer ein gewisser Puritanismus erwartet wurde, ein bescheidener Lebensstil, wie er etwa von Benya vorgelebt wurde. Ein Schweizer Journalist schrieb über einen Besuch in Androschs mittlerweile abgerissener Villa: »Auf jedem Quadratmeter findet Kunst statt. Alles beste Qualität. Die Bilder, die Plattensammlung, die Stereoanlage. Ich gehe alles noch einmal durch, Stück um Stück, und eigentlich gefällt es mir. Ein Ästhet, der sich und anderen etwas gönnt.«[46]
Für Androsch steht fest, dass Kreisky im Zuge der ursprünglich sachpolitischen Auseinandersetzung versucht habe, ihn in der Öffentlichkeit zu diskreditieren, und er aus diesem Grunde massive Kritik an seinem Lebensstil geübt hatte. Der ehemalige Vizekanzler spricht Kreisky insbesondere auf Grund dessen eigenen Lebensstils das Recht ab, über ihn in diesem Zusammenhang zu urteilen: »Kreisky pflegte bekanntlich einen in höchstem Maße großbürgerlichen Lebensstil. Er wohnte in einer herrschaftlichen Villa in der Wiener Armbrustergasse

mit 5000 m^2 Park und zwei Swimmingpools zu privilegiert niedriger Miete. Er beschäftigte auch zahlreiches Haus- und Gartenpersonal. Die Flüge in Privatjets zu und von seinem Domizil auf Mallorca ... haben Unsummen an Kosten ausgemacht, die Freunde von Dr. Kreisky getragen haben. Er pflegte Maßschuhe, Maßhemden und Maßanzüge zu tragen. Im Übrigen war auch Kreisky nicht gänzlich frei von Neid, Eifersucht und Missgunst. Sein aufwändiger, großbürgerlicher Lebensstil war wenig geeignet, anderen diesbezüglich in moralisierender Weise Vorhaltungen zu machen, noch dazu unter Verwendung von tatsachenwidrigen Behauptungen.«[47] Dass Kreisky gegenüber dem Jüngeren im Laufe der Zeit ein Gefühl des Neides beschlichen hatte, wird von Kreiskys wiederkehrenden Klagen genährt, dass er selbst nur eine Mietvilla bewohnen würde, während sich Androschs Villa in dessen Eigentum befinden würde. »Diese Rivalität, dieses Bewusstsein, vom Jüngeren finanziell und lebensstilmäßig überrundet worden zu sein, nagten tief am Selbstgefühl Kreiskys und verstärkten später seine Abneigung.«[48]

Durch die Debatte über Androschs »Lebensstil« und erst recht über dessen erfolgreiche Steuerberatungskanzlei vermochte Kreisky speziell den linken Flügel der Partei sowie die Vertreter der Jugendorganisationen als Mitstreiter zu gewinnen, die ohnehin mit zunehmender Intensität die ideologische Aushöhlung durch »Technokraten« und »Nadelstreifsozialisten« beklagten, deren steter Machtzuwachs in Partei und Regierung skeptisch beäugt wurde. Als repräsentativ für die Stimmung dieser Gruppen können die nachfolgenden Ausführungen von Josef Hindels gewertet werden: »Es gibt in der SPÖ einen progressiven Traditionalismus, dessen Vertreter nicht nur alte, sondern auch junge Sozialisten sind. Sie befinden sich in einem permanenten Konflikt mit traditionslosen Praktizisten und technokratischen Machern, denen jede Beziehung zu den Kämpfen und Ideen der Vergangenheit fehlt, die Gesinnung durch Routine ersetzt haben, die den Kapitalismus nicht überwinden, sondern verwalten möchten.«[49] Auch wenn in diesem Zitat der Name Androsch nicht auftaucht, ist doch offensichtlich, wer gemeint ist. Kreisky wusste nur zu gut, dass Skandale, moralische Defizite bzw. Verhaltensdefizite einzelner Funktionäre, Politikerprivilegien und Ämterkumulierung maßgeblich zum heraufdämmernden »Unbehagen im Parteienstaat« beitrugen. Kreisky hatte stets betont, dass es »das unumstößliche Recht der Menschen in der Demokratie [sei], von den in ihr Wirkenden zu verlangen, dass sie sich anderen

Maßstäben unterwerfen als die, die sonst gelten mögen. Erst recht gilt das für Sozialdemokraten, die sich in der Vergangenheit immer besonders willig solchen Geboten unterworfen haben.«[50] An anderer Stelle bemerkte er: »Die Menschen wollen, dass die Politik viel strenger gehandhabt wird, als das vielleicht im geschäftlichen Leben üblich ist. Dieses Vertrauen ist erschüttert worden ... Ich habe mit keinem Menschen in der Partei Meinungsverschiedenheiten persönlicher Art von der Ernsthaftigkeit gehabt, wie das mit Dr. Androsch war. Uns trennt offenbar sehr vieles. Ich möchte nichts dramatisieren, aber es war Verständnislosigkeit, auf die ich stieß, als ich der Meinung war, dass ein Finanzminister nicht auch gleichzeitig Hauptbesitzer der größten Steuerberatungskanzlei des Landes sein kann. Eine solche Kanzlei, die davon lebt, dass sie Klienten berät, wie sie am besten mit dem Finanzminister reden – das muss inkompatibel sein und kann nicht akzeptiert werden. Alle Versuche einer geschmeidigen Lösung sind gescheitert, weil es da eben keine Lösung gibt. Also musste ich diese Trennung vollziehen ... Es hat zwischen dem AKH und der SPÖ keinen Zusammenhang gegeben. Wenn es einen gab, dann durch jene Leute, die diese Beratungsfirma aufgezogen haben. Solche Zusammenhänge darf es ganz einfach nicht geben.«[51]

Sätze wie diese fielen in großen Teilen der SPÖ auf fruchtbaren Boden, doch die Einschätzung, dass im Labyrinth des Kreisky-Androsch-Konflikts schwerpunktmäßig ein ideologischer Richtungsstreit ausgefochten wurde, ist nicht aufrechtzuerhalten, was schon deshalb auf der Hand liegt, weil sich innerhalb der SPÖ weltanschaulich sehr heterogene »Seilschaften« – etwa jene zwischen dem »rechten« Pragmatiker Androsch und dem »linksintellektuellen« Ideologen Broda – herauskristallisiert hatten. Damit soll allerdings nicht verneint werden, dass der exorbitant schwer rekonstruierbare Prozess der *Entfremdung* zwischen Bundeskanzler und Finanzminister auch eine ideologische Komponente beinhaltete, wesentlich scheint mir vielmehr, dass in diesem Umstand kein kausaler Gesichtspunkt der schlussendlich doch noch erfolgten *Trennung* von Androsch gesucht werden darf.

Seit Anfang 1980 begann Kreisky schließlich »ganz konkret und direkt von der notwendigen Ablöse« von Hannes Androsch zu reden. Als Kreisky am 10. April 1980 von einer Reise nach Jugoslawien zurückkehrte, wurde er von Klubobmann Fischer und Zentralsekretär Blecha am Flughafen in Empfang genommen. »In großer Erregung« nahm er die Politiker zur Seite und erklärte, »er könne so nicht weiterarbeiten, die Situation sei unhaltbar geworden, und es stehe für ihn unerschütterlich fest«, dass in der kommenden Sitzung des Parteivorstandes »reiner Tisch« gemacht werden müsse.[52] Ein am 17. April im Zusammenhang mit dem AKH-Skandal vom Nationalrat einberufener parlamentarischer Untersuchungsausschuss, zu dessen Obmann der neue FPÖ-Obmann Steger gewählt wurde, führte in diesem Monat dazu, dass eine Regierungsumbildung erwartet wurde, die Ablöse Androschs schien unmittelbar bevorzustehen. Aber wieder lavierte Kreisky und suchte abermals den Kompromiss. In einem Gespräch mit Androsch vom 21. April wurde eine »Vier-Punkte-Vereinbarung« getroffen, die u. a. bestimmte, dass die »Consultatio« keine öffentlichen Aufträge mehr übernehmen werde. Das Parteipräsidium, dessen Mitglieder sich dem Einvernehmen nach »erleichtert« zeigten, wurde am 28. April unterrichtet. Dieser Vereinbarung ging ein kurzer Brief Kreiskys an Androsch vom 15. April voraus, dessen Stil und Inhalt von einiger Relevanz ist: »... Dein Naheverhältnis zur Consultatio ist seit längerer Zeit die Ursache so vieler Missverständnisse, dass auch die eindrucksvollste Argumentation sie nicht zu beseitigen vermag ... Mir ist diese Frage, wie du weißt, seit jeher sehr wichtig erschienen und sie hat in einer ernsten Weise unsere Beziehung belastet. Ich schreibe dir diesen Brief aus tiefster Besorgnis um deine politische Zukunft. Ein direktes Gespräch hierüber habe ich bisher vermieden, weil das letzte darüber geführte in so unerfreulicher Weise vor sich ging.«[53]

Am 21. August wurde auf Verlangen der ÖVP eine außerordentliche Sitzung des Nationalrates einberufen. Es stand der Verdacht im Raum, dass Androschs Firma in die AKH-Schmiergeldaffäre verwickelt ist. Der Abgeordnete Heribert Steinbauer erhob den Vorwurf, dass es bei der Finanzierung der »Androsch-Villa« zu Unregelmäßigkeiten gekommen sei. Die »Dringliche Anfrage« beantwortete Kreisky in nicht einmal einer Minute. Niemals zuvor wurde eine »Dringliche« in so knapper Form beantwortet. Er hielt nur lapidar fest, dass einige Zeitungsberichte für ihn nicht ausreichen würden, um den Finanzminister zu entlassen, was allerdings von allen Beobachtern als Distanzierung erster Ordnung gewertet wurde. Die Freunde Androschs waren davon überzeugt, dass Kreisky der »Urheber im Hintergrund« gewesen sei. Mauhart ist der Meinung, dass der spätere ÖVP-Generalsekretär Michael Graff, der zu Kreisky »gute Kontakte« gehabt haben soll, seinem Freund Steinbauer in dieser Causa wichtige Informationen übermittelt habe.[54]

Am 3. September ging Kreisky anlässlich einer Konferenz der Bezirksobleute des Pensionistenverbandes in Linz mit einem spontan erstellten »10-Punkte-Programm« zur Sauberkeit im öffentlichen Leben und zur Trennung von Politik und Geschäft in die Öffentlichkeit, dessen Erfüllung er in ultimativer Form mit seiner eigenen politischen Zukunft verknüpfte. Obwohl viele Mitglieder des Parteivorstands und des Präsidiums Kreiskys »10 Gebote« für reichlich übertrieben hielten, wurden sie akzeptiert. Androsch ist der Auffassung, dass es das erklärte Ziel von Kreiskys diesbezüglichen »Bemühungen war, so wie mir dies Dipl.-Ing. Waldbrunner vorausgesagt hatte ... mich ›wegzubekommen‹« ... »Gegenüber Chefredakteur Dr. Chorherr vertrat er die Meinung, dass ich diese ›Gebote‹ nicht annehmen werde.«[55] Waldbrunner war es auch, der zu Androsch einmal gesagt hatte: »Hannes, geh, geh von selbst – er zermalmt dich!« Es schien so, als würde nun der Zwist zwischen Kanzler und Vizekanzler dem Finale zusteuern. Am 9. September wurde eine Sitzung des Parteipräsidiums einberufen und im Anschluss war eine Sitzung des Parteivorstandes anberaumt. Zu diesem Zeitpunkt hatte Androsch bereits ein schriftliches Rücktrittsangebot[56] abgegeben und seine Ablöse schien sicher. Aber wieder sollte es anders kommen. Die Minister Firnberg, Broda und Lausecker sowie Benya sprachen sich für einen Verbleib Androschs aus. Unterstützung fanden sie bei den Landeshauptleuten Kery (Burgenland) und Wagner (Kärnten). U. a. diese Persönlichkeiten benannte Kreisky, als er gegenüber Paul Lendvai »irgendwann im Sommer 1980« von einer »Verschwörung« gegen ihn berichtete: »Sie konspirieren gegen mich. Ist es nicht eine Verschwörung, wenn die halbe Regierung oder noch mehr Leute sich hinter meinem Rücken treffen und gegen mich intrigieren? Er will mich besiegen, aber das wird ihm nicht gelingen; die Partei, die Menschen sind doch hinter mir ...«[57] Während einer kurzen Unterbrechung der besagten Sitzung »rauften« sich die beiden Kontrahenten in einem Vier-Augen-Gespräch zusammen. Es wurde vereinbart, dass Androsch die »Consultatio« in absehbarer Zeit verkaufen solle, doch dazu sollte es nicht mehr kommen.
Obwohl die SPÖ nach außen hin Erleichterung und Zustimmung signalisierte, wurde durch diesen »faulen Kompromiss«[58], diesen »erbärmlichen Kuhhandel«[59], lediglich eine in Wahrheit unhaltbare Situation fortgesetzt, was sich auch alsbald herausstellen sollte. Es ist schwer verständlich, warum Kreisky anlässlich dieser Sitzung das Ausscheiden Androschs nicht mit allen Möglichkeiten, die ihm zur

Verfügung standen, betrieben hatte. War der innerparteiliche Druck so stark? Stellte Kreisky letzten Endes womöglich die Parteiräson über alle anderen Erwägungen? Dass er kurz darauf in einer Pressekonferenz auf die Frage, ob es ihm nicht lieber gewesen wäre, er hätte sein ursprüngliches Ansinnen hinsichtlich der »Entfernung« Androschs durchsetzen können, kontrafaktisch erklärte, dies wäre nicht der Fall, könnte ein Hinweis in diese Richtung sein. Fischer, der sich damals »wunschlos glücklich« erklärte, schrieb über die spätere Entwicklung: »Bereits im Oktober 1980 war es allerdings für die meisten Beteiligten klar, dass die Versuche, doch noch einen Modus Vivendi zu finden, endgültig gescheitert waren und dass es keinen Sinn haben würde, einen vierten, fünften oder sechsten Versöhnungsversuch zu starten. Die Aufmerksamkeit richtete sich vielmehr auf die Frage, ob und in welcher Form man dem Finanzminister eine sinnvolle Alternative zu seiner Tätigkeit in der Bundesregierung anbieten könnte.«[60] Diese Alternative wurde rasch gefunden. Am 15. Januar 1981 wurde Androsch, der am 11. Dezember 1980 dem Parteipräsidium für den Januar seinen Rücktritt angekündigt hatte, zum Mitglied des Vorstandes und zum stellvertretenden Generaldirektor der Creditanstalt-Bankverein bestellt und schon am 6. April avancierte er zum Generaldirektor. Kreisky war ursprünglich gegen dieses Arrangement, doch er musste sich beugen. ÖGB-Präsident Benya hatte gegenüber Kreisky erklärt: »Du, lieber Freund, so schickst du ihn mir nicht weg. Das ist nicht drinnen.«

Der Konflikt war damit keineswegs beendet. Nicht nur Androschs fortgesetzte Kritik an der Wirtschafts- und Finanzpolitik der Regierung bzw. seines Nachfolgers Salcher und am Bundeskanzler selbst erweckten in diesem die Befürchtung, sein verstoßener »Ziehsohn« könnte in die Regierung zurückkommen, womöglich auch als Bundeskanzler. Diese Befürchtung war nicht unbegründet, da Androsch bereits im Dezember 1980 klar gemacht hatte, dass er mit dem Wechsel in die CA nicht »automatisch von der Politik abgeschnitten« sein wolle.[61] Auch der mächtige Benya erklärte Anfang Januar 1981: »Möglich ist sicher«, dass Androsch ein Kandidat für den Parteivorsitz nach Kreisky sei.[62] Aus diesem Grunde versuchte Kreisky in den Monaten vor der Nationalratswahl die noch immer existierende Rückendeckung Androschs durch Mitglieder der Parteispitze zu Fall zu bringen. Des Bundeskanzlers diesbezügliche Emotionen werden durch ein handschriftlich verfasstes Rücktrittsangebot vom 25. November 1982 deutlich, das er jedoch nicht abschickte.[63]

Bis zu seinem Tod war das Thema Hannes Androsch für Kreisky ein bestimmendes Thema. Er konnte und wollte ihm die Hand zur Versöhnung nicht mehr reichen, offenbar waren die gegenseitig geschlagenen Wunden zu tief. Gegenüber keinem anderen Menschen, Wiesenthal ausgenommen, schien Kreisky eine so tiefe Abneigung empfunden zu haben: »Noch in seinem letzten Interview ließ der todkranke Bruno Kreisky einen archaischen Hassgesang gegen seinen ehemaligen ›Ziehsohn‹ aufsteigen.«[64]
Mit diesem Versuch einer Annäherung an den Kreisky-Androsch-Konflikt wird Neuland betreten. Ich behaupte nicht, eine endgültige, in jedem Argumentationsschritt überzeugende, alle Zweifel beseitigende Erklärung gefunden zu haben. Carl Jacob Burckhardt hat darauf hingewiesen, dass es – um vor lauter Bäumen nicht den Überblick zu verlieren – in einem dichten Wald einfach notwendig ist, Schneisen zu schlagen. Dies habe ich (ausführlich im erwähnten Manuskript) vor dem Hintergrund der Ausdifferenzierung von Entfremdungsstadien und Konfliktmuster in polyperspektivischer Form versucht, wodurch – losgelöst von Versatzstücken vorgeprägter Meinungen, persönlicher Betroffenheit, apodiktisch zum Ausdruck gebrachter »Wahrheiten« und verzerrender Eindimensionalität – eine Art multikausales Eskalationsmodell entstanden ist. Kreisky und Androsch hingegen argumentierten monokausal. Hinsichtlich der Wahrnehmung der eigenen Rolle seitens der beiden Konkurrenten ist außerdem festzuhalten, dass weder Kreisky noch Androsch einen substanziellen Teil der Schuld an diesem dramatischen Konflikt bei sich selbst gefunden hatte. Vielleicht ist deshalb am Ende ein Satz von Christian Morgenstern nicht ganz unpassend, der schrieb: »In dem Maße, wie der Wille und die Fähigkeit zur Selbstkritik steigen, hebt sich auch das Niveau der Kritik am anderen!«

9. »Ich habe es nicht notwendig, mich von ein paar Lausbuben so behandeln zu lassen!«

ZWENTENDORF, HAINBURG UND DIE FOLGEN[1]

Im Gegensatz zu anderen Staaten gelang es der österreichischen Studentenbewegung Ende der 60er-Jahre nicht, sich an die Spitze einer Massenbewegung zu setzen. Die Protestaktivitäten schienen von Anbeginn an von den Konfliktregelungsmechanismen der Sozialpartnerschaft domestiziert gewesen zu sein. Als in den großen deutschen und französischen Städten die Pflastersteine flogen, bremste eine von Integrationsneigung und Konfliktvermeidungsdenken gesättigte politische Kultur den anschwelenden Protest, dessen Höhepunkt bezeichnenderweise ein skandalisiertes, im Übrigen ziemlich primitives »Happening« war: die »Orgie« im Hörsaal 1 des Neuen Institutsgebäudes der Universität Wien. 1968 in Österreich, dies war nicht mehr als »eine heiße Viertelstunde«[2], nicht mehr als eine »zahme Revolution«[3]. Der mit einer absoluten Mehrheit ausgestatteten ÖVP stand mit der seit 1967 von Bruno Kreisky geführten SPÖ eine starke Oppositionspartei gegenüber, die Protestmotive aufzufangen verstand und so zur Entradikalisierung beitrug. Als die SPÖ 1970 die relative Mehrheit und im Jahr darauf die erste von insgesamt drei absoluten Mehrheiten bei Nationalratswahlen erreichen konnte, hatte Kreiskys politisches Ziel des demokratischen »Durchflutens aller Bereiche der Gesellschaft« für einige Jahre die aufkeimende Sehnsucht nach Mitbestimmung und Reform an die Sozialistische Partei gebunden. Nach etwa zwei Legislaturperioden allerdings war diese Integrationskompetenz hochgradig aufgebraucht, die Reformloyalität breiter Bevölkerungsgruppen versickerte, an die Stelle partieller Kooperation trat politische Gegnerschaft, welche sich zunächst an den Konflikten um die friedliche Nutzung der Atomkraft entzündete.

Im Sog der Anfang der 70er-Jahre im urbanen Raum geborenen Bürgerinitiativ- und Ökologiebewegung,[4] die es vor allem in Salzburg und Graz geschafft hatte, das politischen Establishment zur (teilweisen) Revidierung bereits gefasster Beschlüsse zu zwingen, entstand eine bunte Szene von Bürgerinitiativen, doch erst die Auseinandersetzungen um das Kernkraftwerk Zwentendorf erwies sich als »massenmobilisierender Schlüsselkonflikt von überregionaler, nationaler Bedeutung«, der zur Herausbildung einer »ausdifferenzierten Szene neuer sozialer Bewegungen« führte.[5] Zwentendorf und einige Jahre später der Konflikt um den Bau eines Donaukraftwerkes bei Hainburg gerieten zu in vielerlei Hinsicht symbolträchtigen Kristallisationspunkten der Auseinandersetzung zwischen diesen postmaterialistischen, für eine ausgeprägt antiinstitutionelle Politik stehenden neuen sozialen Bewegungen und der Logik der Fortschrittsglaube und Wachstumsdenken repräsentierenden Sozialpartnerschaft. Es standen einander gegenüber: »Wachstumsbetonung gegen Ökologiebetonung; Elitenkonkordanz gegen Populismus; Regierungsrationalität gegen Oppositionskalkül; Sozialpartnerschaft gegen neue soziale Bewegungen.«[6] Die eingespielten Konfliktlösungsmechanismen des sozialpartnerschaftlichen Elitenkompromisses hatten erstmals versagt. Mit Zwentendorf setzten soziale Lernprozesse ein, die sich mit Hainburg fortsetzten und intensivierten, viele Menschen konnten erstmals außerhalb der traditionellen Strukturen und Institutionen politische Erfahrungen sammeln, jenseits einer von Systemkonformität geprägten politischen Kultur. Mit dem Legitimations- bzw. Funktionsdefizit der Großparteien sowie der Erosion der traditionellen Sozialmilieus wuchs Ende der 70er-Jahre die Bereitschaft der Wählerschaft, nicht nur die Partei zu wechseln, sondern auch Bürgerinitiativen zu unterstützen bzw. mitzutragen, weshalb von einem politischen Paradigmenbruch gesprochen werden kann.[7] Zwentendorf und Hainburg waren »Schlüsselkonflikte« für das politische System und die politische Kultur Österreichs, die zudem an der Wiege der »Grünen« als Partei standen, welcher es gelingen sollte, die gesellschaftliche Dynamik der neuen sozialen Bewegungen politisch zu kanalisieren.

Zwentendorf

Die Diskussion um die Errichtung des Kernkraftwerks Zwentendorf hat eine lange und wechselvolle Geschichte. Bereits im Jahre 1958 wurde eine 20-köpfige Expertenkommission beauftragt, insgesamt 29 potenzielle Standorte für Atomkraftwerke einer geologisch-hydrologischen Prüfung zu unterziehen. Der Standort Zwentendorf fand zunächst keine Zustimmung, da das Gelände als nicht erdbebensicher befunden worden war, von den Experten wurde der Standort Rosenau bei Steyr favorisiert. 1968 wurde eine Kraftwerksplanungsgesellschaft gegründet, aus der 1971 eine Errichtungsgesellschaft, die »Gemeinschaftskraftwerk Tullnerfeld Gesellschaft m. b. H.«, hervorging. Anton Benya berichtete, dass Bundeskanzler Klaus ihm gegenüber 1968 erklärt hätte: »Die Zukunft gehöre der Kernenergie! ›Damit rennen Sie bei mir offene Türen ein‹, sagte ich zum Kanzler.«[8] Am 22. März 1971 fiel schließlich die Entscheidung, das erste Atomkraftwerk in Österreich nun doch in Zwentendorf zu bauen, ein zweites sollte in Sankt Pantaleon (Oberösterreich) und ein drittes in Kärnten an der Drau entstehen. Die Kosten für Zwentendorf wurden mit 5,2 Milliarden Schilling budgetiert, am 1. September 1976 sollte es in Betrieb gehen. Alle bedeutsamen politischen und ökonomischen Kräfte bejahten damals die friedliche Nutzung der Kernenergie, nur ganz vereinzelt konterkarierten warnende Stimmen diesen Elitenkonsens, der seitens der E-Wirtschaft zudem massiven medialen Flankenschutz erhielt. Ende der 60er-, Anfang der 70er-Jahre, als die Wachstums- und Fortschrittsgläubigkeit noch ungebrochen war, hatte das Thema »Umwelt« in der Öffentlichkeit noch keinen relevanten Stellenwert. Die Anliegen der deklarierten AKW-Gegner jener Jahre, die als »eher apolitisch mit überwiegend konservativer Grundhaltung«[9] eingeordnet werden können, wurden marginalisiert, nicht selten auch belächelt. Erst die auf Vorarlberg fokussierten Proteste gegen den geplanten Bau des grenznahen Atomkraftwerkes Rüthi in der Schweiz und der erfolgreiche Widerstand gegen das zweite geplante Kernkraftwerk in Sankt Pantaleon verliehen der Anti-AKW-Bewegung gesamtösterreichische Gewichtung. Die von oberösterreichischen AKW-Gegnern gegründete »Bürgerinitiative gegen Atomgefahren« hatte das demokratiepolitische Neuland direkter Bürgerbeteiligung betreten und mit der Forderung nach Einbindung der Betroffenen, worunter alle wahlberechtigten Bürger verstanden wurden, wichtige Impulse gegeben. An die Seite der von überwiegend konservativen, älteren Aktivisten getragenen Naturschutzorganisationen traten nun auch politisch teilweise sehr weit links orientierte Studenten. Es entstanden Ansätze einer »Gegenöffentlichkeit«, deren Träger sich durch Flugblätter, Informationsstände und Kundgebungen ebenso bemerkbar zu machen verstanden wie durch Unterschriftensammlungen und Diskussionsveranstaltungen.

Angesichts dieses Gegenwindes in Oberösterreich sowie der bevorstehenden Nationalratswahl ging die Kreisky-Administration, der die überregionale Dimension der Problematik klar geworden war, im Frühjahr 1975 in die Offensive. Eine bundesweite Informationskampagne unter Einbindung nationaler und internationaler Experten, welche u. a. im Rahmen von Podiumsdiskussionen die Pro- und Kontraargumente erläutern sollten, wurde ins Leben gerufen. Die offenen Fragen der Erdbebensicherheit des Standortes Zwentendorf und der Endlagerung des radioaktiven Abfalls konnten allerdings nicht befriedigend geklärt werden. Im Zentrum des Interesses stand also nun das beinahe fertig gestellte Kernkraftwerk in der niederösterreichischen Gemeinde Zwentendorf, gegen dessen Inbetriebnahme die als Reaktion auf Kreiskys Informationskampagne aus verschiedenen Anti-AKW-Gruppierungen und engagierten Einzelpersonen 1976 entstandene »Initiative Österreichischer Atomkraftwerksgegner« (IÖAG) mobil machte. Obwohl innerhalb des Lagers der Kernkraftgegner beträchtliche Gegensätze zwischen linken und konservativen Aktivisten existierten, die im Sommer 1978 zur Gründung eines weiteren Dachverbandes, der »Arbeitsgemeinschaft NEIN zu Zwentendorf« (ARGE), führten, war das notwendige einheitliche Auftreten gegenüber den staatlichen Autoritäten gewährleistet. Viele jugendliche Kernkraftgegner, katholische und maoistische Studenten, die »Neue Linke«, regional Betroffene, Initiativen wie »Mütter« oder »Ärzte« gegen Atomkraft, einzelne Wissenschaftler und Publizisten, sie alle verliehen der österreichweiten Bewegung die notwendige Breite und Verankerung.
Obwohl die Entscheidung für die friedliche Nutzung der Kernkraft bzw. für Zwentendorf als geeigneten Standort in der Zeit der ÖVP-Alleinregierung gefallen war und die oppositionelle Volkspartei ihre Auffassung nicht grundsätzlich geändert hatte, verlangte sie nun, dass die SPÖ alleine die »volle Verantwortung« für die Inbetriebnahme für Zwentendorf übernehmen solle. Kreisky hingegen wollte die Verantwortung mit der ÖVP teilen und eine gemeinsame Entschließung des Nationalrates herbeiführen, doch dabei machten die Christdemokraten unter ihrem Obmann Taus, der entgegen den nachdrücklich vorgetragenen Interessen des Wirtschaftsflügels der eigenen Partei deren Oppositionsprofil zu stärken versuchte, nicht mit. Während die FPÖ »beim derzeitigen Stand der Technik« eine eindeutig kernkraftkritische Auffassung vertrat, blieb die Haltung der ÖVP vage. »Initiiert von Josef Taus, der als der große Realist in der Politik galt«, erinnerte

sich Kreisky in seinen Memoiren, »sollte die Meinungsbildung über Atomkraft zur Parteienfrage gemacht werden, mit dem Ziel, die ununterbrochene Kette sozialistischer Erfolge zum Reißen zu bringen ... Ich bin überzeugt, dass Taus gar kein Gegner der Atomenergie war, sondern dieses Thema einfach als politischen Schlagstock verwenden wollte.«[10] Nach den Worten von Herbert Krejci, des damaligen Pressereferenten und späteren Generalsekretärs der Industriellenvereinigung, soll Taus am 1. Mai 1978 in einer Sitzung wörtlich gesagt haben: »Wenn mir das ein paar zusätzliche Stimmen bringt, bin ich entgegen meiner ökonomischen Überzeugung, dass die Kernenergie richtig ist, dafür, dass wir gegen die Kernenergie abstimmen.«[11]

Im Übrigen bemühte die IÖAG Argumente, die eindeutig gegen die Spielregeln der repräsentativen Demokratie, insbesondere »gegen den Parlamentsentscheid«, gerichtet waren. »Parlamentsdebatte über AKW ist ein betrügerischer Schmäh«, lautete etwa eine der Parolen. Die Ziele der dritten großen Demonstrationen 1977/78 waren nicht zufällig das Parlament und das Bundeskanzleramt am Wiener Ballhausplatz. Als Kreisky von der Leiterin einer Delegation, die er widerwillig vorgelassen hatte, vor den laufenden Kameras des ORF aufgefordert wurde, er möge persönlich vor den Demonstranten zu deren Forderungen Stellung beziehen, »wie es die Pflicht eines Volksvertreters ist«, ließ der Bundeskanzler seinem Unmut freien Lauf: »Das ist eine ad hoc einberufene Demonstration von Leuten, die in keinster Weise das österreichische Volk repräsentieren. Dennoch bin ich bereit, eine Deputation von höchstens zehn Personen zu empfangen und über diese Fragen mit ihnen zu reden, ruhig zu reden, wie es sich bei einer so ernsten Frage gehört, aber nicht unter dem Gejohle und Geschrei von Leuten, die das jetzt schon eine Stunde lang praktizieren. Ich habe diese Absicht nicht und ich werde mich einem solchen Druck nicht beugen. Das sind die Methoden, die von terroristischen Gruppen angewendet werden, dem beuge ich mich nicht. Und Sie, gnädige Frau, gehören mit zu den Missbrauchten, die sich hier mit Leuten zusammentun, die für etwas ganz anderes demonstrieren als für das, was sie vorgeben zu tun. Ich habe es nicht notwendig, mich von ein paar Lausbuben so behandeln zu lassen.«[12]

Der Umstand, dass die Regierung die Brennstäbe für das Atomkraftwerk zunächst heimlich anliefern wollte und schließlich trotz der fortdauernden Proteste der Kernkraftgegner, welche die Zufahrtswege versperrt hatten, Hubschrauber einsetzte und den Transport gewissermaßen »über die Köpfe der Demonstranten hinweg« durchführte, war natürlich Wasser auf den anti-repräsentativdemokratischen Mühlen der als basisdemokratisches Experimentierfeld reüssierenden IÖAG. Selbst innerhalb der SPÖ regte sich vereinzelt Widerstand gegen Zwentendorf, speziell innerhalb der Jugendorganisation. Einer der Aktivisten des Komitees »Sozialisten gegen Atomenergie« war ausgerechnet Kreiskys Sohn Peter, dessen Gattin Eva, die heute Politikwissenschaft an der Universität Wien lehrt, erzählte, dass sie und ihr Mann auf Grund ihres diesbezüglichen Engagements vom verärgerten Kreisky für etwa ein halbes Jahr vom familiären Mittagstisch verbannt worden sind. Nachdem es bereits zu Zusammenstößen zwischen Demonstranten und der Polizei gekommen war und im Nationalrat keine Parteieneinigung erzielt werden konnte, nahm Kreisky den von ihm ursprünglich abgelehnten Vorschlag zur Abhaltung einer Volksabstimmung auf und entschloss sich, gegenüber dem Parteivorstand der SPÖ eine diesbezügliche Empfehlung abzugeben. Diesen Schritt kündigte er zuvor Hannes Androsch, Heinz Fischer und Leopold Gratz an, die Kreisky auf dessen Wunsch hin einen Krankenbesuch im Wiener AKH abstatteten, wo der Kanzler wegen eines Gallenblasenleides operiert worden war: »Ich habe über die Zwentendorffrage sorgfältig nachgedacht. Ich halte es für falsch, das Kraftwerk nicht in Betrieb zu nehmen und viele Milliarden Schilling beim Fenster hinauszuwerfen. Das wird auch die Bevölkerung nicht verstehen. Ich halte es aber ebenso falsch, dass Projekt durchzutrumpfen, wie sich der Toni Benya das vorstellt, und die ÖVP aus ihrer Verantwortung zu entlassen. Ich mache euch aber einen Vorschlag als Ausweg: Wir machen ... eine Volksabstimmung. Die Mehrheit der Bevölkerung wird sicher dafür sein und das muss dann auch die ÖVP zur Kenntnis nehmen, ob es ihr passt oder nicht.«[13] Über die Motive Kreiskys schrieb Fischer, der 1978 die Funktion des Klubobmanns innehatte, dass »bei Zwentendorf der psychologisch interessante Fall vor[lag], dass Kreisky persönlich eine Entscheidung für die Inbetriebnahme von Zwentendorf für richtig hielt, sie aber nicht mit jener Unbedingtheit und inneren Sicherheit anstrebte wie andere Projekte, sondern oft in einer Art und Weise zögerlich und unklar war, dass er der Emotionalität der Kernkraftwerksgegner beachtliche Entfaltungsmöglichkeiten einräumte.«[14] Nach seinem Rücktritt als Bundeskanzler änderte Kreisky seine Haltung zur Atomkraft fundamental. Im dritten Teil seiner Memoiren hielt er glaubhaft fest, dass er hinsichtlich der Atomfrage »einen totalen Sinneswandel, der bereits vor Tschernobyl erfolgte«, durchgemacht und sich »mit dem Ausstieg aus der Atomenergie in höchstem Maße angefreundet« habe.[15] Sein Sohn bestätigte dies: »Ein Symptom für seinen Wandel in der ökologischen Frage war ... die öffentlich vollzogene Revision seiner Position zur Atomenergie und sein Plädoyer für die Öffnung der Sozialdemokratie gegenüber der Grünbewegung in der größten schwedischen Tageszeitung ›Dagens Nyheter‹. Die Befreiung von politischen Rollenzwängen trug sicherlich dazu bei, dass er seine traditionelle Wachstumsposition relativierte.«[16]

Einerseits war Kreisky 1978 von der Auffassung getragen, dass auf Grund der Meinungsumfragen, die eine sichere Mehrheit für die Inbetriebnahme von Zwentendorf prognostizierten, die Abstimmung in seinem Sinne ausgehen würde, andererseits wollte er vermeiden, dass das sensible und höchst kontroversiell diskutierte Thema Atomkraft den Wahlkampf im Vorfeld der für 6. Mai 1979 anstehenden Nationalratswahlen beherrschen würde. Seitens der Bundesregierung wurde im Sinne des § 2 Abs. 1 des Volksabstimmungsgesetzes 1972 der 5. November 1978 als Tag der Abstimmung festgesetzt. Die Volksabstimmung als eine Option der direkten Demokratie sollte in diesem Zusammenhang zur Hebung der Legitimationsbasis einer vom System der repräsentativen Demokratie gesetzten Entscheidung dienen.[17] Nach Art. 44 Abs. 3 der Bundesverfassung kann eine Volksabstimmung nur über einen Gesetzesbeschluss des Nationalrats, und zwar nach Beendigung des Verfahrens, jedoch vor der Kundmachung, durchgeführt werden. Sie ist vom Bundespräsidenten auf Vorschlag und unter Gegenzeichnung der Regierung anzuordnen. Am 5. November wurde also über das bereits am 7. Juli beschlossene Bundesgesetz »über die friedliche Nutzung der Kernenergie in Österreich (Inbetriebnahme des Kernkraftwerkes Zwentendorf)« abgestimmt.[18] Im Gegensatz zum Volksbegehren und der Volksbefragung ist das Ergebnis einer Volksabstimmung bindend. Kreisky hatte im Vorfeld des Plebiszits sein ganzes politisches Gewicht in die Waagschale geworfen, was insbesondere seine Bemerkung, »ich möchte nicht sagen, dass ich nicht zurücktrete, wenn die Atomvolksabstimmung mit Nein ausgeht«, illustriert. »Kronprinz« Hannes Androsch sprach sich gegen eine Junktimierung von Abstimmungsergebnis und möglichem Rücktritt aus, was Kreisky mit der ablehnenden Bemerkung quittiert haben soll, dass er selbst es sei, der über seine politische Zukunft zu bestimmen habe.[19] »Im Sommer 1978 durchgeführte Umfragen«, schrieb

Kreiskys ehemaliger Pressesekretär Wolfgang Petritsch, »signalisierten eine sechzigprozentige Zustimmung. Als Kreisky jedoch im Lauf des Herbstes – gedrängt von Benya – aus der Abstimmung über Zwentendorf eine ›Vertrauensfrage‹ machte und sein politisches Schicksal damit zu verbinden schien, kippte die Mehrheit.«[20] Die Volksabstimmung ausschließlich als eine Sachentscheidung im Sinne eines Ausstiegs aus der Kernenergie zu deuten wäre falsch, sie war auch eine persönliche Niederlage des Regierungschefs. Der ÖVP eröffnete sich jedenfalls zu diesem Zeitpunkt eine strategische Nische, die nicht zu besetzen aus taktischen Gründen tatsächlich unklug gewesen wäre, denn ohne ihr eigenes Zutun ergab sich plötzlich die einmalige Chance, einen bei Wahlen bisher stets überlegenen Mitbewerber quasi über Nacht »wegzubekommen«.

Die Volksabstimmung brachte schließlich folgendes Ergebnis: Bei einer relativ geringen Wahlbeteiligung von 64,12 Prozent sprachen sich 49,53 Prozent für »Ja« und 50,47 Prozent für »Nein« aus. Am nächsten Tag bot Kreisky im Parteipräsidium verklausuliert seinen Rücktritt an, doch diese Option war wohl ohnehin von Anfang an ein Akt der Courtoisie. Er erklärte, dass er die Funktion des Bundeskanzlers nun bereits seit mehr als acht Jahren ausübe, und »irgendwann müsse dieser Wechsel an der Spitze der Regierung ja ohnehin stattfinden, also warum nicht jetzt gleich aus diesem Anlass?« Die anschließende Wortmeldung Benyas brachte die Haltung der Parteispitze auf den Punkt: »Bruno, den Gedanken kannst auf jeden Fall eingraben!«[21] Als sich auch alle anderen Redner in diesem Sinne ausgesprochen hatten, hielt Kreisky fest, dass er zur Fortführung seiner Tätigkeit bereit sei, doch er müsse in diesem Falle größere innerparteiliche Vollmachten erbitten. Tatsächlich wurde Kreisky eine so genannte »Generalvollmacht«, »rasche und eindeutige Entscheidungen zu treffen, wenn diese erforderlich seien«, ausgestellt, deren Anspruch und Umfang allerdings zu keinem Zeitpunkt exakt ausdifferenziert wurde. In Teilen der Öffentlichkeit und seitens der ÖVP wurde dieses Zugeständnis jedoch umgehend zur »Allmacht« Kreiskys stilisiert, der freilich ungeachtet seines enormen, auf beeindruckenden Wahlsiegen und persönlicher Autorität basierenden Spielraums innerhalb der SPÖ zu keinem Zeitpunkt »allmächtig« war. Seitens der Presse wurde gemutmaßt, Kreisky hätte sich mit seinen neuen Vollmachten auch einen größeren Freiraum in seinem Kampf gegen Androsch geschaffen.

Um dem Mehrheitswillen der Bevölkerung zu entsprechen, erteilte

Kreisky bereits einen Tag nach der Abstimmung den Auftrag, ein »Atomsperrgesetz«[22] auszuarbeiten, womit gleichzeitig eine Entpolitisierung der heiklen Kontroverse dekretiert wurde. Auf diese Weise und auf Grund der unklugen Strategie der ÖVP, deren Propaganda den Kanzler zum »Superkreisky« machte, »zum stärksten Kreisky, den es je gab« (Fischer), konnte dieser die Initiative rasch zurückgewinnen und relativ unbeschadet in die »Wahlbewegung« für den 6. Mai 1979 gehen. An diesem historischen Tag feierte die SPÖ mit 51,03 Prozent der gültig abgegebenen Stimmen den größten Wahlerfolg ihrer Geschichte. Die »Ära Kreisky« hatte ihren Höhepunkt erreicht.
In der Zeit der »kleinen Koalition« SPÖ – FPÖ (1983–1986) kehrte das Thema »Zwentendorf« auf die politische Tagesordnung zurück. Zwar wurde das Thema Kernenergie im Regierungsprogramm ausgespart, doch der Druck der Sozialpartner, deren Intentionen sich durchaus mit den Absichten von Bundeskanzler Sinowatz trafen,[23] das Atomsperrgesetz durch ein neues Referendum aufzuheben, führte am 21. März 1985 im Nationalrat zu einer Abstimmung darüber. Da dieses Gesetz für die Durchführung einer Volksabstimmung zur Aufhebung der Atomsperre eine Zweidrittelmehrheit im Nationalrat vorsah und die ÖVP im Vorfeld angekündigt hatte, gegen die Aufhebung zu stimmen, verwunderte es nicht, dass der SPÖ-Initiativantrag nur eine hauchdünne Mehrheit von 91 Stimmen erzielen konnte, 90 Abgeordnete hatten dagegen gestimmt. Und dennoch: »Die SPÖ hatte ihren psychologischen Sieg ... Die FPÖ hatte vermieden, gemeinsam mit der ÖVP der SPÖ eine Niederlage zuzufügen. Die knappe Mehrheit für die SPÖ-Position war somit allen recht, tat niemandem weh.«[24]
Der Schlussstrich unter das Kapitel »friedliche Nutzung der Kernenergie in Österreich« wurde im Jahre 1986 gewissermaßen von außen gezogen, die nach Westen driftende radioaktive Wolke der Reaktorkatastrophe von Tschernobyl, welche die Verstrahlung eines Gebietes verursacht hatte, das zweieinhalbmal so groß wie Österreich ist, finalisierte den energiepolitischen Paradigmenwechsel.

Hainburg

Nach dem Verlust der absoluten Mehrheit bei den Nationalratswahlen vom 24. April 1983 nahm Kreisky seinen Abschied von der Macht. Da er als Parteivorsitzender erst im Herbst zurücktrat, führte er noch die Koalitionsverhandlungen, die relativ rasch zu der von ihm präferierten Zusammenarbeit mit der FPÖ führten. Diese »kleine Koalition« stand

vorerst noch ganz im Schatten der »Ära Kreisky« und wurde von dieser geprägt, erst mit der überraschenden Regierungsumbildung der sozialistischen Fraktion setzte Sinowatz Anfang September 1984 den entscheidenden emanzipatorischen Akt. Kreisky, der sich der Parteispitze immer mehr entfremdete, war über die Abberufung »seiner« Minister Erwin Lanc und Herbert Salcher schwer verstimmt und führte Klage darüber, in welcher Art »hervorragende Funktionäre der Partei in die Wüste geschickt wurden«. Dass mit dem späteren Bundeskanzler und Parteivorsitzenden Franz Vranitzky, der die SPÖ-FPÖ-Koalition nach der Wahl Jörg Haiders zum FPÖ-Vorsitzenden schließlich beenden sollte, ausgerechnet ein ehemaliger enger Mitarbeiter Androschs die Nachfolge Salchers antrat, nährte das ohnehin ausgeprägte Misstrauen Kreiskys noch zusätzlich. In der Öffentlichkeit wurde die »kleine Koalition« jedenfalls nicht als Partnerschaft zweier Parteien, sondern »als Regierung der Sozialdemokratie mit einem Appendix interpretiert«[25], was der »Fall Hainburg« besonders exemplarisch vor Augen führte. Als Akteure wurden in diesem »heißen Winter« 1984 nur die sozialistischen Regierungsmitglieder wahrgenommen, vor allem Sinowatz und Innenminister Karl Blecha machten deutlich, dass sie ihre Zuständigkeit in erster Linie nicht als Spitzenpolitiker der Koalition, sondern der SPÖ wahrnehmen würden. Die Entscheidung, Hainburg letzten Endes doch nicht zu bauen, war eine Entscheidung der SPÖ-Spitze, der Koalitionspartner FPÖ wurde in diese Entscheidung nicht mit eingebunden.
Ähnlich wie bei »Zwentendorf« ist bei »Hainburg« eine mehrjährige Vorgeschichte zu konstatieren. Obwohl die »Österreichische Donaukraftwerke AG« (DOKW) bereits in den 50er-Jahren neben anderen Laufkraftwerken an der Donau eine Staustufe bei Hainburg geplant hatte, setzte die konkrete Planung erst 1981 ein. Davor wussten regionale Umweltaktivisten bereits auf die Gefahr der Landschaftszerstörung hinzuweisen und die ortsansässigen Bürger zu sensibilisieren. Informationsveranstaltungen, Unterschriftensammlungen und Vorsprachen bei Politikern begleiteten diese frühen Bemühungen der Auschützer. Die landschaftliche Attraktivität der Auwälder östlich von Wien war damals weitestgehend unbekannt, »Hainburg« war den meisten Österreichern kein Begriff. Doch dieser Umstand sollte sich in kürzester Zeit ändern. Im Herbst 1982 bewilligte der World Wildlife Fund (WWF) ein mit 80.000 Schweizer Franken dotiertes Projekt zur Rettung der Auwälder östlich von Wien. Karl Wagner, einer der

Projektleiter, schrieb, dass unmittelbar danach Gespräche mit der »Kronen Zeitung« geführt wurden, »in denen das Interesse von Herausgeber und Redaktion an einer massiven Kampagne zur Rettung der Donauauen geweckt werden sollte«.[26] Das Kraftwerk bei Hainburg hatte zu diesem Zeitpunkt bereits Eingang in das staatliche Energiekonzept von 1981 gefunden und war Bestandteil der Regierungserklärung von 1983: »Es besteht Übereinstimmung, das Donaukraftwerk im Raume von Hainburg zu bauen.« Die ÖVP positionierte sich in dieser Frage ganz bewusst nicht eindeutig, sie betrieb eine durchschaubare »Doppelstrategie«[27], indem sich einzelne Vertreter der Oppositionspartei für und andere gegen Hainburg aussprachen. Im Februar 1983 startete die »Rettet die Auen«-Kampagne des WWF, wobei in der Folge die möglichen ökologischen Auswirkungen von Laufkraftwerken auf Auwälder wissenschaftlich untersucht wurden. Die Auschützer kritisierten, dass die verantwortlichen Politiker entgegen deren Beteuerungen kein Interesse an einer sachbezogenen Debatte hatten, sondern nur stereotyp die Argumente der Kraftwerksbefürworter wiederholten, die sich eine »Bewilligungsargumentation« zurechtgelegt hätten: »Sie behaupteten, durch die fortschreitende Tendenz der Sohleneintiefung der Donau wären die Auwälder bereits jetzt am Austrocknen; nur ein Kraftwerk und begleitende Dotierungsmaßnahmen könnten die Auwälder retten ... Quintessenz: Die Kraftwerksbauer sind die wahren Umweltschützer.«[28]
Ende Juli 1983 setzte die Kampagne der »Kronen Zeitung« ein, zwei Monate später konstituierte sich als Zusammenschluss von 20 Umweltschutzgruppen, Naturschutzgruppen und Bürgerinitiativen, die in ihren Anliegen von der Österreichischen Hochschülerschaft massiv unterstützt wurden, die »Aktionsgemeinschaft gegen das Kraftwerk Hainburg«. Deren Mitglieder trafen sich seit September einmal wöchentlich im Wiener Café »Votiv«, um die weitere Vorgehensweise zu akkordieren. Nicht zuletzt auf Grund der umfangreichen Berichterstattung der Medien hatte sich »Hainburg« zu einem genuinen Politikum gewandelt. Die naturschutzrechtliche Bewilligung für den Kraftwerksbau fiel in den Kompetenzbereich des zuständigen Mitglieds der niederösterreichischen Landesregierung (Landesrat Ernest Brezovsky, SPÖ), die Wasserrechtsbewilligung und die »Erklärung zum bevorzugten Wasserbau« war Angelegenheit des zuständigen Mitglieds der Bundesregierung (Günter Haiden, SPÖ). Am 22. Dezember erteilte Haiden, gegen den die »Kronen Zeitung« im Vorfeld

eine Kampagne entfacht hatte, die »Bevorzugungserklärung«, welche dann vom WWF beim Verfassungs- und Verwaltungsgerichtshof angefochten wurde. Zur Erklärung ist anzumerken, dass sich im Falle der Erklärung eines Kraftwerksprojekts zum bevorzugten Wasserbau das bundesbehördliche Bewilligungsverfahren vereinfacht und »das Projekt als solches gleichsam unangreifbar« macht.[29] Die Auschützer stellten ihre Plattform nun auf neue Beine und scharten sich um einige Prominente wie den Maler Friedensreich Hundertwasser und den Publizisten Günther Nenning. Die Idee eines überparteilichen Personenkomitees wurde vom »Konrad-Lorenz-Volksbegehren« (»KLV«) übernommen.[30] Anlässlich dessen öffentlicher Vorstellung im Mai 1984 wurde eine prinzipielle »Wende« in der Energie- und Umweltpolitik urgiert und der Unwille der »Machthaber«, die Bevölkerung in politische Entscheidungsprozesse zu integrieren, an den Pranger gestellt. Die äußere Form der Präsentation, die etwas schmeichelhaft als expressiv charakterisiert werden kann, diente sich spielerisch-symbolhaft der massenmedialen Öffentlichkeit an. Um auf die Bedrohung durch den Kraftwerksbau hinzuweisen, hatte sich ein Teil der Initiatoren als Tiere verkleidet und zu einer »Pressekonferenz der Tiere« geladen. Insbesondere der omnipräsente »Au-Hirsch« Günther Nenning ist vielen in Erinnerung geblieben, der gewissermaßen als »Leittier« fungierte, und dies nicht nur an der Spitze eines »Zuges der Tiere«, welcher sich nach der Pressekonferenz unter Führung einer Weinhauerkapelle zum Stephansplatz aufgemacht hatte, wo bei Gratiswein gesungen und getanzt wurde. Das Motto lautete: »Hainburg muss gerettet sein, drauf trink ma jetzt a Glasl Wein!«[31]

Obwohl zuvor drei Bezirkshauptmannschaften negative Bescheide erlassen hatten, erließ Brezovsky am 26. November 1984 zum Entsetzen der Kraftwerksgegner einen positiven Bescheid im Zusammenhang mit der naturschutzrechtlichen Genehmigung. Tags darauf besetzten Hunderte Studenten das niederösterreichische Landhaus, um auf diese Weise gegen den Bescheid zu protestieren. Innenminister Karl Blecha wurde von Repräsentanten des »KLV« 10.000 Unterschriften gegen den Bau des Kraftwerks überreicht. Dessen ungeachtet erteilte Haiden am 6. Dezember die wasserrechtliche Genehmigung. Da in der Regierung Einigkeit darüber herrschte, dass eine Verschiebung des Baubeginns nicht infrage kommen würde, weil die notwendigen Rodungsarbeiten nur im Winter durchgeführt werden könnten, ging der Konflikt in die entscheidende Phase. Am 8. Dezember fand die vom »KLV« bereits seit längerer Zeit in Aussicht gestellte, von beinahe 8000 Menschen getragene »Sternwanderung« in die Hainburger Au statt, in deren Rahmen zum »gewaltfreien Widerstand« gegen die Rodungen aufgerufen wurde. Gegen Landesrat Brezovsky, *dem* Feindbild der Aktivisten schlechthin, wurde eine Anzeige wegen Amtsmissbrauch angekündigt. Als am Montag, dem 10. Dezember, die ersten Baumaschinen anrollten, waren die Zufahrtswege zur Stopfenreuther Au bereits von den schon in der Nacht mit Schlafsäcken und Zelten eingetroffenen Kraftwerksgegnern besetzt worden. Obwohl das Betreten des Auwaldes verboten war und bei Zuwiderhandlung 3000 Schilling Geldstrafe oder 14 Tage Arrest drohten, wurden die Rodungsarbeiten bzw. die Schlägerung der Bäume trotz massiver Polizeieinsätze verhindert. An diesem Tag kam es zu drei Verhaftungen und den ersten Verletzten. Medienberichte über einen »brutalen Polizeieinsatz« führten dazu, dass im Laufe des nächsten Tages insgesamt etwa 4000 Demonstranten in der Au vermutet wurden. Da die zwei Rodungsversuche erfolglos blieben, wurde von den Verantwortlichen das Gespräch mit Vertretern des »KLV« gesucht und eine viertägige Unterbrechung der Rodungsarbeiten verkündet.

Am 14. Dezember fand im Parlamentsgebäude eine Aussprache von Regierungsmitgliedern mit einigen Aktivisten statt, eine Annäherung der Standpunkte konnte allerdings nicht erzielt werden. »Freda Meissner-Blau und andere Vertreter der Kraftwerksgegner benahmen sich bei dieser Aussprache äußerst emotionalisiert und drohten unter anderem, sich vor Bagger und Baumaschinen zu werfen und ›eher zu sterben als zu weichen‹, sodass die Regierung ›mit der Schuld an dem vergossenen Blut belastet‹ sein werde«, erinnerte sich ein Teilnehmer.[32] Meissner-Blau, die spätere Bundespräsidentschaftskandidatin und Spitzenkandidaten der »Grünen Alternative« bei den Nationalratswahlen 1986, war zu diesem Zeitpunkt noch Mitglied der SPÖ, die später ein Schiedsgerichtsverfahren gegen sie einleitete, weil sie Brezovsky als »Umweltverbrecher« beschimpft hatte. Wenige Tage nach dem genannten Gespräch, am 19. Dezember, wurde diese Gruppe mit Meissner-Blau an der Spitze auch von Bundespräsident Kirchschläger empfangen. Da Kirchschläger sich den Argumenten der Auschützer nicht anschloss, verließ eine entrüstete Meissner diese Unterredung frühzeitig und erklärte, sie sei vom Bundespräsidenten, der nur »Sonntagsreden« halten würde, »schrecklich enttäuscht«. Zwei Tage zuvor, es war erneut zu einem erfolglosen Rodungsversuch gekommen, hatten sich an die tausend Gewerkschafter, Betriebsräte der betroffenen Branchen, getroffen und für ebendiesen 19. Dezember eine »Arbeiterdemonstration« bzw. einen »Demonstrationszug« zum Baugelände angekündigt. Diese Demonstration, die leicht zu einem fatalen Aneinandergeraten von Arbeitern und Studenten und damit zu einem blutigen Ende führen hätte können, wurde auf Grund eines nach dem Ministerrat vom 18. Dezember anberaumten Gespräches führender SPÖ-Politiker mit einem »sehr aufgebrachten ÖGB-Präsidenten Benya« abgesagt. Benya warf in die Auseinandersetzung um die Errichtung des Kraftwerkes sein gesamtes politisches Gewicht in die Waagschale, das schlussendlich aber doch nicht ausreichte, um die Regierungslinie in seinem Sinne zu gestalten.

In der besagten Ministerratssitzung hatte Sinowatz festgehalten: »Die Bundesregierung wird weiterhin versuchen, ohne Gewaltanwendung vorzugehen, aber sie wird sich auch nicht der Gewaltanwendung von Demonstranten beugen und zulassen, dass Entscheidungen nicht mehr von Regierung und Parlament getroffen werden, sondern durch Demonstrationen, Blockaden und Besetzungen.«[33] Blecha fügte diesen Ausführungen hinzu, dass die Exekutive auf massiven organisierten Widerstand dieser Art nicht ausreichend vorbereitet sei. Trotzdem wurde für den 19. Dezember Räumungsbefehl gegeben. Unter massivem Einsatz der Sicherheitskräfte, deren nicht zimperliches, teilweise brutales Vorgehen gegen die Demonstranten, welche die Nationalhymne sangen und die österreichische Fahne schwenkten, nun zahlreiche Verletzte forderte und die »Kronen Zeitung« dazu bewog, von der »Schande von Hainburg« zu schreiben, wurde ein Areal etwa von der Größe eines Fußballplatzes gerodet. Beispielhaft sollen hier zwei kurze Augenzeugenberichte wiedergegeben werden: »[Ein] Mädchen wurde ziemlich brutal zusammengeschlagen. Nach der dritten Räumungsaufforderung ist ein richtiger Schlägertrupp (Stahlhelm, Gummiknüppel) losgezogen. Die haben ein Mädchen hinausgezerrt, einer hat auf die eingeschlagen, zwei andere haben sie gehalten ... Dann haben sie das Mädchen fallen gelassen. Sie ist liegen geblieben.« Ein anderer Augenzeuge: »Wir wollten drehen [Fernsehen, Anm. C. D.] und man hat uns behindert. Wir durften kein Licht aufdrehen. Ich wurde mit dem Knüppel geschlagen. Es wurden Beschimpfungen ausgestoßen von ›Arschlöcher‹ angefangen bis ›Mafia‹. Und dann ist noch ein Polizist mit Hund auf mich losgegangen. Hat mir die Handleuchte aus der Hand gerissen und auf den Boden geschmissen und sie zertrampelt.«[34]

Am Abend fanden sich in Wien Tausende Menschen (die höchsten Schätzungen gingen von 40.000 Teilnehmern aus) zusammen, die ihre Solidarität mit den Aubesetzern zum Ausdruck brachten. Sinowatz entschied sich nun dafür, »Krone«-Herausgeber Hans Dichand aufzusuchen, dessen Zeitung die Erregung der Demonstranten teilte und wohl auch schürte: »Ich habe ihn damals in seiner Holzbauer-Villa besucht und habe ihn gebeten, für seine und meine Kinder das Chaos zu bedenken, das ausbrechen könne. Er hat nicht zurückgezogen, vielleicht aus Überzeugung, vielleicht auch aus Imagegründen zwecks Verjüngung seiner Leserschaft.«[35] Um die Situation zu deeskalieren, verkündete der Kanzler am 21. Dezember einen 14-tägigen »Weihnachtsfrieden«, der jedoch zahlreiche Aubesetzer »nicht daran hinderte, in ihren Lagern in der Au bei teilweise sehr tiefen Temperaturen Tag und Nacht auszuharren. Dies verlieh ihren Forderungen zusätzliche Medienpräsenz, vor allem trug die ›Lager-Romantik‹ wesentlich zu einer starken Emotionalisierung vor allem jüngerer Bürger bei.«[36] Ein weiteres Deeskalationsmoment ergab sich aus der Entscheidung des Verwaltungsgerichtshofes vom 2. Januar 1985, welche einer von Kraftwerksgegnern eingebrachten Beschwerde im Zusammenhang mit dem Wasserrechtsbescheid aufschiebende Wirkung zuerkannte. Eine Fortsetzung der Rodungsarbeiten war auf diese Weise unmöglich geworden. Am 4. Januar wurde von der Regierung eine im »Siebener-Komitee« der SPÖ (Sinowatz, Fischer, Gratz, Blecha, Klubobmann Sepp Wille sowie die Zentralsekretäre Fritz Marsch und Peter Schieder) beschlossene »Nachdenkpause« sowie die Etablierung einer Ökologiekommission angekündigt, welche im Herbst d. J., als das Projekt »Hainburg« politisch bereits tot war, die Empfehlung aussprach, auf den Standort Hainburg zu verzichten. Sinowatz erklärte später, er habe es in jenen kritischen Tagen »zu keiner Katastrophe« kommen lassen und »tiefe Gräben im Land vermeiden« wollen, was schließlich auch von den Gewerkschaftern akzeptiert worden sei, wenngleich diese »zutiefst getroffen waren«.[37] Die Vorgangsweise des Kanzlers erinnerte an jene Kreiskys nach der verlorenen Zwentendorf-Abstimmung, auch Sinowatz führte durch sein Nachgeben eine Entpolitisierung der Streitfrage herbei und ersparte der SPÖ, die Möglichkeit eines Entfremdungsprozesses dem Gewerkschaftsflügel gegenüber offenbar in Kauf nehmend, »die Polarisierung auf der Konfliktlinie ›Ökonomie – Ökologie‹«.[38] Die »Nachdenkpause« wurde formell erst im Jahre 1995 von Bundeskanzler Vranitzky beendet.

10. »Es ist keine Übertreibung, den Kriminalfall Udo Proksch als den größten Politskandal der Zweiten Republik zu bezeichnen.«

DIE LUCONA-AFFÄRE[1]

Am 11. März 1991 wurde Udo Proksch von einem Wiener Geschworenengericht mit 6:2 Stimmen »des Verbrechens des versuchten schweren Betruges ..., des Verbrechens des teils vollendeten, teils versuchten Mordes ... und des Verbrechens der vorsätzlichen Gefährdung durch Sprengmittel als Beteiligter ... schuldig erkannt und zu einer 20-jährigen Freiheitsstrafe verurteilt, weil der nunmehr 56-jährige Udo Rudolf Proksch das Motorschiff ›Lucona‹ mit einer minderwertigen Ladung (Schrottwert) beladen, danach am 23. Januar 1977 den Untergang des Schiffes gewaltsam durch eine Explosion von Sprengstoff im Indischen Ozean herbeigeführt hatte und dadurch vorsätzlich Carlos a Medina, Vito Fortes Marcos, Andrew Davis, Silvester Roberts, Beatrix van der Hoeven und Caspar Borbely getötet und Jesus de Correira, Jorge da Cruz, Gomes de Brito, Adriane van der Leer, Jakobus van Beckum und Jakob Puister, die nur zufällig gerettet wurden, zu töten versucht hat, worauf er ab dem 31. Januar 1977 durch die Behauptung, das Schiff sei mit einer hochwertigen Ladung (Uranerzaufbereitungsanlage) versunken, von der Bundesländer-Versicherung eine Ersatzleistung in der Höhe von sfr 31.360.725.- (das waren damals 212 Millionen Schilling und wären heute unter Berücksichtigung der Geldentwertung 351 Millionen) herauszulocken versucht hat.«[2] Dass Proksch nicht zu lebenslanger Haft, also zur Höchststrafe, sondern »nur« zu 20 Jahren verurteilt wurde, fand in der Urteilsbegründung folgende Rechtfertigung: »Zur Strafhöhe ist zu sagen: Mildernd ist der ordentliche Lebenswandel des Herrn Proksch. Mildernd ist, dass es hinsichtlich des Betrugs und auch teilweise hinsichtlich des Mordes beim Versuch geblieben ist. Mildernd ist, dass die Tat schon vor langer Zeit passiert ist und dass sich Proksch seither ordentlich verhalten hat.« Die

Empörung, welche dieses Urteil (in erster Instanz) und vor allem auch dessen Begründung nach sich zog, dokumentierte sich in der Berufung der Staatsanwaltschaft unzweideutig: »Das Fluidive der Persönlichkeit des Verurteilten«, formulierten die Staatsanwälte Müller und Schindler, »seine Beliebtheit in der so genannten ›Szene‹ und das Staunen der Medien über den fantasievollen Udo Proksch haben offenbar den klaren Blick getrübt, dass es sich bei dem Verurteilten um eine der übelsten Erscheinungen der Wiener Kriminalgeschichte handelt.«[3]
Rudolf (»Udo«) Proksch (alias Serge Kirchhofer) wurde am 29. Mai 1934 in Rostock in der ehemaligen DDR geboren.[4] Sein Vater, der Mitglied der SA und der NSDAP war und von dem Proksch selbst einmal behauptete, er wäre »Berufsspion« und Mitarbeiter des NS-Geheimdienstes gewesen, schickte ihn in die NAPOLA, eine nationalsozialistische »Eliteschule«. Nach dem Krieg musste der Vater eine zweijährige Haftstrafe verbüßen. Gleich vielen anderen »Ehemaligen« engagierte er sich ab 1949 im neu gegründeten VdU und später in dessen Nachfolgepartei FPÖ. Nach dem Abzug der amerikanischen Truppen, mit denen sich Proksch zu arrangieren wusste, trat er in den Dienst der Salzburger Landesregierung. Die schulische Entwicklung des Sohnes, der nach 1945 in eine Hauptschule übergewechselt war und einmal bemerkte, nur die »Depperten« würden in die Schule gehen, mag ihm keine rechte Freude bereitet haben. Proksch konnte sich später nicht mehr daran erinnern, mit wie vielen »Nichtgenügend« er die Hauptschule verlassen hatte, was freilich noch lange nicht zwingend auf seine Intelligenz und erst recht nicht auf Fantasie und Einfallsreichtum schließen lässt, und dass es Proksch an den letzteren beiden Eigenschaften niemals gemangelt hatte, kann nicht in Abrede gestellt werden, bereits als Zwölfjähriger soll er mit Schwarzmarktprodukten Handel betrieben haben. Nach der Pflichtschule ging Proksch tatsächlich zwei Jahre einer Tätigkeit nach, mit der er später oft zu kokettieren pflegte, er verdingte sich als »Schweinehirt«. Bevor er sich 1952 als »Gastschüler« in die Salzburger Kunstgewerbeschule eintrug, hatte er sich in mehreren Ländern als Gelegenheitsarbeiter und später im Ruhrgebiet als Bergarbeiter betätigt. Nach zwei Jahren in Salzburg verschlug es ihn nach Wien, wo er sich auf der Akademie für angewandte Kunst vor allem mit »Plastischer Gestaltung und Design« beschäftigte.
In dieser Zeit lernte Proksch den jungen Geschäftsmann Wilhelm Anger kennen, der unter den Studenten einen Wettbewerb für Plastik-

Brillenfassungen ausgeschrieben hatte: »Der ideenreiche Spaßvogel und Bohemien und der erfolgsbesessene Jungunternehmer waren sehr bald wechselseitig voneinander fasziniert. Proksch entschloss sich kurzerhand, gar nicht erst wieder auf die Akademie zurückzukehren, sondern für Wilhelm Anger Ideengeber und Kontaktbombe zu spielen.«[5] Diese kongeniale Bekanntschaft erwies sich als Ouvertüre für Prokschs gesellschaftlichen Höhenflug, im Zuge dessen er teilweise enge Freundschaften mit Künstlern, Politikern, Journalisten und Geschäftsfreunden schloss, welche von der brachialen Energie und dem »Schmäh« des »gelernten Schweinehirten« begeistert waren. Ende der 60er-Jahre begann er exzessiv zu trinken, Helmut Qualtinger und Oskar Werner leisteten ihm dabei nicht selten Gesellschaft. »Ich fing an zu saufen«, bemerkte er Jahre später, »weil ich nicht wirklich wusste, wozu ich lebe. Ich wollte probieren, wie weit es geht, bis es aus ist.« Er wäre in dieser Zeit kein Mensch mehr gewesen, »sondern ein Sack voll Scheiße, der besoffen im Sacher Kronleuchter von der Decke schießt.« Eine geradezu hypnotisierende Wirkung übte Proksch insbesondere auch auf Frauen aus, vor allem auf jene, so scheint es, die ihm intellektuell überlegen waren und aus so genannten »höheren Gesellschaftsschichten« stammten. Mit der Unternehmerstochter Ariane Glatz ging er 1969 seine bereits vierte Ehe ein, zuvor war er u. a. mit der damals noch sehr jungen Schauspielerin Erika Pluhar und mit einer Urenkelin Richard Wagners verheiratet. 1970 war Proksch, mittlerweile schon wieder geschieden, mit der dem Einvernehmen nach äußerst wohlhabenden »Altgräfin« Cäcilie »zu« Salm-Reifferscheidt liiert. Eine spätere Lebensgefährtin, Alexandra Colloredo-Mannsfeld, war ebenfalls Angehörige des ehemaligen Adels.
Nachdem Proksch alias »Serge Kirchhofer« bereits 1972 als Einzelprokurist der Wiener Institution »Ch. Demel's Söhne, k. u. k. Hofzuckerbäcker und Hoflieferant« aufgetreten war, übernahm er zwei Jahre später auch offiziell die Geschäftsführung. Zahlreiche Spitzenpolitiker vor allem der SPÖ waren nun häufig im »Demel« zu Gast. Die Neueröffnung wurde von Bundeskanzler Kreisky persönlich vorgenommen. »Witzbold Proksch hatte zu diesem Zweck zwei Bänder vorbereitet: Ein rot-weiß-rotes, das für den Kanzler bestimmt war, und ein schwarz-gelbes für Verteidigungsminister Lütgendorf, ›denn der‹, so Proksch, ›ist ja ein Freiherr‹. Darauf Kreisky: ›Aber was, her mit der Scher!‹ – und schnitt beide Bänder gleich in einem durch.«[6] Im Juli 1972 wurde in den noblen Räumlichkeiten am »Kohlmarkt 14«

der legendäre »Club 45« gegründet und bei der Vereinsbehörde als »Geselligkeitsverein« angemeldet. Zu seinen Mitgliedern zählten Spitzenpolitiker und führende Manager, hochrangige Medienleute und Militärs, Rechtsanwälte, Richter und Ärzte.
Die »Wochenpresse«, deren Redakteur Freihofner sich über ein Jahrzehnt hartnäckig mit den Machenschaften Prokschs beschäftigt hatte, ortete drei Gruppen, die sich von Proksch besonders angezogen fühlten, »die Mitglieder der so genannten Wiener ›Szene‹, eine Reihe von Aristokraten und besonders viele Emporkömmlinge der Sozialdemokratie«. Lingens schrieb in diesem Blatt: »An den Rand dieser ›Szene‹ gehören jene adeligen Damen, die in Udo Proksch ihren Herrn suchten. Für sie, die wie ihre männlichen Pendants zwar noch Geld, aber fast keinen Einfluss mehr besitzen, löste Proksch neben psychischen Problemen individueller Art nicht zuletzt das Problem der Langeweile. Auf dem Hintergrund ihrer eigenen Unerheblichkeit und ein wenig auch Dekadenz erschien der gelernte Schweinehirt Udo Proksch blutvoll und fantasievoll, kraftvoll und tatkräftig, ein wenig wie jene revolutionär gesinnten Knechte, mit denen adelige russische Damen knapp vor ihrer Hinrichtung ekstatische Nächte verbrachten ... Für die ihrer proletarischen Herkunft entfremdeten Funktionäre der Sozialdemokratie verkörperte er den genau umgekehrten Traum vom Aufstieg unter die ›Oberen Zehntausend‹. Leopold Gratz, der im Seidenleibchen von Lacoste einen Oldtimer von Jaguar chauffierte ... hielt den Club 45, in dem man sich über die Provisionen aus dem Bau des AKH einigte, allen Ernstes für einen jener englischen Clubs, in denen (viele) Lords und (wenige) Marxisten Einigkeit über die Qualität von irischem Whisky erzielten. Club-Chef Proksch wurde für Gratz & Co. zum Türöffner in die Salons von allerhand Grafen und Freiherren, die es bis dahin noch immer als ihr Privileg erachtet hatten, mit Sozialisten zumindest keinen Umgang zu pflegen. Wenn sie über dem Demel Mehlspeisen verzehrten, durften selbst ehemalige Parteikassiere aus Favoriten sich in der Hoffnung wiegen, einen Stock tiefer mit ›Baron‹ begrüßt zu werden. Auch für sie, für die Enkel der sozialistischen Revolution, die aus dem Proletariat ins Kleinbürgertum aufgestiegen waren, verkörperte Udo Proksch auf gewisse Weise einen Revolutionär, einen, der bereit war, sich über jene kleinbürgerlichen Konventionen hinwegzusetzen, in denen sie befangen waren und die sie meinten angesichts ihres Aufstiegs abstreifen zu müssen.«[7]
Proksch hatte in verschiedenen geschäftlichen Bereichen von sich re-

den gemacht, ob als Brillenproduzent oder als Verfechter aufrechter Begrabungsformen. »Ich bin ein Rattenfänger«, kokettierte er oftmals, »ich habe Ideen und verführe andere Leute dazu, diese Ideen zu finanzieren.« Sein größter »Coup«, die Versenkung der »Lucona«, ging auf eine langjährige Planung zurück. Am 25. Juli 1975 erfolgte der Abschluss eines schriftlichen Kaufvertrages zwischen den Firmen »North Pacific Trading« (H. K.) Ltd., 1411 Star House, Harbour Center, Kowloon, Hongkong, und »Zapata SA« Suisse, CH-6232 Geunsee, Luzern, Oberdorf-Oele, mit welchem die »Zapata« an die »North Pacific Trading« »angeblich die maschinelle Ausrüstung einer Anlage zur Aufbereitung von uranhältigem Erz samt zusätzlichen Maschinen bzw. Geräten und Plänen für die Errichtung und den Betrieb der gesamten Anlage« im Wert von 31.360.725 Schweizer Franken lieferte.[8] Die Ware sollte der »North Pacific Trading« im Hafen von Hongkong übergeben werden. Der im Dezember 1969 gegründeten »Zapata SA« kam eine Schlüsselrolle im »Fall Lucona« zu. Die im Schweizer Kanton Luzern registrierte Firma, als deren »Machthaber« Proksch identifiziert werden konnte,[9] wurde von einer Dame namens Greta Fischer geführt, die nicht nur Prokschs Geliebte, sondern auch seine Partnerin und Co-Geschäftsführerin des »Demel« war. Im Zusammenhang mit der »Zapata« taucht auch der Name des zweiten Protagonisten des Kriminalfalles »Lucona« auf, die Rede ist von Hans Peter Daimler. Pretterebner schrieb bereits 1989: »Dass neben Udo Proksch auch Hans Peter Daimler Mitbesitzer und Aktionär der Zapata AG war, steht unzweifelhaft fest.«[10]

Im Oktober 1975 besuchte Proksch beim österreichischen Bundesheer einen Sprengkurs unter der Leitung von Major Hans Edelmaier, im Juli 1976 führte er zusammen mit Daimler Sprengübungen auf dem Truppenübungsplatz Hochfilzen durch, die im November d. J. wiederholt wurden. Bei beiden Gelegenheiten kam Proksch in den Besitz von größeren Mengen an Sprengstoff aus den Beständen des Bundesheeres. Ab Mai 1976 wurde eine größere Anzahl von Eisen- und Kunststoffteilen sowie Pläne und Dokumentationen von Österreich nach Chioggia (Italien) transportiert, wo diese in einem Zollfreilager gelagert wurden. Von dort aus wurden die Teile viele Monate später in zwei Nächten (vom 4. zum 5. und vom 5. zum 6. Januar 1977) auf ein Motorschiff, das von der Reederei »Coco Mar Pacifico« gechartert worden war, verladen, die »Lucona«. Den Auftrag, als Seefrächter in Erscheinung zu treten, hatte diese Firma von der »Zapata« erhalten, welche ihrerseits gemäß Vertrag, wonach die Ware während des gesamten Transports zu versichern sei, einen Versicherungsvertrag mit der »Versicherungsanstalt der Österreichischen Bundesländer« abgeschlossen hatte. Die Verladung des Industrieabfalls wurde von Bevollmächtigten der Versicherung, der »North Pacific Trading« und der »Zapata« überwacht, »wobei der Havariekommissär des Versicherers lediglich eine äußere Beschau in Bezug auf die Anzahl der Packstücke und die Durchführung der Verladung und Stauung auf dem Schiff vornahm«.[11]

Am 23. Januar 1977, einem Sonntag, versank die »Lucona« nach einer gewaltigen Explosion innerhalb von zwei Minuten auf der Höhe der Malediven. Sechs Matrosen fanden dabei den Tod. Zwei Tage später erstattete Proksch der »Bundesländer«-Versicherung über diesen Vorfall Bericht und bereits am 31. Januar forderte die »Zapata« Abschlagszahlungen in der Höhe von 15 Millionen Schweizer Franken. Die von der »Bundesländer« am 28. d. M. angeforderten Unterlagen ließen massive Zweifel am Wahrheitsgehalt des Inhalts aufkeimen, speziell was den Versicherungsgegenstand und den Wert der Fracht anlangte. Die »Zapata« gab als Lieferanten der Aufbereitungsanlage die Firma »Decobul« an, die im Besitze des Schweizers Erwin Egger stand. Die daraufhin eingeholten Gutachten von Sachverständigen ergaben, »dass sich aus den Unterlagen ergebende Art der Planung und Abwicklung des Auftrags so ungewöhnlich waren, dass sie in der Praxis ausgeschlossen werden konnten«.[12] Da die Versicherung nicht bezahlte, reichte die »Zapata« im August eine Klage ein, die vom Handelsgericht Wien im Februar 1978 zurückgewiesen wurde. Im November 1978 hob der Oberste Gerichtshof die Abweisung der Klage auf und wies das Handelsgericht an, ein Beweisverfahren durchzuführen. Im Februar 1981 wies das Handelsgericht die Klage der »Zapata« erneut ab. Dieses Urteil wurde nun von einem Senat des Oberlandesgerichtes Wien aufgehoben, wobei eine Einflussnahme Karlheinz Demels moniert wurde. Im selben Monat, im Oktober 1981, wurde der ehemalige Verteidigungsminister und »Zapata«-Aktionär Karl Lütgendorf, der 1977 im Zusammenhang mit dem versuchten Export von Scharfschützengewehren samt Munition nach Syrien zum Rücktritt gezwungen war, erschossen aufgefunden. Die Selbstmordversion wurde umgehend angezweifelt, u. a. deshalb, weil der Bundesheer-Brigadier, der gegenüber Familienangehörigen mehrmals seine Angst kundgetan hatte, eines Tages ermordet zu werden, eingeschlagene Vorderzähne hatte. Im Mai 1982 wurde die Klage der »Zapata« bereits zum dritten Mal abgewiesen, doch abermals erfolgte die Aufhebung des Urteils seitens des Oberlandesgerichtes, das nun selbst im Februar 1983 ein Urteil fällte: Die »Bundesländer« habe die Versicherungssumme zu bezahlen.[13]

In dieser Situation engagierte diese der »schwarzen Reichshälfte« zuzurechnende Versicherung, die selbst in einen Skandal verwickelt war, den Privatdetektiv Dietmar Guggenbichler. Dieser erstattete nach eingehenden Recherchen, die in der Schweiz ihren Ausgang genommen hatten, am 1. Juli 1983 Strafanzeige gegen Proksch wegen Betruges, Mordes sowie Beihilfe zu diesen Verbrechen. Guggenbichlers Biografie liest sich beinahe so ungewöhnlich wie jene des Udo Proksch.[14] Der als »Waffennarr« bezeichnete, der auf Grund dieser »Leidenschaft« in mehreren Ländern mit der Polizei in Konflikt geraten und im Laufe der Jahre dreimal angeschossen und zweimal mit einem Messer attackiert worden war, hatte 1979 zusammen mit Partnern eine Firma gegründet, über die er u. a. auch elektronische Schießanlagen zum Verkauf anbot. Auf diesem Wege kam er erstmals mit Proksch in Kontakt. Am 28. Februar 1983 erhielt diese Firma, die »Ercona AG« (»Bewaffneter Personenschutz, Sachtransportschutz und Ermittlungen«) über eine Anwaltskanzlei den Auftrag, »im Zusammenhang mit dem Versicherungsfall ›Untergang der Lucona‹ wegen Verdachtes des Versicherungsbetruges zu ermitteln, um die involvierten Firmen und Personen des Versicherungsbetruges zu überführen«. Auch wenn die »unkonventionellen Methoden« Guggenbichlers Befremden auslösen mögen, so ist doch festzuhalten, dass er es war, der den Stein im Fall Lucona ins Rollen gebracht hatte. Dass am 22. Juli 1983, zwei Tage nach Daimlers erstmaliger Einvernahme durch die Kriminalpolizei, unter Guggenbichlers Wagen eine Sprengladung entdeckt wurde, beflügelte die Fantasie der Medien, u. a. war davon die Rede, dass der Detektiv sich die Bombe selbst gelegt haben könnte. Guggenbichler wurde in der Folge im Zusammenhang mit der Gewerbeberechtigung und seinem Waffenpass massiv unter Druck gesetzt, seine später abgehaltenen öffentlichen Veranstaltungen wurden ebenso wie jene Pretterebners von der Staatspolizei beobachtet.

Nachdem ein Salzburger Kriminalbeamter mit Ermittlungen gegen Proksch und Daimler begonnen hatte, gab Innenminister Blecha am 5. August 1983 Ministerialrat Armin Hermann den Auftrag, der Sicherheitsdirektion Salzburg die Weisung zu erteilen, diese Ermittlungen

umgehend zu beenden und die Staatsanwaltschaft einzuschalten. Im November endlich hob der Oberste Gerichtshof das Urteil des Oberlandesgerichtes Wien auf, das sich den Vorwurf der Befangenheit gefallen lassen musste. Seitens der Staatsanwaltschaft Wien wurden Erhebungen wegen des Verdachtes von Betrugshandlungen eingeleitet, doch sowohl im Mai wie auch im August 1984 wurde der Staatsanwaltschaft die Beantragung von Haftbefehlen gegen Proksch und Daimler untersagt. Am 19. November schaltete sich erneut Blecha ein, welcher der Sicherheitsdirektion Niederösterreich die Weisung erteilte, die Ermittlungen einzustellen. FPÖ-Justizminister Harald Ofner erteilte im Januar 1985 die Weisung, der Staatsanwaltschaft keine Einleitung einer gerichtlichen Voruntersuchung zu gestatten.
Trotz politischer Interventionen und offensichtlicher Rechtsbrüche, deren Aufklärung einigen Journalisten und dem im Herbst 1988 eingesetzten parlamentarischen Untersuchungsausschuss zu verdanken ist, wurden Proksch und Daimler am 15. Februar 1985 verhaftet. Die Verantwortung dafür trug Untersuchungsrichter Wilhelm Tandinger, der seit Juli 1984 mit dieser Causa beschäftigt war. Im Haftbefehl war zum ersten Mal offiziell festgehalten worden, dass Proksch im Verdacht stehen würde, »das Motorschiff Lucona mittels Fernzündung gesprengt« bzw. den Auftrag zu dieser Tat erteilt zu haben. Nicht nur Künstler wie André Heller und Erika Pluhar zeigten sich daraufhin mit Proksch solidarisch, der Formel-1-Star Niki Lauda besuchte ihn sogar im Gefängnis.[15]
In dieser Phase trat Außenminister Leopold Gratz, einer der ältesten Freunde Prokschs, auf den Plan, der es für ausgeschlossen hielt, dass dieser »einen Betrug oder gar einen Mord« begangen haben könnte, denn »der Udo«, so Gratz, »könne nicht einmal einer Fliege was zu Leide tun«. Zwei Tage nach der Verhaftung schrieb er an den inhaftierten Proksch: »Lieber Udo! Lass dich durch diese unbegreifliche Vorgangsweise nicht entmutigen. Ich nehme an, dass sich alle dessen bewusst sind, dass man mit der Freiheit eines Menschen nicht spielen soll. Also Kopf hoch – ich hoffe, dich rasch wieder zu sehen. Herzliche Grüße: Leopold.« Am 19. Februar bot sich der Minister aus eigenen Stücken als Entlastungszeuge an. In einem Interview hielt er fest, er habe die »Uranerz-Aufbereitungsanlage« in Chioggia mit eigenen Augen gesehen.[16] Gegenüber dem Landesgericht für Strafsachen bestätigte und präzisierte er diese Angabe. Beinahe zur gleichen Zeit erhielt der Untersuchungsrichter vom Außenministerium Unterlagen,

welchen ein Brief der österreichischen Botschaft in Bukarest vom 26. Februar beigelegt war, aus dem hervorging, dass diese Akten aus Rumänien stammten. Diese – wie sich später herausstellen sollte – gefälschten Dokumente, die als Diplomatenpost per Sonderkurier nach Österreich gebracht worden waren, sollten den Beweis erbringen, »dass Erwin Eggers schweizerische Decobul SA bei der rumänischen Staatshandelsfirma Uzinexportimport am 10. Oktober 1974 zum Zwecke des Weiterverkaufs an die Zapata exakt jene Maschinen (als Teile einer Urananlage) bestellt habe, die Udo Proksch in Wirklichkeit (als verrostete Altteile eines Kohlenbergwerks) längst besaß.«[17]
Die »Entlastungspapiere« verfehlten ihre Wirkung nicht: Proksch und Daimler wurden enthaftet. Im Parlament rechtfertigte Gratz seine Vorgangsweise wie folgt: »Die Beschaffung und Weiterleitung von Dokumenten im Interesse eines Staatsbürgers gehören zu den Routineaufgaben der österreichischen Vertretungsbehörden. Dazu kommt, dass im vorliegenden Fall die Beschaffung der Unterlagen nicht nur im Interesse einer Privatperson lag, sondern zur Wahrheitsfindung in gerichtlichen Vorerhebungen – auch im öffentlichen Interesse lag.«[18]

Zu diesem Zeitpunkt sah es so aus, als wäre die endgültige Einstellung des Verfahrens nur mehr eine Frage der Zeit. Für Justizminister Ofner war »die Suppe zu dünn«, um eine gerichtliche Voruntersuchung einzuleiten. Später schrieb eine Zeitung, dass »die Suppe natürlich auch schon in seiner Amtszeit so dick (gewesen sei), »dass jeder Kochlöffel darin stecken geblieben wäre«.[19] Proksch lief in den darauf folgenden Monaten zur alten Hochform auf. Die einzige Form des Mordes, die sich auszahlen würde, ließ er z. B. wissen, sei der »Lustmord«. Über die unerhört lange Zeitspanne von fast zwei Jahren konnte er sich in der Öffentlichkeit als das unschuldige Opfer einer »Verschwörung« präsentieren. Dass die Hintergründe des »Falles Lucona«, der von der Hamburger »Zeit« als »österreichische Staatsaffäre, gegen die Skandale à la Flick langweilig wirken«, bezeichnet wurde, nicht vertuscht werden konnten, ist der permanenten Berichterstattung einiger in- und auch ausländischer Medien zu verdanken, wobei in erster Linie an die investigative Tätigkeit von »Wochenpresse« und »profil« zu erinnern ist. Am 13. Oktober 1986 verhängte Tandinger über Proksch und Daimler zum zweiten Mal die Untersuchungshaft, doch es dauerte nur vier Tage und sie waren wieder frei.

Im Januar 1987 schrieb die Zeitschrift »Basta«: »Weil er tatsächlich unschuldig (!) ist und weil seine Jäger Hans Pretterebner und Gerald

Freihofner zusammen nicht so stark sind wie er, wird der Demel-Inhaber Udo Proksch, Betrugs- und Mordverdächtiger in der Lucona-Affäre, im kommenden Jahr endgültig rehabilitiert.« Diese Prophezeihung ging freilich ins Leere. Das Erscheinen von Pretterebners Buch »Der Fall Lucona« (21. Dezember 1987), gegen das in der Folge 22 Beschlagnahmungsanträge gestellt wurden, führte am 22. Januar 1988 zu einer »Dringlichen Anfrage« der FPÖ an den Bundesminister für Justiz, die von den Grünen unterstützt wurde. Im Februar entschlossen sich Proksch, der zu Pretterebner vor Drucklegung des genannten Buches noch gesagt haben soll: »Wenn Sie das veröffentlichen, breche ich Ihnen das Genick«, und Daimler zur Flucht. Proksch verließ Wien am 9. Februar und flüchtet über Washington auf die Philippinen. Daimler setzte sich erst am 21. Februar aus Österreich ab, reiste nach Italien und tauchte schließlich in der Bundesrepublik Deutschland unter. Nun reagierte auch die Justiz: Der parteiunabhängige Justizminister Egmont Foregger, der am 21. Januar 1987 als Mitglied der neuen SPÖ-ÖVP-Koalition angelobt worden war, erklärte in einem Interview, dass sich der Verdacht gegen Proksch und Daimler nunmehr doch so sehr erhärtet habe, dass der Fall »einem unabhängigen Gericht zur Überprüfung unterbreitet werden muss«.[20] Am 17. März erließ Untersuchungsrichter Tandinger gegen die beiden Beschuldigten internationale Haftbefehle, eine Woche später wurde von der Staatsanwaltschaft Anklage erhoben. Proksch hatte sich unterdessen auf den Philippinen einer Gesichtsoperation unterzogen und ließ über den Weg eines Zeitungsinterviews ausrichten, dass er keineswegs geflüchtet sei, er sei schwer krank und derzeit nicht transportfähig. In den darauf folgenden Monaten trieb der »Fall Lucona« in ruhigeres Fahrwasser, der mediale Rückenwind hatte merkbar an Kraft verloren. Proksch hielt in dieser Zeit telefonisch zahlreiche Kontakte aufrecht, etwa mit Karlheinz Demel[21], dem im März 1989 kurzzeitig verhafteten und suspendierten Präsidenten des Arbeits- und Sozialgerichtes in Wien: »Hello Boy, was machen die Komiker?«

Am 19. Oktober 1988, zufällig an jenem Tag, an welchem die erste Nummer der neuen Tageszeitung »Der Standard« erschien, wurde auf Antrag der Abgeordneten Gratz, Steiner, Rieder und Gaigg (als SPÖ-ÖVP-Antrag) besagter Untersuchungsausschuss zur Causa »Lucona« eingebracht und vom Nationalrat einstimmig angenommen. Zum Ausschussobmann wurde der ÖVP-Abgeordnete und ehemalige Staatssekretär Ludwig Steiner gewählt. Den Grund, warum die SPÖ dem Ausschuss zugestimmt hatte, sieht Peter Pilz von den »Grünen« darin, dass der Druck der Opposition »von Monat zu Monat unangenehmer« geworden sei. Und: »Karl Blecha und Leopold Gratz hatten ihrer Partei versichert, dass es nichts zu befürchten gäbe ... Da entschloss man sich, den Sprung ins Ausschusswasser zu riskieren.«[22] Vom »Standard« wurde Pilz damals als »Großinquisitor« des Ausschusses apostrophiert, der etwa den Salzburger Sicherheitsdirektor »mit allen Finessen gehobener Verhörtechnik von Aussage zu Aussage lockte«.[23] Zwischen dem 14. November 1988 und dem 20. Juni 1989 wurden in öffentlichen Sitzungen in einem zeitlichen Rahmen von etwa 300 Stunden 94 Zeugen gehört, das stenografische Protokoll umfasst beinahe 10.000 Seiten. Am 27. Juni wurde der Bericht des Untersuchungsausschusses vom Vorsitzenden unterfertigt, um tags darauf im Nationalrat diskutiert zu werden.[24] Ohne zu leugnen, dass dieser Ausschuss wichtige, ja wesentliche Aspekte im Kontext mit der Aufklärung der Causa »Lucona« ans Tageslicht zu bringen vermochte, wurde von SPÖ-Politikern, die sich zur Verteidigung der massiv unter Beschuss geratenen Spitzenpolitiker Gratz und Blecha verpflichtet fühlten, aber auch von zahlreichen Medienvertretern zu bedenken gegeben, dass die Mitglieder des Untersuchungsausschusses, die je nach parteipolitischer Opportunität agiert hätten, zumindest teilweise als Ankläger, Verteidiger und Richter fungierten. Tatsache ist aber auch, dass beinahe keiner Empfehlung des Ausschusses Folge geleistet wurde, was der politischen Kultur Österreichs kein gutes Zeugnis ausstellt.[25]

Im September 1989 bereitete Proksch seine Rückkehr nach Österreich vor. Auf dem Flughafen Wien-Schwechat wurde er am 2. Oktober 1989 trotz seines stark veränderten Aussehens, das ihm nicht nur die erwähnte Gesichtsoperation eingetragen hatte – er trug außerdem blaue Kontaktlinsen und ein Toupet –, erkannt und festgenommen. Der Reisepass, den er bei sich hatte, lautete auf den Namen »Alfred Semrad«.[26] Auf die Frage seines Richters Christian Leiningen-Westerburg, warum er eigentlich nach Österreich zurückgekehrt sei, sollte der Häftling später bemerken: »Es gibt Wichtigeres als die Freiheit!« Am 30. Januar 1990 wurde im Großen Schwurgerichtssaal des »Grauen Hauses« in Wien der Prozess gegen Proksch eröffnet, das Aktenkonvolut umfasste unfassbare 250.000 Seiten. Zwischen dem 21. Januar und dem 13. Februar 1991 wurde auf Beschluss des Gerichtes in einem 800 Quadratkilometer großen Gebiet nach der »Lucona« gesucht.

Schließlich wurde sie von einer US-Bergefirma in 4200 Meter Tiefe entdeckt und gefilmt: Der Rumpf des Schiffes war durch eine Sprengladung zerborsten. Die Kosten der Suche wurden mit 19 Millionen Schilling angegeben.
Auf das Urteil erster Instanz vom 11. März und die Berufung seitens der Staatsanwaltschaft wurde eingangs bereits verwiesen. Am 1. Oktober 1991 wurde der Schuldspruch vom Obersten Gerichtshof bestätigt. Die von Proksch erhobene Nichtigkeitsbeschwerde wurde als »nicht berechtigt« verworfen. Am 28. Januar 1992 schloss sich ein Senat des Oberlandesgerichtes Wien dem Antrag der Staatsanwaltschaft an und verurteilte Proksch zu lebenslanger Haft. Dessen Antrag auf Wiederaufnahme des Verfahrens wurde im April abgelehnt. Prokschs Schlusswort hatte gelautet: »Es sind zwei Meinungen hier im Raum, meine und die andere, meine Meinung ist die wichtigste. Und die ist, dass ich es nicht war ...« Bundesheer-Major Edelmaier wurde am 11. März im Zweifel von der zuvor erhobenen Mordanklage freigesprochen, er hatte lange Zeit als »Sprengkopf« des Udo Proksch gegolten. An diesem Tag wurde Daimler in Hannover verhaftet und nach Kiel überstellt, wo im Juli 1992 der Prozess gegen ihn begann. Nach mehr als fünfjährigen Verfahren wurde er im Juni 1997 wegen Beihilfe zu Mord und Mordversuch in je sechs Fällen, der Beihilfe zur Herbeiführung einer lebensgefährdenden Sprengstoffexplosion sowie zum versuchten Betrug schuldig erkannt und zu 14 Jahren Freiheitsstrafe verurteilt.[27]
Im November 1986 hatte Udo Proksch gegenüber »Basta« betont: »Es gibt Männer, die ich ... wirklich gemocht habe. Leopold Gratz gehört dazu – und auch Karl Lütgendorf.« Diese und andere Kontakte, die teilweise Jahrzehnte zurückreichten, pflegte er bis zur Neige auszunützen, und manche seiner Freunde riss er am Ende mit in den Abgrund. Lütgendorf lebte nicht mehr, doch Gratz und Blecha mussten schließlich unter dem Druck der Öffentlichkeit von ihren hohen Ämtern zurücktreten. Blecha legte am 14. April 1989 alle politischen Funktionen zurück, im »Lucona«-Folgeprozess wurde er im Juni 1993 allerdings von allen Anklagepunkten freigesprochen. Gratz trat am 20. Februar 1989 als Nationalratspräsident zurück. 1992 wurde er wegen Falschaussage im »Lucona«-Prozess zu einer Strafe von 450.000 Schilling verurteilt. Dieses Urteil wurde am 11. Oktober 1993 bestätigt.[28] Später erklärte Gratz, er wäre nicht deshalb zurückgetreten, »weil ich mir irgendetwas vorzuwerfen hätte, sondern weil man eine Funktion

nicht ausfüllen kann, wenn die Menschen durch die öffentliche Meinung immer auf ein Thema hingewiesen werden ..., was ist mit Udo Proksch?«[29] Die Beantwortung dieser Frage fällt eindeutig aus: »Es ist keine Übertreibung, den Kriminalfall Udo Proksch als den größten Politskandal der Zweiten Republik zu bezeichnen!«

In den Jahren nach dem Prozess tauchte der Name Udo Proksch nur noch selten in den Medien auf. Er sei schwer krank, hieß es, und auch über den tragischen Tod seiner und Erika Pluhars Tochter wurde berichtet. Die notwendig gewordene Einpflanzung eines Spenderherzens überlebte der »Musterhäftling« 25/92 der Strafanstalt Graz-Karlau nicht. Am 27. Juni 2001 verstarb Proksch im Alter von 67 Jahren an Herzversagen.[30]

11. »... ist das Waffengeschäft in Österreich nun auch offiziell hochkriminell geworden.«

DER NORICUM-SKANDAL[1]

»Rüstungsproduktion war in Österreich eigentlich immer nur in zwei Fällen ein Geschäft: wenn man an jemanden lieferte, der die Waffen dringend brauchte, oder wenn man seine Ladenhüter wieder einmal beim Bundesheer abladen konnte ... Konnte man sich bis zum Ende der Siebzigerjahre noch in der Grauzone der österreichischen Gesetze bewegen, so ist es damit seit 1980 vorbei. Die einzigen beiden bedeutenden Kriegsmaterialexporte nach 1980 gingen in den Golfkrieg – an den Irak und an den Iran. Mit ihnen ist das Waffengeschäft in Österreich nun auch offiziell hochkriminell geworden.«

Peter Pilz[2]

Die Causa Noricum war in der kritischen Öffentlichkeit Österreichs seit 1985 ein Thema und blieb es bis 1993. Die Aufdeckungsarbeit wurde von verschiedenen Medien sowie der parlamentarischen Opposition getragen, wobei dem Noricum-Untersuchungsausschuss und der grün-alternativen Partei in der Person des Nationalratsabgeordneten Peter Pilz, der in besagtem – öffentlichen – Ausschuss auch eine Bühne fand, der eigenen Popularität professionell Nahrung zuzuführen, eine besonders wichtige Rolle zufielen. Ungeachtet dessen, dass erst dann von einem Skandal gesprochen werden kann, wenn die Öffentlichkeit über das fehlerhafte, normwidrige Verhalten einer Einzelperson oder mehrerer Verantwortungsträger in Kenntnis gesetzt wurde, nahm der Noricum-Skandal seinen »versteckten« Anfang bereits 1979/80. Zu diesem Zeitpunkt fiel in der VÖEST-ALPINE AG der Entschluss, Waffen zu produzieren, wobei vor dem Hintergrund der späteren Ereignisse insbesondere auf die Herstellung der Kanonenhaubitze GHN 45 aufmerksam zu machen ist. Während diese höchst problematische Entscheidung mit makroökonomischen bzw. beschäftigungspolitischen Argumenten schöngeredet wurde, fanden die rechtlichen Rahmenbedingungen nur ungenügend bzw. keine Berücksichtigung. Das Bundesgesetz über die Ein-, Aus- und Durchfuhr von Kriegsmaterial (Kriegsmaterialexportgesetz) und Art. 13 Z 1 des Staatsvertrages, auf deren Inhalt in der Folge noch einzugehen sein wird, lassen den Einstieg eines österreichischen Unternehmens in die Waffenproduktion als unzulässig erscheinen. Außerdem ist resümierend festzuhalten, dass die illegalen Kanonenlieferungen nicht die erwarteten und von Politikern wie Managern prognostizierten volkswirtschaftlichen Erfolge brachten und zur langfristigen Sicherung von Arbeitsplätzen ebenso wenig beitrugen wie zur nachhaltigen Sanierung der maroden VÖEST-ALPINE AG, des größten Betriebes der Verstaatlichten Industrie.

Die Probleme der »Verstaatlichten«, die insbesondere auf Grund der inadäquaten organisatorischen Strukturen erwachsen waren, blieben den für den »Kollaps 1985« mitverantwortlichen politischen Verantwortungsträgern lange verborgen. Gegen Ende des Jahres erreichten prognostizierte Verlustmeldungen von 4,2 Milliarden Schilling die Öffentlichkeit, etwas später war bereits von 5,7 Milliarden die Rede, dann von bis zu zehn Milliarden, bis sich schließlich herausstellen sollte, dass der Verlust der VÖEST-ALPINE AG 11,8 Milliarden Schilling betrug. Spekulationsgeschäfte der VÖEST-Tochter Intertrading, Fehlinvestitionen in gewaltigem Umfang und die internationale Stahlkrise hatten zu diesem Desaster geführt. Die Intertrading war 1978 gegründet worden, um – sehr vereinfacht zum Ausdruck gebracht – jenen Stahl zu verkaufen, welchen die DDR als Bezahlung für ein von der VÖEST errichtetes Stahlwerk geliefert hatte. Als Geschäftsführer fungierte der stellvertretende VÖEST-Direktor Gernot Preschern, der am 29. November 1985 vom zuständigen Bundesminister für öffentliche Wirtschaft und Verkehr Ferdinand Lacina ebenso wie alle anderen sieben Vorstandsmitglieder der VÖEST – einschließlich des Vorstandsdirektors Heribert Apfalter – entlassen wurde.[3] Lacina beklagte, vom Vorstand falsch informiert worden zu sein. SPÖ-Klubobmann Sepp Wille wurde deutlicher: »Der Vorstand hat die Politiker ganz einfach angelogen.«[4] Neben den ökonomischen Folgen bewirkte die VÖEST-Krise auch eine Art Identitätskrise sozialdemokratischer Wirtschaftspolitik. Im Sog medialer Berichterstattung wurde nun erstmals die Verstaatlichung prinzipiell in Frage gestellt.

Zu den rechtlichen Rahmenbedingungen ist im Wesentlichen Folgendes festzuhalten. 1982 wurde vor dem Hintergrund der umstrittenen Panzerlieferung nach Chile § 3 des erwähnten Kriegsmaterialexportgesetzes novelliert, dessen Inhalt wie folgt lautet:

»(1) Die Bewilligung nach § 1 wird vom Bundesminister für Inneres im Einvernehmen mit dem Bundesminister für Auswärtige Angelegenheiten und dem Bundesminister für Landesverteidigung nach Anhörung des Bundeskanzlers, so weit keine anderen gesetzlichen oder völkerrechtlichen Verpflichtungen entgegenstehen, unter Anwendung von Artikel 130 Abs. 2 B-VG erteilt. Hierbei ist darauf Bedacht zu nehmen, dass

1. die Ein-, Aus- und Durchfuhr völkerrechtlichen Verpflichtungen oder außenpolitischen Interessen der Republik Österreich unter besonderer Berücksichtigung der immerwährenden Neutralität nicht zuwiderläuft;
2. die Aus- oder Durchfuhr nicht in ein Gebiet erfolgen soll, in dem ein bewaffneter Konflikt herrscht, ein solcher droht oder sonstige gefährliche Spannungen bestehen;
3. die Aus- oder Durchfuhr nicht in ein Bestimmungsland erfolgen soll, in dem auf Grund schwerer und wiederholter Menschenrechtsverletzungen die Gefahr besteht, dass das gelieferte Kriegsmaterial zur Unterdrückung von Menschenrechten verwendet wird;
4. die Embargobeschlüsse des Sicherheitsrates der Vereinten Nationen unter Bedachtnahme auf die immerwährende Neutralität Österreichs entsprechend berücksichtigt werden;
5. der Ein-, Aus- oder Durchfuhr sicherheitspolizeiliche oder militärische Bedenken nicht entgegenstehen;
6. keine sonstigen vergleichbaren gewichtigen Bedenken bestehen.«

Eine weitere Beschränkung ergibt sich aus dem ebenfalls bereits erwähnten Art. 13 Z 1 des Staatsvertrages vom 15. Mai 1955, aus dem hervorgeht, dass der Republik Österreich sowohl der Besitz als auch die Herstellung von Geschützen mit einer Reichweite von mehr als 30 Kilometern untersagt ist. Die Kanonenhaubitze GHN 45 erreichte aber, wie sich freilich erst zu einem späteren Zeitpunkt herausstellte, selbst ohne so genannte »Spezialmunition« bei bestimmten Höhenlagen diese Reichweite, doch dieser Umstand, an dem die Verantwortlichen offensichtlich nicht wirklich interessiert waren, wurde nicht überprüft, man verließ sich stattdessen auf die üblichen »Schießtafeln«.

Die ersten Exportmöglichkeiten eröffneten sich mit dem Beginn des 1. Golfkrieges, der von 1980 bis 1988 zwischen dem Irak und dem Iran wütete. Ursache des Konfliktes waren Grenzstreitigkeiten im Bereich des Flusses Schatt el-Arab und um die südiranische Provinz Chusistan, wo die Araber die Mehrheitsbevölkerung stellen. In beiden Gebieten liegen überaus reiche Ölvorkommen. Im September 1980 gab der irakische Diktator Saddam Hussein den Befehl zum Angriff auf den durch den Sturz des Schahs Mohammed Resa Pahlawi und die von Ajatollah Ruhollah Khomeini angeführte islamische Revolution geschwächten Nachbarstaat. Als Gegengeschäft für die Unterstützung bei der Befreiung US-amerikanischer Geiseln im Libanon erhielt der Iran geheime, illegale Waffenlieferungen von den Vereinigten Staaten, deren Aufdeckung zu einem Skandal führte, der unter der Bezeichnung »Iran-Contra-Affäre« bekannt wurde. Die Einkünfte aus diesem Deal verwendeten die USA, die offiziell eine harte antiiranische Position einnahmen, dazu, um in Nicaragua die rechten »Contras« gegen die sozialistische Regierung zu unterstützen. Diese Vorgangsweise konterkarierte jedoch einen Beschluss des Kongresses und führte nach Aufdeckung des Skandals u. a. zur Entlassung des Sicherheitsberaters von Präsident Ronald Reagan, dessen Rolle in der Affäre niemals geklärt werden konnte. Erst 1988 gelang den Vereinten Nationen die Vermittlung eines Waffenstillstandes, insgesamt kostete dieser Krieg beinahe einer Million Menschen das Leben.
Die Noricum belieferte über »Tarn- bzw. Strohländer« beide Kriegsgegner mit GHN-45-Kanonen, den Irak zwischen 1981 und 1983 über Jordanien, den Iran ab 1985 über Libyen. Das »Libyengeschäft«, das eine Lieferung von 200 Stück GHN-45-Kanonenhaubitzen sowie Ersatzrohre und Sprenggranaten mit einem Gesamtwert von 6,87 Milliarden Schilling umfasste, wurde im April 1985 abgeschlossen. 710 Millionen Schilling sollen auf Konten mit Fantasienamen geflossen sein.[5]
Bereits im Juli, am 5., 8., 9. und 11. d. M., erreichten das Außenministerium Fernschreiben des österreichischen Botschafters in Athen Herbert Amry, dessen präzise Angaben über das illegale Geschäft mit dem Iran seitens der politischen Verantwortungsträger ignoriert wurden. Obwohl die Staatsanwaltschaft schon im Oktober 1985 das Telegramm anforderte, wurde ihr dessen Inhalt erst zwei Jahre später bekannt. An jenem Tag, an dem Amry das letzte dieser Telegramme abgeschickt hatte, starb er unter mysteriösen Umständen, es wurde »Herztod« diagnostiziert. Kurz darauf führte der damalige »Basta«-

Chefredakteur und spätere »News«-Gründer Wolfgang Fellner ein Interview mit Altbundeskanzler Bruno Kreisky, über welches der Journalist wie folgt berichtete: »Auf mein Bohren nach mehr Details begann Kreisky plötzlich eine äußerst emotionsgeladene Tirade gegen [Außenminister, Anm. C. D.] Leopold Gratz. Nicht das Herz ist am Tod von Amry schuld, sondern der Gratz. Recherchieren Sie das, schauen Sie einmal, was Amry in den letzten Wochen an den Außenminister berichtet hat und wie das unter den Tisch gekehrt wurde. Unglaublich, was der Poldi Gratz da gemacht hat, unglaublich.«[6] Hannes Androsch äußerte in diesem Zusammenhang die Auffassung, dass Kreisky »mit gezielten Hinweisen an Journalisten die Noricum-Affäre ausgelöst« hätte, um Graz zu schaden,[7] eine Bemerkung, welche ebenso wie Kreiskys Tirade gegen Letzteren als assoziationsfreudiger Indikator für das friktionsbeladene Verhältnis der ehemaligen Weggefährten der 70er-Jahre zu werten ist.

Nachdem im Herbst 1985 in der Hafenstadt Kardaljewo im ehemaligen Jugoslawien eine Teillieferung an den Iran ausgeforscht werden konnte, riss die mediale Berichterstattung über den Noricum-Skandal nicht mehr ab, das »ungeheure Ausmaß an staatlichem Erklärungsbedarf ergab sich auf Grund der detaillierten, den gesamten Geschäftsablauf begleitenden Berichterstattung in den österreichischen Medien«.[8] Es waren auch Journalisten, die in diesem Herbst gegen die verantwortlichen Manager der Noricum Strafanzeige »wegen Verdachts der illegalen Kanonenlieferungen in den Iran« erstatteten. Da der Staatsanwaltschaft wichtige Beweisstücke vorenthalten wurden, kam es im April des darauf folgenden Jahres zur Einstellung des Verfahrens, das jedoch 1987 wieder aufgenommen wurde. Die Lieferungen der Kanonen an Libyen waren zwar kurzfristig gestoppt worden, nach einer Kontrolle der libyschen Abnehmerpapiere durch das Innenministerium, dem Karl Blecha vorstand, jedoch fortgeführt. Gratz und Blecha wiederholten entgegen den immer neuen Enthüllungen der Magazine »Basta« und »profil«, dass keine hinreichenden Verdachtsmomente auf Waffenlieferungen in ein Krieg führendes Land bestanden haben. Nach den Nationalratswahlen vom November 1986, die eine Neuformierung der Parteienlandschaft[9] eingeleitet, der FPÖ unter ihrem neuen Obmann Jörg Haider beinahe eine Verdoppelung der Stimmen gebracht, den Grün-Alternativen erstmals den Einzug in das Hohe Haus ermöglicht und vor allem die Rückkehr zur Regierungsform der großen Koaltion SPÖ – ÖVP geführt haben, wurde Alois Mock Gratz'

Nachfolger als Außenminister. Am 26. August 1987 erhielt er ein Fernschreiben des österreichischen Botschafters in Bagdad, das Hinweise auf die illegalen Waffenexporte in den Iran enthielt. Nur zwei Tage später wurde Apfalter, der zwei Wochen davor vor dem Untersuchungsrichter über dieses Geschäft ausgesagt hatte, tot aufgefunden. Da sein Tod nach jenem Amrys bereits der zweite überraschende Todesfall im Dunstkreis der Causa Noricum war, wurde eine Obduktion der Leiche angeordnet, die aber entgegen vielfachen Vermutungen keine Giftspuren aufwies. Als Todesursache wurde auch bei Apfalter Herzversagen diagnostiziert.

Vom Beginn der medialen Aufarbeitung des Skandals, die zunächst vor allem von der Zeitschrift »Basta« getragen wurde, bis zur Urteilsverkündung im Gerichtsverfahren gegen die involvierten Politiker im Jahre 1993 vergingen nicht weniger als acht Jahre. Zum Zeitpunkt der Einsetzung des parlamentarischen Untersuchungsausschusses im September 1989 war im Kontext mit dem »Libyengeschäft« bereits gegen 18 Manager der verstaatlichten Firmen VÖEST-ALPINE, Noricum und Hirtenberger Anklage wegen Neutralitätsverletzung erhoben worden, auch Verfahren gegen Politiker waren anhängig. Bevor wir uns aber im Rahmen der Gerichtsverfahren dem Politikerverfahren widmen, scheint eine Beschäftigung mit dem Verfahren gegen die Manager nötig. Diesen wurde zur Last gelegt, den Tatbestand der Neutralitätsgefährdung[10] »sowohl in objektiver als auch in schuldhafter Hinsicht begangen« zu haben. Die Anklageschrift dieses am 4. April 1990 in Linz eröffneten Prozesses umfasste über 300 Seiten. In Parenthese sei erwähnt, dass der Prozess schon für den 6. November des Vorjahres angesetzt war, dieser Termin jedoch platzte, weil 17 Angeklagte ihren Anwälten auf Grund der zu hohen Kosten das Mandat entzogen und Verfahrenshilfe beantragt hatten.[11] Die Kernfrage im gesamten Verfahren war, welche Instanz zu entscheiden habe, ob eine Gefährdung der Neutralität zum Tragen gekommen ist oder nicht. Der Gesetzestext lautet wie folgt:

»§ 320 (1) Wer wissentlich im Inland während eines Krieges oder eines bewaffneten Konfliktes, an dem die Republik Österreich nicht beteiligt ist, oder bei unmittelbar drohender Gefahr eines solchen Krieges oder Konfliktes für eine der Parteien ...

(3) Kampfmittel entgegen den bestehenden Vorschriften aus dem Inland ausführt oder durch das Inland durchführt ... ist mit Freiheitsstrafen von sechs Monaten bis zu fünf Jahren zu bestrafen.«

Die Verteidigung verfolgte die Strategie, den Ball der Verantwortung den Politikern zuzuspielen, sie werde den Beweis zu führen versuchen, dass »das Iran-Geschäft von der Regierung nicht nur geduldet, sondern in Auftrag gegeben wurde«.[12] Während Sittenthaler insistierte, bei Kriegsmaterialexporten in Krieg führende Staaten würde es sich unzweifelhaft und allgemein erkennbar um Akte der Neutralitätsgefährdung handeln, hing die Verteidigung der Auffassung an, dass der Administration und hier primär dem Außenministerium hinsichtlich der Bestimmungen des Kriegsmaterialexportgesetzes ein »Ermessensspielraum« zukommen würde. Für den Staatsbürger wäre »aus dem Verhalten der Behörde zu erkennen [gewesen], dass die Regierung sich bei der Beurteilung der außenpolitischen Relevanz eines Waffenexportes einen Ermessensspielraum offen hielt, der andere als die im Gesetz angeführten Interessen zu berücksichtigen schien.« Zu dieser Strategie der Verteidigung, jede Verantwortung den Politikern anzulasten, schrieb Doris Schmidauer: »Dem Zuschauer präsentierte sich das österreichische politische System wieder einmal von seiner besten Seite, nämlich der Seite des Wegschauens, des Augenzwinkerns, des Komplizentums und des vorauseilenden Gehorsams. Der Versuch, als Legitimation für das eigene Verhalten sich für alles und jedes auf höhere Weisung zu berufen, schien die Geschworenen jedoch nicht im erhofften Ausmaß zu beeindrucken.«[13] Und in der Tat: Von den 18 Angeklagten wurden im Februar 1991 14 wegen Neutralitätsgefährdung bzw. wegen Verstoßes gegen das Kriegsmaterialexportgesetz verurteilt, wenngleich der Oberste Gerichtshof zwei Jahre darauf, im Januar 1993, den Rechtsmitteln der Manager stattgab, was gemilderte Strafen und sieben Freisprüche nach sich zog.
Mit noch größerer Aufmerksamkeit der Medien wurde das Verfahren gegen die Politiker verfolgt, das am 10. März 1993 begann. Exbundeskanzler Fred Sinowatz, Exaußenminister Leopold Gratz und Exinnenminister Karl Blecha hatten sich am Wiener Straflandesgericht vor Geschworenen wegen des Verdachtes des Amtsmissbrauchs, den sie nach Auffassung der Anklage »in gewolltem und bewusstem Zusammenwirken« gesetzt hätten, zu verantworten. Indem sie Waffenlieferungen an den Krieg führenden Iran »ermöglicht und gefördert« hätten, so die Anklage weiter, hätten sie die Aufklärung von strafbarem Verhalten vereitelt. Damit hätten sie die »Republik Österreich in ihrem konkreten Recht auf Einhaltung der gesetzlichen Bestimmungen zur Wahrung der außenpolitischen Interessen unter besonderer

Berücksichtigung der verfassungsrechtlich normierten immer währenden Neutralität geschädigt«. Blecha wurde ferner zum Vorwurf gemacht, er habe Unterlagen verschwinden lassen und »nachträglich verändert«, etwa indem er (weisungsgebundene) Beamte seines Ministeriums beauftragt habe, nachträglich Aktenteile zu erstellen.[14]

Diesem Verfahren war eine lange und dem juristisch nicht einschlägig vorgebildeten Beobachtern nur fragmentarisch zugängliche bzw. verständliche Diskussion über die Verfassungskonformität des § 320 StGB (Neutralitätsgefährdung) vorangegangen, in deren Folge der Oberste Gerichtshof (OGH), welcher sich damit der Quintessenz eines vom Verfassungsrechtler und ÖVP-Abgeordneten Felix Ermacora erarbeiteten Rechtsgutachtens anschloss, beim Verfassungsgerichtshof (VfGH) die Aufhebung dieses Paragrafen sowie einiger Paragrafen des Kriegsmaterialexportgesetzes zu beantragen. Hätte der VfGH dem stattgegeben, wäre dies wohl das Ende des Noricum-Prozesses gewesen, denn neben dem Umstand, dass eine solche Entscheidung Freisprüche für die verurteilten Manager durch den OGH nach sich gezogen hätten, wären vermutlich die Politiker in diesem Punkt nicht mehr zur Verantwortung gezogen worden, da sich der Vorwurf des Missbrauchs der Amtsgewalt in Verbindung mit der Neutralitätsgefährdung seitens der Manager ergab. Da der VfGH am 13. Dezember 1991 den Bedenken des OGH jedoch nicht stattgab, konnte der Prozess beginnen.

Seit 3. April 1990 lag der Endbericht des parlamentarischen Untersuchungsausschusses zur Causa Noricum vor, der am 27. September 1989 von den Abgeordneten Graff, Steinbauer, Karas und Genossen (ÖVP) gemäß § 33 der Geschäftsordnung des Nationalrates – unter Bruch der Koalitionsvereinbarung – beantragt und mit den Stimmen von ÖVP, FPÖ und Grünen gegen die Stimmen der SPÖ eingesetzt worden war. Zuvor waren freilich bereits sieben Anträge der Grünen und zwei der FPÖ zur Einsetzung eines parallel zum Gerichtsverfahren laufenden Untersuchungsausschusses von den Koalitionspartner SPÖ und ÖVP abgelehnt worden, was Michael Graff, der Justizsprecher der ÖVP, im Mai 1989 folgendermaßen begründete: »Ein Untersuchungsausschuss zum derzeitigen Zeitpunkt könnte die Geschworenen im bevorstehenden Gerichtsverfahren in Linz beeinflussen und präjudizieren ..., ganz undenkbar vom rechtsstaatlichen Gesichtspunkt wäre es ..., den Untersuchungsausschuss und den Geschworenenprozess gleichzeitig ablaufen zu lassen. Damit würden die Beschuldigten um ein faires Verfahren gebracht werden.«[15] Es war wohl weniger der Druck der Opposition als jener der Öffentlichkeit, der den Gesinnungswandel herbeiführte.

Der Antrag auf Einsetzung des Untersuchungsausschusses lautete folgendermaßen: »Zur Untersuchung,

- wie und auf welcher Grundlage es zur Erteilung der Genehmigung von Exporten von Kriegsmaterial gekommen ist, das schließlich an die Krieg führenden Staaten Irak und Iran geliefert wurde;
- wie es zur Umgehung der in diesen Bewilligungen festgelegten Bedingungen sowie der im Kriegsmaterialexportgesetz vorgesehenen Kontrollen gekommen ist und
- der politischen und administrativen Verantwortlichkeiten im Laufe der Genehmigung und der Überprüfung der Exporte sowie der Aufklärung der Vorwürfe wird ein Untersuchungsausschuss eingesetzt.«[16]

In der Debatte über die Einsetzung des Untersuchungsausschusses gab Heinz Fischer für die SPÖ zu bedenken, »dass in unserem Land ein Meinungsklima geschaffen wird, welches zur Folge haben könnte, ... dass selbst bei ehrlichen Bemühungen um eine klare, saubere und objektive Rechtsprechung diese Bemühungen einfach an den gegebenen Fakten der Vorverurteilung scheitern müssen ... Sie haben sich entschieden aus Motiven, die offensichtlich in politischen, wahlkampfpolitischen Überlegungen begründet sind ...« Diese Befürchtungen sah Fischer bestätigt, Jahre später schrieb er: »Im Zuge der Verhandlungen ... wurden rechtsstaatliche Grundsätze bisweilen mit Füßen getreten und es wurde auch ein Meinungsklima aufgebaut, durch das ein objektives Gerichtsverfahren in der gleichen Angelegenheit sehr erschwert und behindert wurde.«[17] Der Ausschuss kam zu folgenden Konklusionen:

»Nach Auffassung des Noricum-Untersuchungsausschusses wurde die politische Verantwortung in folgenden Punkten verletzt:

- durch die wahrheitswidrige Beantwortung parlamentarischer Anfragen und unrichtiger Erklärungen dem Parlament gegenüber;
- durch die Duldung von Koordinationsschwierigkeiten zwischen den nach dem Kriegsmaterialexportgesetz zuständigen Ministerien;
- durch die Unterlassung der Befassung der Staatsanwaltschaft bei Vorliegen schwer wiegender Verdachtsmomente;
- durch die Unterstützung einer fragwürdigen Unternehmenspolitik der Verstaatlichten Industrie in kritischen Bereichen;

- durch die Unterlassung der notwendigen Änderung der Verordnung zum Kriegsmaterialexportgesetz.

Dafür tragen zumindest Bundeskanzler Dr. Fred Sinowatz und die ehemaligen Bundesminister Mag. Gratz und Blecha die politische Hauptverantwortung. Eine politische Mitverantwortung für die jahrelang versäumte Aufklärung und den rechtzeitigen Stopp der Kriegsmateriallieferungen trifft auch andere Regierungsmitglieder. Das Verhalten der Führungskräfte in der Verwaltung zeigt grobe Mängel: Von ihrer Seite wurde es verabsäumt, den Bundesminister eindringlich auf Verdachtsmomente hinzuweisen, politisch motivierte Entscheidungen kritisch zu hinterfragen und Konsequenzen vorzuschlagen.«[18]

Ohne die demokratiepolitische Relevanz dieses Instrumentariums in Abrede stellen zu können oder zu wollen, ist doch auch festzuhalten, dass dieser Untersuchungsausschuss gleich dem kurz zuvor abgeschlossenen Lucona-Untersuchungsausschuss ein Medienspektakel der Sonderklasse darstellte; als der Politiker-Prozess begann, war das Interesse der breiten Öffentlichkeit aber bereits abgeflacht, die komplizierte, von verfassungs- bzw. strafrechtlichen Detailfragen bestimmte Thematik schien ausgereizt, sodass der »Spiegel« zurecht schreiben konnte, dass »das Interesse der längst zum Überdruss skandalgeplagten österreichischen Bevölkerung am Noricum-Prozess eher matt [sei]«.[19] Es hatte sich aber auch das Meinungsklima zu Gunsten der angeklagten Politiker gewandelt, Verständnis, wenn nicht sogar Mitleid mit den ehemaligen Regierungsmitgliedern dominierten über die im Abflauen begriffene Erregung, welche die illegalen Waffenexporte vor noch nicht allzu langer Zeit evoziert hatten. Am 24. Juni 1993 wurden Sinowatz, Gratz und Blecha vom Vorwurf des Amtsmissbrauchs und des Beitrages zur Neutralitätsgefährdung freigesprochen, Blecha allerdings wurde wegen Bestimmung zur falschen Beurkundung, Fälschen eines Beweismittels und Urkundenunterdrückung zu einer auf drei Jahre befristeten Freiheitsstrafe von neun Monaten verurteilt.

12. »Ich schäme mich dieses Ministers!«

DIE CAUSA REDER – FRISCHENSCHLAGER[1]

»Reder ist ein Mensch, der mit bodenloser Gemeinheit ... Frauen vergewaltigte und zuließ, dass seine Offiziere und Truppen (Frauen) vergewaltigten, die erst kurz zuvor aus dem Haufen der Leichen niedergemetzelter Eltern, Verwandter und Freunde herausgezogen worden waren.«[2]

»Die Hainburg-Krise war noch gar nicht wirklich ausgestanden«, erinnerte sich 1998 ein führendes Mitglied der SPÖ-FPÖ-Regierung in einem Buch, »als sich die nächste politische und vor allem emotionale und psychologische Erschütterung der Koalitionsregierung ereignete, der so genannte ›Fall Reder – Frischenschlager‹«.[3] Am 24. Januar 1985 war Verteidigungsminister Friedhelm Frischenschlager nach Graz gereist, um den ehemalige SS-Sturmbannführer Walter Reder, den man nach insgesamt 39 Jahren Haft aus der italienischen Festung Gaeta entlassen hatte, persönlich zu empfangen. Ob der FPÖ-Minister Reder tatsächlich mit dem berüchtigten »Handschlag« begrüßte, was nicht ganz sicher ist, da Berichte vorliegen, dass sich der 70-Jährige beim Gehen auf seinen Anwalt stützen musste,[4] ist in dieser Causa nur von zweitrangiger Bedeutung, da der Skandal schon alleine aus dem Umstand resultierte, dass ein Mitglied der österreichischen Bundesregierung es für notwendig erachtete oder zumindest keine Skrupel empfand, einen verurteilten Kriegsverbrecher willkommen zu heißen. Dass nur zwei Tage später erstmals seit dem Ende des Zweiten Weltkrieges das Exekutivkomitee des Jüdischen Weltkongresses (WJC) in Wien tagte und zum Zeitpunkt des »Empfangs« eines ehemaligen SS-Offiziers in zahlreichen europäischen Staaten der Befreiung des Konzentrationslagers Auschwitz gedacht wurde, verlieh der Affäre zusätzliche Brisanz. Obwohl Bundeskanzler Sinowatz im Rahmen der Eröffnungssitzung von einem »schweren politischen Fehler« seines

Ministers sprach, waren die Reaktionen der Teilnehmer dementsprechend heftig. Israel Singer, der WJC-Exekutivdirektor, bemerkte, Österreich lehre »seine Kinder Geschichte schlecht«. Auch international wurde der Empfang Reders mit Empörung aufgenommen, der Schweizer »Tagesanzeiger« schrieb am 26. Januar sogar, ein wenig gelungenes Wortspiel bemühend, die SPÖ-FPÖ-Regierung sei von einer »sozialliberalen« zu einer »nationalsozialistischen« transformiert. Erstmals wurde nun im Ausland kritisch über das Verhältnis der Republik Österreich zu ihrer nationalsozialistischen Vergangenheit reflektiert, die renommierte Londoner »Times«, die sich zuvor über einen Zeitraum von dreißig Jahren nur ein einziges Mal ausführlich mit Österreich beschäftigt hatte, schrieb nun, die etwas später mit der Diskussion über Kurt Waldheim einsetzenden Diskussionen antizipierend, dass Frischenschlagers Verbleib in der Bundesregierung Zweifel an der jahrzehntelang vertretenen Auffassung aufkommen lasse, Österreich sei das erste Opfer Hitlers gewesen.[5]
Gerade Frischenschlager galt neben seinem Parteivorsitzenden und engen persönlichen Freund Norbert Steger als einer der wenigen Spitzenfunktionäre der FPÖ, welche der kleineren Regierungspartei zumindest nach außen hin ein liberaleres Gesicht zu verleihen verstanden. Beide gehörten als Gründungsmitglieder dem so genannten »Attersee-Kreis« an, einem Diskussionsforum, das sich die schrittweise Umwandlung der FPÖ in eine der bundesdeutschen FDP ähnlichen liberalen Partei zum Ziel gesetzt hatte. Frischenschlagers Amtsführung, für die er bis zu der mit seinem Namen verbundenen Affäre viel Zustimmung und Lob geerntet hatte, so beispielsweise für seine Entscheidung, Rekruten des Bundesheeres auf dem Areal des ehemaligen Konzentrationslagers Mauthausen angeloben zu lassen, um die Erinnerung an den Holocaust wach zu halten, war auch bei dem prinzipiell FPÖ-kritischen Flügel des Koalitionspartners SPÖ, der das Zusammengehen mit den Freiheitlichen und vor allem die ursprüngliche Absicht, den vormaligen Parteiobmann Friedrich Peter zum Dritten Präsidenten des Nationalrates zu wählen, scharf kritisiert hatte, auf fruchtbaren Boden gestoßen. Die alleinige Verantwortung, dass nach dem höchst überflüssigen Zusammentreffen mit Reder ein anderer Teil seiner Biografie illuminiert und in der Öffentlichkeit diskutiert wurde, lag bei Frischenschlager selbst. Dass der 1943 geborene Jurist und Politikwissenschafter aus einem »nationalen« Elternhaus stammt und sein Vater NSDAP-Mitglied war, wurde in jenen Tagen und Wochen,

in welchen der Skandal die Zeitungsspalten füllte, jedenfalls ebenso thematisiert wie Frischenschlagers Mitgliedschaften in einer »schlagenden« Studentenverbindung und beim »RFS«. Hans Weiss und Christa Federspiel schrieben über Frischenschlagers politische Sozialisation: »Schon als Mittelschüler sammelt [er] rechtsradikale Literatur, stößt mit 17 ›zufällig‹ auf die Freiheitliche Jugend. Bei der Salzburger Landsmannschaft, einer schlagenden Verbindung, holt er sich einen Schmiss am Kinn und wechselt später zur ›Sängerschaft Barden‹, die keine Mensuren schlägt. Als Frischenschlager 1964 Generalsekretär des Ringes Freiheitlicher Studenten (RFS) wird, hat dieser eine extrem rechte Schlagseite. Bei den Demonstrationen gegen den rechtsradikalen Hochschulprofessor Taras Borodajkewycz 1965 organisiert er die ›Gegendemonstration‹ mit ... Frischenschlager behauptet, die Mitschriften der angeblich antisemitischen Vorlesungen des Professors seien gefälscht ... Im November 1983 steht er ›nicht als Minister‹ im Spalier bei einer Totenehrung der Waffen-SS Kameradschaft IV. Er nennt es ›ein Zusammenkommen von Leuten, die durch das Kriegserlebnis geprägt [sind]. Und dass diese Leute eben eine Spur sozusagen ein Zusammengehörigkeitsgefühl haben, das kommt daher, dass man auf sie besonders hingedroschen hat‹ ...«[6]
Kreiskys Diktum, wonach es »das unveräußerliche Recht jedes Menschen [sei], seine politischen Ansichten im Lichte der Erfahrungen zu überprüfen und auch zu ändern«, galt in der SPÖ und in einem großen Teil der Öffentlichkeit noch immer. Frischenschlager galt als »geläutert«. Er hatte glaubhaft machen können, dass er sich von den Wurzeln seiner politischen Sozialisation gelöst habe, und galt bei seiner Angelobung im Jahre 1983 als liberaler Vorzeigeminister der kleineren Regierungspartei. Doch gerade dieser Umstand, dass ausgerechnet der »Paradeliberale« der FPÖ sich zur Begrüßung eines Massenmörders des Naziregimes aufgemacht hatte, was natürlich den Eindruck eines gewissen Naheverhältnisses erweckte, musste sich der SPÖ als grell leuchtendes Warnsignal darstellen: »War eine solche Partei, in der die Frischenschlagers als Repräsentanten des angeblich nicht nationalsozialistisch infizierten Flügels galten, wirklich ein akzeptabler Partner in einer Koalition?«[7]
In Teilen der Sozialdemokratie, einer Partei, die ihr antifaschistisches Erbe immer hochgehalten hatte, brodelte es. Auch der Hinweis, dass sich in der Vergangenheit auch sozialdemokratische Politiker, der prominenteste unter ihnen war Kreisky, für die Freilassung Reders einge-

setzt hatten, änderten daran nichts. Kreisky begründete sein diesbezügliches Engagement gegenüber einer Journalistin im Übrigen damit, dass er befürchtete, »Reder könnte zu einem Märtyrer für Österreichs Neonazis werden, falls er im Gefängnis stürbe«.[8] In seinem dritten Memoirenband nahm er dazu ebenfalls Stellung, u. a. heißt es hier: »Ich habe mich auch immer um die Freilassung Walter Reders bemüht, weil mir dieser Mann Leid getan hat. Ich habe darüber mit vielen Politikern gesprochen, sogar mit dem Führer der italienischen Kommunisten ...«[9] Über Jahrzehnte hinweg hatten prominente und weniger prominente Vertreter der österreichischen Gesellschaft für die Freilassung Reders plädiert, von Kreisky über die sozialdemokratische Widerstandskämpferin Rosa Jochmann bis hin zu Kardinal Franz König, dem Erzbischof von Wien, von den Kanzlern Figl und Raab bis zu Erzbischof Rohracher, von ÖVP-Außenminister Karl Gruber, welcher einer der ersten Fürsprecher Reders war, über ÖVP-Klubobmann Stephan Koren, der 1973 seinem Bedauern, dass seine Bemühungen »leider bis jetzt ohne den geringsten Erfolg« blieben, brieflich Ausdruck verliehen hatte, bis zum Industriellen Leopold Bartenstein. Zu bedenken gilt es freilich, dass »beim Studium verschiedener Briefe und Dokumente zu dieser Causa feine Nuancen auf[fallen], wenn sich nämlich manche für die Begnadigung eines Kriegsverbrechers nach langer Haft einsetzen, andere für die Begnadigung des ›Majors Walter Reder‹ und wieder andere vom ›Kriegsgefangenen Walter Reder‹ sprechen und den Grund, warum er eigentlich eine lebenslange Freiheitsstrafe in Gaeta verbüßen musste, ausblenden.«[10] Eine in den 50er-Jahren einsetzende Kampagne hatte die Geschichte umgedreht, sie gewissermaßen auf den Kopf gestellt und Reder, den SS-Schergen, zum »Helden von Gaeta« gemacht, zum »letzten österreichischen Kriegsgefangenen«, zum unschuldigen Opfer der »Rachejustiz« Italiens.

Walter Reder wurde am 4. Februar 1915 in Freiwaldau im Sudetenland (Nordmähren) geboren und trat 1932 als erst 17-jähriger Handelsschüler der SS bei. 1934 musste er auf Grund seiner Tätigkeit als illegaler Nazi Österreich in Richtung Deutschland verlassen, wo er der »Österreichischen Legion« beitrat. Im Jahr darauf nahm er die Staatsbürgerschaft des Dritten Reiches an. Nach einer Ausbildung zum SS-Führer in Braunschweig gehörte er von 1936 bis 1938 der 1. SS-Totenkopfstandarte »Oberbayern« an. Während des Krieges war Reder zunächst als Verbindungsoffizier zum »Reichsführer SS« eingesetzt, später wurde er nach Frankreich und an die Ostfront abkommandiert,

wo er im Frühjahr 1943 seinen linken Unterarm verlor. Auf Grund der perversen Logik des »Dritten Reiches« erhielt er dafür das »Eiserne Kreuz«. Anfang 1944 wurde er zum Sturmbannführer befördert[11] und im Mai nach Italien beordert. Am 25. Juli 1943 war auf Grund wirtschaftlicher Not und beträchtlicher Kriegsverluste das faschistische System Italiens zusammengebrochen. Die deutschen Truppen in Italien, welchen der Bündnispartner abhanden gekommen war, lieferten den Alliierten, die am 10. Juli 1943 auf Sizilien gelandet waren, ein hartes und zähes Rückzugsgefecht, wobei sie zudem immer wieder mit Partisanenüberfällen rechnen mussten. Anfang Juli 1944 hatte der deutsche Oberbefehlshaber Generalfeldmarschall Albert Kesselring, einer der »Luftpaladine Görings« (John W. Wheeler-Bennet), den Befehl gegeben, Partisanenüberfälle mit grausamen Vergeltungsaktionen zu beantworten. Reder erhielt den »Sonderauftrag«, die strategisch bedeutsame Bahnlinie zwischen Bologna, Pistoia und Florenz »bandenfrei« zu machen. In dieser Gegend liegt das Dorf Marzabotto. Als Antwort auf die Tätigkeit von Partisanen in der Umgebung von Bologna wurden Ende September 1944 Marzabotto und einige umliegende Dörfer u. a. von Einheiten der 16. SS-Panzergrenadier-Division zerstört. Nach italienischen Angaben kamen (innerhalb von zwei Tagen) insgesamt 1830 Männer, Frauen und Kinder in den Flammen um oder wurden erschossen. Kommandeur dieser Einheit war Walter Reder.[12]
Während die Zeitschrift »Aula«, die sich im Eigentum des Freiheitlichen Akademikerverbandes befindet, überhaupt in Abrede stellte, dass in Marzabotto jemals ein von deutschen Einheiten verschuldetes Massaker stattgefunden habe[13], liest sich ein Augenzeugenbericht wie folgt: »Vor den Häusern sah ich die ersten Opfer des Gemetzels, zwei Mädchen, die in den Kopf getroffen waren. Alle Häuser standen in Flammen, das losgebundene Vieh brüllte auf den Feldern und Wiesen. In das erste Haus, das brannte und zusammenzubrechen drohte, ging ich hinein ... Drinnen sah ich etwa 15 Leichen von Zivilisten, Frauen und Kindern, gefesselt und massakriert. Ich musste durch das Blut waten und es war unmöglich, nicht auf menschliche Überreste zu treten, die überall herumlagen ... Rechts von der Tür, aus einer verschlossenen Kredenz, aus der die Klagen kamen, zog ich ein etwa 2-jähriges Mädchen, das noch lebte, aber eine gequetschte Wange und eine zerrissene Hüfte hatte. Aus dem Bauch quollen dem Mädchen die Eingeweide ...«[14]

Nach dem Kriegsende nahmen amerikanische Truppen Reder fest und überstellten ihn 1947 den Briten, die ihn im Mai des darauf folgenden Jahres an Italien auslieferten. Am 31. Oktober 1951 schließlich wurde er von einem Militärgericht in Bologna wegen des »fortgesetzten Verbrechens der Gewaltanwendung in Verbindung mit Mord gegen private italienische Bürger« zu lebenslanger Zuchthausstrafe verurteilt. Zu weiteren dreißig Jahren wurde Reder wegen »fortgesetzter Brandstiftung und Zerstörung im feindlichen Land« verurteilt. Obwohl Reder als Kriegsverbrecher verurteilt worden war, wurde er wie ein Kriegsgefangener behandelt, in der Festung Gaeta standen ihm zwei Zimmer mit Kochgelegenheit und Bad zur Verfügung, selbst eine »Ordonanz« und das Privileg, Besucher empfangen zu dürfen, wurden ihm gewährt. Noch kurz vor seiner Entlassung konnte er den ÖVP-Nationalratsabgeordneten Wilhelm Gorton begrüßen. Nicht unerwähnt darf bleiben, dass am 23. April 1980 auch der erst im März neu gewählte FPÖ-Chef Norbert Steger in Gaeta zu Gast war und Reder Unterstützung für seine Freilassung zugesagt hatte.[15] Dieser Besuch muss ebenso wie Stegers Zusage, eine Bundessubvention für den ÖTB zu gewähren, als Zugeständnis an die »nationalen« Kräfte in der FPÖ gewertet werden. Versuche, zumindest Reders Auslieferung nach Österreich zu bewirken, waren in der ersten Hälfte der 50er-Jahre automatisch zum Scheitern verurteilt, da Reder noch immer deutscher Staatsbürger war, doch schon 1955 bekam er auf Betreiben der oberösterreichischen Landesregierung unter Landeshauptmann Heinrich Gleißner – ohne zwingenden Grund – die österreichische Staatsbürgerschaft wieder. Im ehemaligen NSDAP-Gauinspektor Stefan Schachermayer, dessen Einfluss offenbar ungebrochen war, hatte Reder einen mächtigen Fürsprecher gefunden. Unverständlich ist auch, dass die Republik Österreich, verkörpert durch die ÖVP-SPÖ-Koalitionsregierung, die gesamten Kosten der Verteidigung Reders übernommen hatte.

Im Jahre 1980 verfügte ein Militärgericht in Bari zwar die vorzeitige Entlassung Reders, doch gleichzeitig erfolgte eine Erklärung, wonach der Gefangene weitere fünf Jahre interniert zu bleiben habe. Der Termin für die Freilassung Reders wurde dem Außenministerium seitens der italienischen Administration am Abend des 22. Januar 1985 ungewöhnlich kurzfristig bekannt gegeben und mit mehreren Bedingungen junktimiert: Rom bestand auf Geheimhaltung bis zum Abend des 24. Januar, an dem in beiden Staaten idente Presseerklärungen veröffentlicht werden sollten. Reder habe sofort nach seiner Ankunft in Österreich einer ärztlichen Untersuchung unterzogen zu werden und im

Anschluss zehn Tage von der Öffentlichkeit abgeschirmt zu werden. Außenminister Gratz, der am 24. d. M. einen offiziellen Besuch in der Schweiz zu absolvieren hatte, unterrichtete Frischenschlager am 23. Januar, dass Reder zu Mittag des nächsten Tages mit einer italienischen Militärmaschine überstellt werden würde. Der Außenminister, der ferner mitteilte, dass auch die Klubobmänner informiert worden wären, empfand angesichts dieser heiklen Rahmenbedingungen die Inanspruchnahme der Infrastruktur des Bundesheeres als die vernünftigste Vorgangsweise, weshalb er Frischenschlager um Unterstützung bat. Dieser sagte zu und traf diskret die notwendigen Vorbereitungen, in die nur ganz wenige hohe Offiziere eingeweiht waren. Frischenschlagers fatale Entscheidung, persönlich bei der Ankunft Reders anwesend zu sein, begründete er im Nachhinein wenig überzeugend damit, dass es auf diese Weise möglich gewesen wäre, nötigenfalls an Ort und Stelle als Krisenmanager tätig zu werden. Um elf Uhr am Vormittag landete schließlich das Flugzeug, dem nach Auskunft Frischenschlagers, der die Herren auch in dieser Reihenfolge begrüßt haben will, zuerst italienische Beamte und dann Reder und sein Anwalt entstiegen seien. »Ob er dem Heimkehrer dabei die Hand geschüttelt hat oder nicht, geht weder aus seinem Bericht an den Bundeskanzler noch aus den Pressemeldungen eindeutig hervor.«[16] Nachdem die Formalitäten erledigt waren, wurden Reder, Frischenschlager und einige Begleitpersonen mit einem Bundesheer-Flugzeug nach Langenlebarn und von dort mit einem Sanitätsfahrzeug in die Bundesheerkaserne Baden gebracht. Obwohl alles versucht worden war, um Reders »Heimkehr« geheim zu halten, hatten Journalisten davon erfahren. Bereits in Graz-Thalerhof hatten Presseleute, die sich auf die Meldung einer italienischen Nachrichtenagentur berufen konnten, Frischenschlager mit einschlägigen Fragen bezüglich der kolportierten Rückkehr Reders bedrängt. Zunächst dementierte er, doch bald ließen sich die Fakten nicht mehr vertuschen, und so konnte es nicht ausbleiben, dass in Baden die Ankommenden bereits von einem Journalistentross erwartet wurden. Es ist hier nicht notwendig, die vielen Presseberichte vergleichend zu reflektieren, ein Hinweis darauf, dass sich unter den Wochenzeitungen speziell »profil« und »Wochenpresse« intensiv und seriös und auch die meisten Tageszeitungen (mit Ausnahme der »Presse«, die sich auf auffällig knappe Berichte beschränkte) teilweise sogar im Rahmen doppelseitiger Reportagen ausführlich mit diesem Fall beschäftigten, »der zusehends vom ›Fall Reder‹ zum ›Fall Frischenschlager‹ mutierte«[17], muss genügen. Ein Bundesheeroffizier bemerkte sogar: »Ich schäme mich dieses Ministers!«[18]

Bundeskanzler Sinowatz urgierte von Frischenschlager umgehend einen detailgetreuen Bericht über diese neue Causa, welche das Gebälk der kleinen Koalition beinahe zum Bersten gebracht hätte. Heikel war der geschilderte Vorfall für die SPÖ auch deswegen, weil Außenminister Gratz ein gewisses Ausmaß an Mitverantwortung einbekannt hatte, da er auf Grund seines Gespräches mit Frischenschlager vermuten hätte können, dass dieser bei Reders Ankunft persönlich anwesend zu sein beabsichtigte und dieses Vorhaben im Vorfeld nicht unterbunden habe. Prominente und einmal mehr gewiss nicht als hilfreich empfundene Kritik kam in diesem Sinne vor allem von Kreisky, der Gratz den Vorwurf nicht ersparen wollte, er hätte die Folgen einer solchen Aktion abschätzen können müssen. Von der oppositionellen ÖVP wurde für den 1. Februar eine Sondersitzung des Nationalrates einberufen, in der über einen Misstrauensantrag gegen Frischenschlager abgestimmt werden sollte. Zuvor hatten sich bereits die SPÖ-Abgeordneten Josef Cap, Albrecht Konecny und Jolanda Offenbeck, der Obmann der Jungen Sozialisten Alfred Gusenbauer sowie der Wiener Bürgermeister Helmut Zilk für den Rücktritt des Verteidigungsministers ausgesprochen. Innenminister Blecha urgierte sogar Neuwahlen. In seiner ersten öffentlichen Reaktion hatte Frischenschlager am 25. Januar gemeint: »Ich habe sicher nicht fehlerfrei gehandelt, aber ich glaube nicht, dass mein Fehler so gewichtig ist, dass ich meine Tätigkeit als Minister beenden sollte. Ich habe mit Kanzler Sinowatz, Außenminister Gratz und Minister Fischer schon gesprochen und ich erwarte vom Kanzler keine Rücktrittsaufforderung.« Da Vizekanzler Steger ernsthaft drohte, er würde zurücktreten, wenn sein Freund Frischenschlager gestürzt werden würde, was das Ende der SPÖ-FPÖ-Koalition bedeutet hätte, hatte er mit dieser Einschätzung natürlich auch Recht. Nachdem er von Sinowatz von einem offiziellen Besuch in Ägypten zurückbeordert worden war, schilderte Frischenschlager in der Ministerratssitzung vom 28. Januar den Ablauf der Ereignisse aus seiner Sicht und entschuldigte sich in aller Form für seine Vorgangsweise. Sinowatz akzeptierte diese Entschuldigung und erklärte lapidar, dass ein junger Politiker (Frischenschlager war immerhin 42 Jahre alt!) eben Fehler zu machen pflege. Da speziell Cap und Offenbeck offen damit drohten, für die Abberufung Frischenschlagers zu stimmen, auch wenn sie in diesem Falle ihr Mandat zurücklegen müssten, und auch

Ferdinand Lacina im Falle des Verbleibs des Verteidigungsministers ernsthaft mit Rücktrittsgedanken spielte, drohte Sinowatz seinerseits mit Rücktritt, sollten nicht sämtliche Mandatare der SPÖ Frischenschlager ihr Vertrauen aussprechen. Der Misstrauensantrag wurde schließlich mit 98 Stimmen von SPÖ und FPÖ gegen 80 Stimmen der ÖVP abgelehnt, drei sozialistische Abgeordnete und jeweils ein Abgeordneter von ÖVP und FPÖ haben an der Abstimmung nicht teilgenommen. Cap hatte in der Debatte Frischenschlager zwar zum Rücktritt aufgefordert und die FPÖ, insbesondere aber den Kärntner Parteiobmann Jörg Haider, der eine »echte Gefährdung der Demokratie« sei, heftig attackiert, schließlich aber doch – eingedenk der in der SPÖ groß geschriebenen Parteiräson – gegen den Antrag der ÖVP gestimmt.

Innerhalb der FPÖ war anfangs ein Höchstmaß an Solidarität mit Frischenschlager gegeben. Der Dritte Präsident des Nationalrates Gerulf Stix erklärte, er hätte gleich gehandelt, und Jörg Haider beeilte sich, Frischenschlagers Vorgangsweise als »vorbildlich« zu bezeichnen. Außerdem will Haider in Reder im Februar 1985 einen Soldaten erkannt haben, der »nur seine Pflicht getan hat«. Sein Schicksal »hätte jeden unserer Väter ereilen können«.[19] Er sei »Soldat wie Hunderttausende andere auch« gewesen. Er habe »seine Pflicht erfüllt, wie es der Eid des Soldaten gebietet ... Sein Schicksal ist die tragische Lebensgeschichte eines Soldaten, dessen Tun nicht mit Gräueltaten des NS-Regimes verglichen werden kann.«[20] 15 Jahre später, im Juli 2000, wurde Haider vom Mailänder »Radio 24« gefragt, ob er noch immer der Einschätzung anhänge, dass Reder »nur seine Pflicht« getan habe. Er antwortete: »Ich brauche mich von keinem Satz zu distanzieren, den ich gesprochen habe, weil jeder absolut richtig ... war.«[21] Nach diesen Sätzen wird auch Haiders Kritik an Frischenschlagers auf Druck der SPÖ zu Stande gekommenen Entschuldigung verständlich. Es würde keinen Grund geben, so Haider, warum der Minister sich entschuldigen sollte. Dass Frischenschlager sich noch dazu im Verlauf eines Interviews mit einer israelischen Zeitung beim jüdischen Volk für den Empfang Reders entschuldigt hatte, bewog Haider, mit seinem Austritt aus der FPÖ zu drohen und die Gründung einer neuen Partei zumindest in den Raum zu stellen. Zwei Zitate aus der Vorstandssitzung der FPÖ vom 19. Februar dokumentieren, wie es mit dem »Liberalismus« dieser Partei bestellt war: »Durch die Abholung Reders durch Frischenschlager sind wieder viele Freunde des nationalen Lagers zu uns gekommen«, erklärte Franz Eitzinger, »es ist mir völlig unverständlich, dass Frischenschlager einen Rückzieher machen musste ...« Und Horst Schender, der oberösterreichische Parteiobmann und nachmalige Volksanwalt meinte: »Die Causa Frischenschlager – Reder hat wieder etwas Aufwind und Zuversicht an der Basis gebracht. Nach dem Interview Frischenschlagers mit einer israelischen Zeitung habe ich den dadurch entstandenen Flächenbrand vorausgesehen ...«[22]

Noch vor der Abstimmung im Hohen Haus war ruchbar geworden, dass der ÖVP-Abgeordnete Wilhelm Gorton, der Inhaber eines Sägewerkes in Straßburg im Gurktal, Reder Arbeit in seinem Betrieb angeboten hatte. Es wurde auch aufgedeckt, dass sich in Klagenfurt eine »Hilfsgemeinschaft für Reder« konstituiert hatte, die sich u. a. für die finanzielle Unterstützung Reders einzusetzen wusste. Der fälschlicherweise immer wieder als »Major« Titulierte hatte Anspruch auf eine monatliche Invalidenrente in der Höhe von 7315 Schilling.

Am 9. Februar bedankte sich Sinowatz in einem Brief an den italienischen Ministerpräsidenten Craxi für die Freilassung Reders und am 20. Februar fand im Nationalrat noch einmal eine Fragestunde zu dieser Causa statt. Politisch und auch publizistisch war der Skandal ausgereizt. Die anfängliche Aufregung und das gewaltige mediale Interesse hatte sich weitgehend gelegt. Frischenschlager blieb nur noch ein Jahr Verteidigungsminister. Im Mai 1986 wurde er als Nachfolger Friedrich Peters Klubobmann der FPÖ. Sein Nachfolger als Bundesminister wurde Helmut Krünes und nicht Staatssekretär Holger Bauer, der sich bereits am ersten Abend nach der öffentlichen Bewusstwerdung der Causa »Reder – Frischenschlager« bei Sinowatz als Verteidigungsminister angetragen hatte, später ein treuer Gefolgsmann Jörg Haiders wurde und gegenwärtig die so genannte »Schutzgemeinschaft der FPÖ-Wähler« repräsentiert. Die Affäre Reder – Frischenschlager fungierte jedenfalls als eines der Trittbretter für den politischen Höhenflug Haiders, dessen Aufstieg die von seinen innerparteilichen Gegnern forcierte und von Kreisky nachhaltig geförderte Regierungs- und Koalitionsmündigkeit der Freiheitlichen hemmte und den Wiedereintritt seiner Partei in eine Koalitionsregierung verhinderte.

Sechs Jahre nach seiner Haftentlassung verstarb Reder. In der »Bundesturnzeitung« stand zu lesen: »Am 26. April 1991 verstarb unser langjähriger Turnbruder Major Walter Reder in Wien ... Walter Reder wurde am 26. Januar 1985 aus der Kriegsgefangenschaft entlassen und durfte nach Österreich heimkehren ... Er war stets ein Kriegsgefangener und kein ›Kriegsverbrecher‹, wie manche fälschlicherweise behaupten ... Walter Reder war und blieb immer ein Turnbruder für uns. Wir werden ihm stets ein ehrendes Andenken bewahren.«[23] Das Begräbnis auf dem städtischen Friedhof in Gmunden, dem etwa 1500 Besucher beiwohnten, geriet am 8. Mai 1991 zum Aufmarsch der Ewiggestrigen.[24] »Fotografieren ist hier unerwünscht«, belehrten gereizte Burschenschafter die von einem Trauerredner als »Schmierfinken« apostrophierten Journalisten, die im Übrigen auch gefilmt wurden. Zum Abschluss der Trauerfeier wurden die erste und die zweite Strophe des »Deutschlandliedes« gesungen, kaum 20 Meter vom jüdischen Friedhof entfernt ...

13. »Wir nehmen zur Kenntnis, dass nicht Waldheim bei der SA war, sondern nur sein Pferd.«

DIE CAUSA WALDHEIM[1]

Kurt Waldheim wurde bereits ungewöhnlich früh als Kandidat für die 1986 anstehende Bundespräsidentenwahl ins Gespräch gebracht. Bereits am 24. August 1983, etwa drei Jahre vor dem Ende der Amtszeit Rudolf Kirchschlägers, wurde in der katholischen Wochenzeitung »Die Furche« ÖVP-Bundesparteiobmann Alois Mock mit den Worten zitiert: »Wenn morgen Bundespräsidentenwahlen wären, hieße der ÖVP-Kandidat Kurt Waldheim!« Daraufhin wurde dieser gefragt, wer ihm als potenzieller Gegenkandidat lieber wäre, »Minister Kurt Steyrer oder Bürgermeister Leopold Gratz?« – »Diese Frage stellt sich nicht«, lautete damals Waldheims Antwort, »da wir erstens einen ausgezeichneten Bundespräsidenten noch für drei Jahre haben und ich mich außerdem noch nicht entschieden habe, obwohl Mocks Vorschlag mich sehr ehrt.« Die Namen der späteren Kandidaten, Waldheim und Steyrer, kursierten also bereits Mitte 1983, wenngleich der Meinungsbildungsprozess in der SPÖ noch am Anfang stand und eine Festlegung auf Gesundheitsminister Steyrer erst viel später erfolgte. Zunächst konnten auch mehrere Spitzenfunktionäre der SPÖ der von der ÖVP ventilierten Variante, Waldheim als gemeinsamen Kandidaten der beiden Großparteien ins Rennen zu schicken, einiges abgewinnen. Am Rande einer SPÖ-Klubtagung am 30. Oktober 1984 wurde Steyrer von Sinowatz gefragt, ob er grundsätzlich als Kandidat zur Verfügung stehen würde. Der Gesundheitsminister sagte zwar nicht kategorisch nein, doch er reagierte sehr zurückhaltend: »Lieber Fredl, lass mich in Ruh, das ist keine erstrebenswerte Aufgabe für mich.«[2]

Seit Anfang 1985 versuchte nun Waldheim, dessen ganzes Wesen zeit seiner politischen Tätigkeit auf Zustimmung und Konsens ausgerichtet war, bei führenden SPÖ-Politikern die Chancen für eine mögliche Unterstützung seiner Kandidatur auszuloten. Als ein stets auf Ausgleich und Kompromiss bedachter Politiker, der bereits Außenminister, Präsidentschaftskandidat und UN-Generalsekretär war, galt Waldheim bis 1986 unbestreitbar als Integrationsfigur. Es wäre ein grober Fehler und zudem intellektuell unredlich, den Politiker Waldheim hinsichtlich dessen Wahrnehmung durch einen Teil der Bevölkerung, der Medien und der politischen Eliten *vor* 1986 unter dem Brennglas der Ereignisse *seit* 1986 zu betrachten. Wie vorsichtig Waldheim zu taktieren verstand, wie sehr er darauf bedacht war, sich nach allen Seiten hin abzudecken, macht ein von ihm angestrebtes Gespräch mit Kreisky deutlich. Er selbst begründete diesen Besuch beim Altbundeskanzler in seinem Buch »Die Antwort« wie folgt: »... weil ich sondieren wollte, was an den Gerüchten wahr sei, er selbst strebe das höchste Amt im Staat an. In diesem Fall hätte ich mir eine Kandidatur höchstwahrscheinlich sehr überlegt. Er aber winkte eindeutig ab: Das interessiere ihn nicht. Er schilderte offen die Probleme ... und räumte mir gute Chancen ein. Einem meiner Freunde vertraute er sogar an: ›Und da er auch noch eine Frau hat, die Sissy heißt, ist der Waldheim in Österreich vermutlich unschlagbar‹«.[3] Kreisky war tatsächlich von Sinowatz zur Kandidatur eingeladen worden, doch »der Alte« hatte abgelehnt. Im Interview mit dem deutschen Publizisten Klaus Harpprecht, der den Altbundeskanzler wenige Monate nach der Wahl fragte, ob er nicht Bundespräsident hätte werden müssen, um Österreich die Waldheim-Krise zu ersparen, sagte Kreisky, dass es in diesem Szenario für ihn und die Regierung nur einen einzigen guten Tag gegeben hätte, ... nämlich jenen des Sieges. »Der Konflikt wäre vorgezeichnet gewesen«, urteilte Harpprecht, »der Einmischung hätte er sich nicht enthalten können.«[4] Kreisky, der zu diesem Zeitpunkt von vielen führenden Funktionären seiner Partei bereits tief enttäuscht war, hielt später über das entsprechende Gespräch mit Sinowatz fest: »Es ist richtig, dass Genosse Sinowatz mit mir ein Gespräch darüber führte, ob ich nicht bereit wäre, für die Bundespräsidentschaft zu kandidieren. Er tat das mit der Bemerkung, dass ich der einzige Kandidat wäre, der die Aussicht hätte, die Wahl zu gewinnen. Ich erwiderte ihm, dass es bei meinem Nein bleibe, aus vielen Gründen, die ich der Öffentlichkeit bekannt gegeben habe, dass ich aber wisse und fühle, dass es für manche heute führende Genossen, er nicht ausgenommen, ein Albtraum wäre, mich wieder in der Innenpolitik zu sehen.«[5] Während Rudolf Sallinger, der langjährige Präsident der Bundeswirtschaftskammer, einer Bitte Waldheims folgend, mit ÖGB-Präsident Anton Benya über die Option einer gemeinsamen Kandidatur sprach, suchte Waldheim selbst den Kontakt zu Sinowatz. Auch wenn er keine klare Absage erhielt, musste ihm doch klar geworden sein, dass innerhalb der SPÖ die von ihm erhoffte Vorgangsweise wohl kaum eine Mehrheit finden würde. Angeblich auch auf Grund einer Meldung der »Südost-Tagespost«, die berichtet hatte, dass Mock möglicherweise selbst zu kandidieren beabsichtige, beschloss die ÖVP am 2. März 1985, einen Tag nach dem Gespräch Sinowatz – Waldheim, Letzteren als ihren Kandidaten zu nominieren. 15 Jahre nach seiner Niederlage gegen Jonas setzte Waldheim erneut an, den Sprung in das »höchste Amt im Staate« zu schaffen.

Die SPÖ geriet nun unter Zugzwang. Als mögliche Kandidaten kamen neben Steyrer einmal mehr Benya und Gratz infrage, doch die Einigung auf den Gesundheitsminister erfolgte dann relativ rasch. Obwohl die Öffentlichkeit seit 16. April über diese Entscheidung informiert war, erfolgte die offizielle Nominierung erst im November 1985. »Ich bin keiner, der gerne verliert«, erinnerte sich Steyrer an seine Gefühlslage, »ich habe sicherlich, obwohl ich eine gewisse Aversion gegen dieses Amt oder gegen diese Aufgabe gehabt habe, doch versucht, mit ganzer Kraft diesen Wahlkampf zu gewinnen.«[6] Die Meinungsumfragen sprachen jedoch von Beginn an für den Kandidaten der ÖVP. Bei seiner offiziellen Vorstellung als Kandidat sagte Waldheim: »Es ist bekannt, dass ich keiner politischen Partei angehöre und mich als überparteilicher Kandidat verstehe ..., aber Sie wissen, dass ich mich zeitlebens zur christlichen Weltanschauung bekannt habe und den gesellschaftlichen Zielsetzungen der Österreichischen Volkspartei verbunden war.«

Als weitere Kandidaten traten Freda Meissner-Blau und Otto Scrinzi an. Der Kärntner Arzt Scrinzi, Jahrgang 1918, war Mitglied der NSDAP und SA-Sturmführer, von 1966 bis 1979 vertrat er die FPÖ in Nationalrat. Um zu verhindern, dass Scrinzi allzu viele Proteststimmen auf sich vereinigt, ließ sich die 1927 in Deutschland geborene Meissner-Blau von ihren Freunden aus der Grünbewegung zu einer Kandidatur überreden.

Zunächst hatte es den Anschein, dass sich die bevorstehende Wahlauseinandersetzung eher ruhig gestalten würde, zumal Waldheim und Steyrer ein »Fairnessabkommen« geschlossen hatten, doch gegen Ende 1985 tauchten in Zeitungen erste Hinweise auf, wonach ein schonungsloser Wahlkampf bevorstehen würde.[7] An der Wiege des Wahlkampfes wurde ein Lebenslauf Waldheims veröffentlicht, in dem es la-

pidar hieß: »Zu Beginn des Zweiten Weltkrieges wurde er zur Deutschen Wehrmacht eingezogen. An der Ostfront verwundet, kehrte er in die Heimat zurück und konnte das Rechtsstudium wieder aufnehmen. 1944 beendete er es als Doktor der Rechte ...« Auch in Waldheims Buch »Im Glaspalast der Weltpolitik« wurde seine Zeit in der Wehrmacht nur fragmentarisch dargestellt. Mit dem Beginn des Wahlkampfes im Frühjahr 1986 setzte schließlich die Diskussion über Waldheims Kriegsvergangenheit ein. Mit der Lancierung seiner »Wehrstammkarte« an die Medien und der Thematisierung seiner Mitgliedschaft in NS-Organisationen erhielt die Diskussion über den Präsidentschaftskandidaten der ÖVP eine internationale Dimension, amerikanische Medien und vor allem der »World Jewish Congress« (WJC) – »zweifellos der Hauptakteur bei den Enthüllungen über Kurt Waldheims Vergangenheit«[8] – bzw. dessen Präsident Edgar Bronfman wurden zu Waldheims schärfsten Gegnern. Das Nachrichtenmagazin »profil«, welches im Februar besagte »Wehrstammkarte« veröffentlicht hatte, deckte auf, dass Waldheim Mitglied der SA und des Nationalsozialistischen Deutschen Studentenbundes war. Mehrmals hatte Waldheim versichert, dass er nach einer Verwundung im Dezember 1941 an der Ostfront nicht mehr »kriegsdienstverwendungsfähig« gewesen wäre, worauf er Studienurlaub erhielt. Erst nach Abschluss seiner Studien sei er wieder einberufen worden. Es wurde jedoch nachgewiesen, dass Waldheim bereits im März 1942 nach Saloniki zur Heeresgruppe E versetzt wurde. Seine Jahre am Balkan wurden der Öffentlichkeit erst Schritt für Schritt bekannt und der ehemalige Oberleutnant der Heeresgruppe 1c/AO gab stets nur so viel zu, wie ihm nachgewiesen werden konnte. Nach seinem Wahlsieg wurden schließlich immer wieder Vorwürfe laut, Waldheim wäre an Kriegsverbrechen beteiligt gewesen, habe mit Maßnahmen gegen Partisanen sympathisiert oder hätte vom »Verschwinden« der jüdischen Bevölkerung von Saloniki gewusst.
Am 9. März 1986 gab Waldheim in der ORF-»Pressestunde« jenen unsäglichen Satz von sich, wonach er bei der Wehrmacht eingerückt war, »wie Hunderttausende Österreicher auch, die ihre Pflicht erfüllt haben«. Mit diesem Bekenntnis stellte Waldheim die historischen Tatsachen sozusagen auf den Kopf, da die Republik ihre Existenz »eben nicht dieser ›Pflichterfüllung‹ verdankt, sondern denen, die gegen die Pflichterfüller gekämpft haben«.[9] Die Kritik an Waldheim wurde von der ÖVP während des Wahlkampfes in eine Kritik an der »gesamten

Kriegsgeneration« und zuletzt in eine Kritik an ganz Österreich umgemünzt. »Wir Österreicher wählen, wen wir wollen – jetzt erst recht Waldheim«, wurde damals auf gelbem Hintergrund affichiert. Plötzlich war auch wieder vom »Weltjudentum« die Rede, »die ehrlosen Gesellen des Jüdischen Weltkongresses« wurden ohne viel Aufhebens mit »dem Judentum« gleichgesetzt etc. Noch gut in Erinnerung ist die verbale Geschmacklosigkeit Michael Graffs, der den Bundespräsidenten für unschuldig hielt, »solange nicht bewiesen sei, dass Waldheim eigenhändig sechs Juden erwürgt habe«. Für einen traurigen Höhepunkt dieser Polemiken sorgte der ÖVP-Vizebürgermeister von Linz, der in einem Brief an den WJC die Vorwürfe gegen Waldheim mit der Kreuzigung des Nazaräers »durch Ihre Glaubensgenossen« verglich.
Erst nach Kirchschlägers viel beachteter »Erklärung an die österreichische Nation« vom 22. April beruhigte sich die Situation etwas. Steyrer, der als der kontaktfreudige, auf die Menschen zugehende Arzt in Szene zu setzten versucht wurde, war sich nach eigenen Angaben bereits im Februar 1986 sicher, dass auf Grund der fortdauernden Attacken gegen Waldheim der Wahlkampf für ihn verloren sei. Die gewaltige Medienpräsenz seines Gegners erwies sich als derart dominierend, dass Steyrer sogar bei Großveranstaltungen der SPÖ als »unser Kandidat Dr. Waldheim« vorgestellt worden war. Im ersten Wahlgang am 4. Mai 1986 vermochte keiner der Kandidaten die absolute Mehrheit zu erreichen. Waldheim kam auf 49,64 Prozent, Steyrer auf 43,66 Prozent, Meissner-Blau auf 5,5 Prozent und Scrinzi auf 1,2 Prozent.
Am 8. Juni 1986 wurde Waldheim im zweiten Wahlgang mit 53,89 Prozent der gültig abgegebenen Stimmen zum Bundespräsidenten gewählt, Steyrer kam lediglich auf 46,1 Prozent. Tags darauf gab Sinowatz, der in der SPÖ der wichtigste Exponent der Kritik am Kandidaten der ÖVP war, bekannt, dass er als Bundeskanzler zurücktreten werde. Gratz folgte dem Beispiel seines Freundes mit der Begründung, er wolle nicht »Waldheims Außenminister« sein. Als neuer Bundeskanzler wurde am 16. Juni der seit 1984 amtierende Finanzminister Franz Vranitzky vereidigt.
Über die Rolle der SPÖ bei der »Kampagne« gegen Waldheim wurden zahlreiche Spekulationen angestellt. Waldheim selbst ist davon überzeugt, dass die von ihm so genannte »Campaign« »seit Monaten geplant gewesen« und »zentral gesteuert« worden sei, »um Verunsicherung in der Innenpolitik und in der Bevölkerung selbst« auszulösen und seine internationale Reputation zu zerstören, auch Mock wusste

von »innenpolitischen Brandstiftern«.[10] Der Pressedienst der ÖVP brandmarkte den Kabinettschef von Bundeskanzler Sinowatz, Hans Pusch, als Hauptverantwortlichen und unterstellte Zentralsekretär Peter Schieder, er habe davon gewusst.[11] Als Graff vor diesem Hintergrund von den »Schmutzfinken in der SPÖ« sprach, riss Sinowatz am 11. März der Geduldsfaden: Er habe weder die Biografie Waldheims geschrieben noch dessen »Wehrstammkarte« hergestellt. Und weiter: »Wir nehmen zur Kenntnis, dass nicht Waldheim bei der SA war, sondern nur sein Pferd.« In der Frage, ob tatsächlich von einer von Österreich aus initiierten »Kampagne« gesprochen werden kann und ob die angeblichen »Drahtzieher« aus den Reihen der SPÖ stammten, wofür keine Beweise vorliegen, herrscht in der Geschichts- und Politikwissenschaft sowie in der Publizistik Dissens.

Die Angelobung Waldheims fand am 8. Juli statt. Nachdem er seinem Gegenkandidaten für dessen Fairness gedankt hatte, bezeichnete er sich als »Bundespräsident für alle Österreicher«. Die Demokratie würde sich dadurch auszeichnen, dass Wahlentscheidungen zur Kenntnis genommen werden können, ohne persönlich verletzend empfunden zu werden. Über seine Amtsauffassung sagte er, dass das Staatsoberhaupt einen ruhenden Pol in dem Sinne bilden solle, dass es bei Konflikten versöhnend wirken kann und als unparteiischer Vermittler Anerkennung findet. Er fand auch klare Worte zum Nationalsozialismus, zur »planlosen Vernichtung von Millionen jüdischer Mitbürger«. Jenes »niemals wieder«, das sich die Österreicher auf den Trümmern des Zweiten Weltkrieges geschworen haben, gelte auch heute nicht nur für den Schrecken des Holocaust, sondern auch jener furchtbaren Geisteshaltung gegenüber, die ihn verursachte: dem Antisemitismus.

Bereits im April 1986 waren in amerikanischen Medien Gerüchte aufgetaucht, wonach die Möglichkeit eines Einreiseverbotes für Waldheim in die USA geprüft werden würde. Vier Monate später forderte der WJC das Justizministerium auf, Waldheim auf die so genannte »Watchlist« zu setzen. Außenminister Mock wies am 14. Mai auf die einschneidenden politischen Konsequenzen einer solchen Vorgangsweise für die Beziehungen zwischen Wien und Washington hin, »da die österreichische Öffentlichkeit kein Verständnis für einen solchen Schritt aufbrächte«. Kreisky, der seiner Partei zürnte und sogar den Ehrenvorsitz zurückgelegt hatte, weil die SPÖ in den Koalitionsverhandlungen das Außenministerium aufzugeben bereit war, sah den zukünftigen Entwicklungen mit Skepsis entgegen: »Der Verzicht auf das Außenministerium ist schlicht und einfach eine Katastrophe und es bleibt die Frage offen, ob wir einen Bundespräsidenten Waldheim und den Obmann jener Partei, die ihn nominiert und voll und ganz unterstützt hat, im Ausland aushalten werden ...«[12] Bundeskanzler Vranitzky war hinsichtlich der Bejahung des gewählten Staatsoberhauptes um Konsens mit dem Koalitionspartner bemüht. Kanzler und Außenminister hatten nach der »Watchlist«-Entscheidung vereinbart, dass die Bundesregierung alles unternehmen werde, um ungerechtfertigten Anschuldigungen gegen den Bundespräsidenten entgegenzutreten. Die Entscheidung des US-Justizministeriums und des State Department vom 27. April 1987, dem österreichischen Staatsoberhaupt als Privatperson die Einreise in die USA zu verbieten, löste in Österreich Empörung und international großes Aufsehen aus. Interventionen des österreichischen Botschafters Thomas Klestil bei Justizminister Meese und Außenminister Shultz blieben ohne Wirkung. Grundlage dieser problematischen und unverständlichen Entscheidung war ein Gesetz, welches Personen, die im Verdacht stehen, während des Zweiten Weltkrieges auf deutscher Seite in »Verfolgungshandlungen« involviert gewesen zu sein, ein Einreisevisum in die USA verwehren kann.[13] Zehn Jahre nach der »Watchlist«-Entscheidung schrieb ein ehemaliger CIA-Beamter über deren Zustandekommen ein aufschlussreiches Büchlein, in welchem die Ansicht vertreten wird, dass Waldheim als Spielball der amerikanischen Innenpolitik instrumentalisiert worden war.[14] Obwohl die Entscheidung der Reagan-Administration »lediglich« einen Verwaltungsakt darstellte, war dessen Tragweite doch enorm. Das »profil«-Cover vom 4. Mai, auf welchem Waldheim als »Der Geächtete« firmierte, brachte die internationalen Reaktionen auf den Punkt. Zusätzliche Brisanz ergab sich aus dem Umstand, dass für die zweite Maihälfte ein Besuch Vranitzkys in den USA bevorstand, über dessen Absage nun debattiert wurde. Die Reise des Bundeskanzlers fand schließlich statt und wurde ein großer Erfolg. Führende Vertreter aller Parteien gingen in der Auffassung konform, dass ein Rücktritt Waldheims zu diesem Zeitpunkt kontraproduktiv wäre. Die Bundesregierung entsandte nun eine dreiköpfige Expertengruppe nach Belgrad, um jene Dokumente, die zum Einreiseverbot führten, zu überprüfen. Das Material umfasste etwa 2500 Seiten Originaldokumente und 10.000 Seiten Mikrofilm. Nach der Rückkehr hielten die Experten (Felix Ermacora, Kurt Peball, Manfried Rauchensteiner) fest: »Ein eingehendes Studium der Dokumente« ließe »nichts

erkennen, was die Argumention stützen würde, Dr. Waldheim hätte eine wichtige und mit Befehlsgewalt verbundene militärische Stellung innegehabt und sich in den aufgelisteten Fällen schuldig gemacht.« Nachdem sich die Experten für die Analyse des umfangreichen Materials allerdings keine drei Tage Zeit genommen hatten, erweckten deren Schlussfolgerungen keinen seriösen Eindruck.
Nur wenige Wochen nach der »Watchlist«-Entscheidung am 25. Juni wurde der Bundespräsident u. a. auf Grund »einer wiederholten Anfrage von österreichischer Seite« von Papst Johannes Paul II. empfangen, was den Konflikt mit Israel, das seinen Botschafter bereits nach Waldheims Wahlsieg aus Wien abgezogen hatte, noch zusätzlich verschärfte. Die ÖVP-Zeitung »Neues Volksblatt« titelte in dieser innenpolitisch aufgeheizten Atmosphäre: »Juden fallen wegen Einladung Waldheims über den Papst her!« Und als anlässlich des Parteitages der Wiener SPÖ Josef Hindels den Bundespräsidenten einen »hinterhältigen Lügner« nannte, wurde er von Graff mit dem »Blutrichter« des NS-Regimes Freisler verglichen.
Am 1. September trat erstmals die von der Bundesregierung eingesetzte internationale Historikerkommission zusammen, die untersuchen sollte, »ob ein persönlich schuldhaftes Verhalten von Dr. Kurt Waldheim während seiner Kriegszeit vorliegt«.[15] Das Ergebnis der Untersuchungen wurde am 8. Februar 1988 vorgelegt. Ein persönlich schuldhaftes Verhalten Waldheims wurde zwar nicht konstatiert, sehr wohl aber »konsultative Mitwirkung an Unterdrückungsmaßnahmen«. Für seine Autorität und Integrität als amtierender Bundespräsident war freilich die Feststellung der Kommission, Waldheim wäre entgegen seiner bisherigen Beteuerungen sehr wohl Mitglied in der SA und im NSDStB gewesen, ein schwerer Schlag. Aus einem vom ehemaligen Außenminister Gruber (mit) herausgegebenen »Weißbuch« war noch 1987 hervorgegangen, dass der Bundespräsident kein Mitglied einer nationalsozialistischen Organisation gewesen sei. Das abschließende Urteil der Historikerkommission lautete wie folgt: »Waldheims Darstellung seiner militärischen Vergangenheit steht in vielen Punkten nicht im Einklang mit den Ergebnissen der Kommissionsarbeit. Er war bemüht, seine militärische Vergangenheit in Vergessenheit geraten zu lassen und, sobald das nicht mehr möglich war, zu verharmlosen ...« Waldheim forderte von der Regierung die Zurückweisung des Berichtes und drohte angeblich mit ihrer Entlassung, er selbst bestreitet dies freilich. In der Öffentlichkeit bezeichnete er die Erkenntnisse

der Kommission aber kontrafaktisch als »umfassende Entlastung«, um eine Woche später in einer Fernsehrede zu verkünden, dass er »nicht der Verleumdung weichen« werde. Der Bericht entspreche »in Teilen nicht der Wahrheit«.

Wenig später erhielt die »Causa Waldheim« anlässlich der offiziellen Feierlichkeiten zum »Ge- und Bedenkjahr« 1988, in welchem in Ausstellungen, Gedenkveranstaltungen und Staatsakten des fünfzigsten Jahrestages des »Anschlusses« Österreichs an Hitler-Deutschland gedacht wurde, einen dramatischen Höhepunkt. »Die Linke wollte mich bei dieser Gedenkstunde [im Parlament, Anm. C. D.] nicht sprechen lassen«, klagte Waldheim, der schließlich mit Vranitzky einen Kompromiss erzielte.[16] Waldheim nahm zwar an der Feier im Parlament teil, doch seine Rede hielt er am 10. März nicht im Hohen Haus, sondern im Fernsehen. Diese Ansprache war eigentlich bemerkenswert, doch seine Glaubwürdigkeit war bereits so sehr beschädigt, dass auch kein noch so offenes Eingeständnis zu einer für Waldheim positiven Wirkung geführt hätte. Dennoch, was jahrzehntelang seitens der Staatsspitze verabsäumt worden war, wurde nun ausgerechnet von Waldheim in der gebotenen Klarheit ausgesprochen: die österreichische Mitwirkung an den Verbrechen des Nationalsozialismus. »Der Holocaust ist eine der größten Tragödien der Weltgeschichte«, begann er, »Millionen jüdischer Menschen wurden in den KZ's (sic!) vernichtet. Diese Verbrechen sind durch nichts zu erklären und durch nichts zu entschuldigen. Ich verneige mich in tiefem Respekt vor diesen Opfern, die uns stets Mahnung und Auftrag sein müssen ... Wir dürfen nicht vergessen, dass viele der ärgsten Schergen des Nationalsozialismus Österreicher waren. Es gab Österreicher, die Opfer, und andere, die Täter waren. Erwecken wir nicht den Eindruck, als hätten wir damit nichts zu tun.«[17] Doch erst die von Vranitzky am 8. Juli 1991 im Parlament gehaltene Rede zu diesem Thema wurde international als authentisches Bekenntnis zur österreichischen Mitschuld an den NS-Verbrechen wahrgenommen. Seine Ausführungen kamen freilich vierzig Jahre zu spät und polarisierten auf Grund der schonenden Diktion auch nicht. »Ich hatte damals einen vorsichtigen Weg zu gehen, um nicht eine richtige und notwendige Absicht ins Gegenteil zu verkehren«, sagte Vranitzky einmal. Und weiters meinte er: »Der März 1988 stand noch zu sehr unter dem Eindruck der ... Waldheim-Debatte und es ist in solchen Fällen immer wichtig, dass man den richtigen, den vernünftigen Zweck nicht verfehlt.«[18]

Der Kernpunkt der Auseinandersetzung um den Präsidentschaftskandidaten und späteren Bundespräsidenten Kurt Waldheim scheint mir zu sein, dass dieser von einer *Person* über den für ihn und seine Familie sicher schmerzhaften Weg einer *Affäre* zu einem *Fall* wurde. Seine den offiziellen Opfermythos geradezu pulverisierende Bemerkung, wonach er »nur seine Pflicht erfüllt« hätte, stimmte mit der subjektiven »Erinnerungswahrheit« der Kriegsgeneration durchaus überein, ein »großes Tabu« war gebrochen. Die mit vielen Emotionen versetzte Täter-Opfer-Diskussion, welche eine breite Öffentlichkeit *erfasst*, jedoch – aus heutiger Sicht kann dies gesagt werden – nicht genügend *sensibilisiert* hatte, brachte aber auch eine reinigende Wirkung mit sich, eine – freilich nicht zu überschätzende – Enttabuisierung des Nationalsozialismus. Die durch die Waldheim-Debatte hervorgerufene Stimmungslage bewirkte zudem einen »Rechtsruck« im öffentlichen Diskurs, welcher der rechtspopulistisch gewandelten FPÖ eine nicht zu unterschätzende Schubkraft verlieh.
Die »Causa Waldheim« fand erst mit der relativ spät erfolgten Erklärung des Bundespräsidenten vom 21. Juni 1991, wonach er bei der nächsten Wahl nicht mehr antreten werde, ihr eigentliches Ende. Waldheim konnte weder in der Innenpolitik, wo er als »Mahner« und »Warner« diskreditiert schien, noch in der Außenpolitik jene aktive Rolle übernehmen, von welcher er im Wahlkampf so ambitioniert gesprochen hatte. Während seiner gesamten Amtszeit erhielt Waldheim keine einzige Einladung in ein Land der »westlichen Wertegemeinschaft«, er war in einer seiner wichtigsten Aufgaben »gelähmt«. Auf Grund Waldheims Isolierung musste Vranitzky bei zahlreichen Gelegenheiten und in mancher Hinsicht die Rolle des Bundespräsidenten übernehmen und die Art, wie er dies tat, brachte ihm mit Recht Respekt und Anerkennung ein. Selbst Kritiker und unversöhnliche Gegner des Altkanzlers stellten in Rechnung, dass sich sein Krisenmanagement bewährt hätte. »Seine Rolle als quasi Ersatz-Bundespräsident hat er ja nicht schlecht gespielt, damals, während der Waldheim-Zeit«, erklärte Hannes Androsch einmal, der ansonsten kein gutes Haar an seinem ehemaligen Sekretär zu lassen pflegt.
Am 8. Juli 1992 wurde Waldheim von Nationalrat und Bundesrat im Rahmen einer Festsitzung verabschiedet. »Besonders hat mich die Abschiedsrede des sozialdemokratischen Nationalratspräsidenten Fischer beeindruckt«, erinnerte sich Waldheim, »der wahrhaftig nie zu meinen Anhängern gezählt hatte, der aber wohl unzweifelhaft zu jenen Politi-

kern Österreichs zählt, denen man intellektuelles Format und Integrität nicht absprechen kann.« Fischer hatte u. a. ausgeführt: »In diesem Sinne möchte ich aussprechen, dass dem Menschen und dem Bundespräsidenten Kurt Waldheim Unrecht zugefügt wurde, wenn ihm Handlungen – ja sogar Kriegsverbrechen – angelastet wurden, die er nach aller historischen Evidenz ... nicht begangen hat. Ich darf in diesem Zusammenhang hinzufügen, dass die Haltung mancher ausländischer Staatskanzleien oder Regierungen wohl nicht durch ein Höchstmaß an sorgfältig abwägender Gerechtigkeit bei der Reaktion auf die Biografien einzelner Staatsoberhäupter charakteristisch war ...«[19]

Für viele Bürger und vor allem für viele Intellektuelle blieb Waldheim unglaubwürdig. Wenn der Bundespräsident einmal die richtigen Worte fand, dann war es meist schon zu spät. Anders als der deutsche Bundespräsident von Weizsäcker vermochte er sich nicht aus der Umklammerung der Vergangenheit zu lösen. Stets schwebte die Vermutung im Raum, er handle und spreche nicht aus Überzeugung, sondern aus Berechnung und Opportunismus. Für Pelinka war Waldheim ein typischer »Mitläufer«, »Mitläufer im autoritären Ständestaat, Mitläufer bei der Großdeutschen Wehrmacht, Mitläufer im Diplomatischen Dienst, Mitläufer bei den Vereinten Nationen und nun österreichischer Bundespräsident«, weder stellte er den typischen Täter noch das typische Opfer dar, er ist »ein normaler, er ist ein echter Österreicher«.[20] Nach dem Urteil der Historikerkommission hätte er ohne großen Gesichtsverlust im Sinne einer »Entscheidung für Österreich« (Simon Wiesenthal) zurücktreten können. Waldheim dachte nicht daran: »Pflichterfüllung« bis zuletzt.

Als 2001 das vom Amerikaner Harold Tittman geschriebene Buch »The Waldheim Affair. Democracy Subverted«[21] erschien, welches die Rehabilitierung Waldheims zum Inhalt hat, tauchten Spekulationen auf, wonach in den USA ein Umdenken einsetzen könnte. Die Hoffnungen von Außenministerin Benita Ferrero-Waldner, wonach die Bush-Administration die Entscheidung der Reagan-Administration, Waldheim auf die »Watch-List« zu setzen, revidieren würde, zerschlugen sich rasch wieder. Auch der etwa zeitgleich erhobene Vorwurf, Waldheim habe für den CIA gearbeitet und sei deshalb von der Sowjetunion erpresst worden, konnte durch neu geöffnete CIA-Akten nicht bestätigt werden.[22]

14. »... was in den kranken Gehirnen einiger Journalisten entstanden ist«?

JÖRG HAIDER ODER: DER SKANDAL IN PERMANENZ*[1]

Die britische Journalistin Hella Pick, die in Wien geboren wurde und mit einem Kindertransport vor den Nazis fliehen musste, schrieb in ihrem 1999 erschienenen Buch »Und welche Rolle spielt Österreich?«: »Als alles den Anschein erweckte, als neigten sich die langen Lehrjahre der Nachkriegszeit auf dem Weg zu einer Normalisierung ihrem Ende zu, verdüsterte ein ... Schatten ... das politische Klima, beeinflusste die Politik und löste großes Unbehagen im Ausland aus. Das Phänomen hat einen Namen: Es heißt Jörg Haider. Auch wenn es übertrieben ist, ihn als Neonazi zu bezeichnen, hat das Auftauchen dieses ›Yuppie-Faschisten‹ – wie das europäische Parlament ihn einmal nannte und die ausländischen Medien ihn gerne bezeichnen – auf der österreichischen Bühne erneut die Furcht aufleben lassen, dass wieder einmal eine beträchtliche Zahl von Österreichern bereit ist, sich einer weit rechts stehenden politischen Figur in die Arme zu werfen, deren Rhetorik faschistische Untertöne anklingen lässt. Wenn Österreich glaubte, es habe im Großen und Ganzen Frieden mit sich und der Welt geschlossen, so irrte es. Haider ist ein steinerner Gast.«[2] Diese Sätze dokumentieren exemplarisch, dass Haider, der umstrittene Politiker, selbst von seinen schärfsten Kritikern als »Phänomen« anerkannt wird, eine Wahrnehmung, welche in der politischen Geschichte der Zweiten Republik zuvor nur Kreisky bedient hatte, an dessen Versatilität sich der Jüngere freilich in keiner Phase seiner Karriere heranzutasten verstand, auch

* Autor und Verlag stellen klar, dass die Kapitelüberschrift nicht mit der politischen Karriere des J. H. in deren Gesamtheit identifiziert wird respektive werden kann.

wenn dieser einmal der Fehleinschätzung erlag, er hätte »das Erbe Bruno Kreiskys« angetreten. Gegen den großen Magier Kreisky ist Haider immer der Zauberlehrling der Postmoderne geblieben. Dennoch: Über keinen anderen – aktiven – österreichischen Politiker wurde eine vergleichbare Anzahl von Büchern geschrieben, kein anderer österreichischer Politiker – Kreisky und Waldheim ausgenommen – gelangte international zu einem ähnlichen Bekanntheitsgrad. »War man früher einmal stolz, wenn fremde Zungen den Namen Bruno Kreisky als den eines bedeutenden Staatsmannes zum Klingen brachten«, fasste Christa Zöchling zusammen, »und war man später dann etwas betreten, wenn der Name Kurt Waldheim fiel, so möchte man heute am liebsten zu einer großen Erklärung ansetzen, wenn die Rede auf Jörg Haider kommt.«[3]

Diese »Erklärung« definiert sich im politischen und medialen Diskurs sowie in einem Teil der wissenschaftlichen Literatur, so informativ und – im Sinne demokratiepolitisch motivierter Aufklärung – verdienstvoll diese auch sein mag, nicht selten ausschließlich über das Paradigma Rechtsextremismus, womit dem »Phänomen Haider« auf Grund des Ausblendens anderer Codes gewiss kein umfassender Erklärungsansatz zu Grunde gelegt werden kann. Klaus Ottomeyer, Sozialpsychologe in Klagenfurt, trug der Vielseitigkeit dieses Phänomens Rechnung, indem er angesichts der »Faszination oder Duldung gegenüber dem Haider-Phänomen« neben den rational nachvollziehbaren Faktoren wie Arbeitslosigkeit oder Verarmung und der unzureichenden Aufarbeitung des Nationalsozialismus auch und besonders auf den Einfluss psychischer Faktoren hinwies, »die auf tiefen Sehnsüchten und Ängsten beruhen, die von einer entfremdeten und immer noch ziemlich autoritären, freilich auch ›postmodernen‹ und konsumistischen Gesellschaft hervorgebracht werden. Neben seiner rechtsextremen Identifizierung, welche Teil eines nie zurückgewiesenen Familienerbes ist«, so Ottomeyer, »bringt Haider mit einem großen Gespür für das Unbewusste der Menschen und mit schauspielerischer Eleganz mindestens drei Teilfiguren auf die Bühne.«[4] Die erste Teilfigur ist der Robin Hood Österreichs, der Advokat der kleinen und anständigen Leute, der sich was traut und die Mächtigen vor sich »herjagt«, die zweite, der männliche, braun gebrannte Sportler, dessen Inszenierung Überlegenheit, Vitalität und Mut suggeriert, und die dritte endlich begegnet uns im so genannten »Bierzelt-Sozialisten«, im »Jörgl zum Anfassen«, der mit dem »Du«-Wort nicht knausrig ist und

keine Berührungsängste kennt. Diese drei Figuren »verdecken für viele Anhänger, Wähler und Dulder den rechtsextremen Teil, der ... eine gefährliche Realität im Hintergrund ist.«[5]
Waldheims umstrittenes Diktum der »Pflichterfüllung« hatte eine einfach zu instrumentalisierende Propaganda-Weiche in die braune Vergangenheit gestellt, welcher Teile der FPÖ immer schon positiv gegenübergestanden waren.[6] Haider wollte der »historischen Wahrheit zum Durchbruch verhelfen«, als er forderte, nicht auf »Umerzieher« und »spät geborene, selbst ernannte Richter« zu hören, die »ein zweites Verurteilungsverfahren, wie es nach 1945 in Österreich stattgefunden hat, durchzuführen«.[7] Für die von Haider verursachten Skandale ist vor allem – aber nicht nur – dieser lange Schatten der NS-Vergangenheit von Bedeutung. Seine Aussagen und Ankündigungen sind an der vom Historiker Willibald Holzer ausgearbeiteten und in zahlreichen gerichtlichen Auseinandersetzungen gestählten Definition dessen, was unter »Rechtsextremismus« zu verstehen ist, zu messen: Nationales Geschichtsbild, Geschichtsrevision, alter und neuer Rassismus, Deutschnationalismus, Feindbild- und Sündenbock-Politik, Demokratie- und Systemkritik, soziale Volksgemeinschaft, autoritäre Staatsvorstellung, starker Staat, starker Mann und Führersystem, Aggressivität des politischen Stils, Ablehnung der Frauenemanzipation.[8]
Für Peter Pilz ist Haider der »Ziehvater des rechtsextremen Terrorismus«, Lingens nannte ihn »Nazibua«. Ich begreife ihn mit Ernst Hanisch als radikalen Rechtspopulisten, dessen Partei in deren politischer Praxis fließende Übergänge zum Rechtsextremismus aufzuweisen hat.[9] Was den »radikalen Rechtspopulismus à la Jörg Haider zentral charakterisiert, ist eine Fundamentalopposition gegen die Zweite Republik, deren große Tabus bewusst verletzt werden: Österreichische Nation, Neutralität, Sozialpartnerschaft, ›Lizenzparteien‹ ... Haider strebt offen die Dritte Republik an. Das deutschnationale Milieu in Bad Goisern, aus dem er stammt – NS-Elternhaus, Turnerbund, Waffenstudententum –, dieses Milieu hatte sich mit dem Untergang des ›Dritten Reiches‹ emotional nie abfinden können ... Als Vertreter der jungen, ›unschuldigen‹ Generation vollzieht Dr. Haider immer wieder die große Feier der Versöhnung und Identifikation mit der Kriegsgeneration, den Toten und Lebenden.«[10]
Auf einem denkwürdigen Parteitag am 14. September 1986 wurde Norbert Steger gestürzt. Ein vom nationalen Flügel der Partei generalstabsmäßig vorbereiteter »Putsch« hob den »Kärntner Rebell« Jörg

Haider auf den Schild des Parteiobmannes. Die FPÖ hatte zu ihren ideologischen Anfängen, zu den aggressiv-deutschnationalen Wurzeln zurückgefunden. »Mit dem Haider tät i wieder nach Russland ziehen«, verkündete ein Funktionär, »mit dem Steger tät i nit amol auf Urlaub gehen.« Stegers Gattin bekam zu hören, dass ihr Mann eigentlich »vergast« gehöre. Ein Mitglied der Bundesparteileitung verteilte Adolf-Hitler-Gedenkmünzen. »Unter an faschistische Kundgebungen erinnerndem Gejohle wurde ... der unterlegene Repräsentant des Liberalismus als ›Jud‹ mit Erschießen und Vergasen bedroht«, hielten Bailer und Neugebauer[11] fest und selbst der VdU-Mitbegründer und FPÖ-Sympathisant Viktor Reiman schrieb von einer »biergeschwängerten Stimmung, von Zwischenrufen und Verbalinjurien, die an nationalsozialistische Zeiten erinnerten«[12]. Hier waren jene »Kellernazis« am Werke, die Steger aus der Partei zu entfernen trachtete und die sich nun dem emphatischen Siegestaumel hingaben. Solche Funktionäre, »aufgewachsen im reaktionär-dumpfen Umfeld diverser ›Heimatdienste‹, ›Abwehrkämpfer‹, ›Turnerbünde‹, schlagender Verbindungen, teutonischer Phrasen, chauvinistischer Deutschtümelei, Geschichtsverzerrung, der bizarren Subkultur ehemaliger Nationalsozialisten, unbelehrbarer Exparteigenossen, übelkeitserregender Veteranenrituale«, entdeckten in Haider ihren »lang ersehnten Führer«.[13]

Für Bundeskanzler Vranitzky, eben erst drei Monate im Amt, war Haider kein seriöser Partner. Er entschied sich für die Beendigung der kleinen Koalition, was die Ausschreibung von Neuwahlen für den 23. November zur Folge hatte. Die FPÖ konnte bei dieser Wahl, die den Beginn des aufhaltsamen Aufstiegs Haiders in der Bundespolitik markierte, von 12 auf 18 Mandate zulegen. Permanente Wahlerfolge auf Bundes- und Länderebene folgten, nur selten gab es einen Einbruch. Die so genannte »Ausgrenzung«, also die Nichtbeteiligung der FPÖ an Regierungskoalitionen auf Bundesebene, wurde aus guten Gründen mehr als 13 Jahre praktiziert, im Februar 2000 wurde sie von ÖVP-Obmann Schüssel beendet. Der Eintritt der Haider-FPÖ in die Regierung wurde in ganz Europa als Zäsur betrachtet, die der französische Philosoph André Glucksmann als Bruch eines »ungeschriebenen Gesetzes« umschrieb, dass sich demokratische Politik in Europa auf die Erinnerung an die totalitären Katastrophen des 20. Jahrhunderts zu gründen hat.

Am 4. Juli 1987 fand in Moosbach ein Geheimtreffen zwischen Haider und den weit rechts stehenden Kärntner Politikern Kriemhild Trattnig und Otto Scrinzi, der einmal bekannt hatte, er wäre »immer rechts [gewesen], auch in der NSDAP«[14], mit dem Chef der neonazistischen NDP Norbert Burger statt, bei welchem Optionen einer »Zusammenarbeit im positiven Sinn« ausgelotet wurden, wie Scrinzi, der für dieses Treffen sein Haus zur Verfügung gestellt hatte, erklärte. Die »Nationalen« befürchteten, das »Gedenkjahr 1988« würde »zu einem Generalangriff auf die historische Wahrheit genutzt«. Burger resümierte später: »Die Bedingungen für die Arbeit der nationalen und volkstreuen Kräfte innerhalb der FPÖ haben sich radikal verbessert. Man kann sich heute in der FPÖ wieder dazu bekennen, national zu sein, und dazu, dass einem das Deutschtum über alles geht ... Man ist in der FPÖ kein Außenseiter mehr, wenn man sich zu den Grundsätzen der NDP bekennt.«[15] Nach Bailer hatte sich Haider an diesem Julitag u. a. für ein »profil«-Interview vom März rechtfertigen müssen, in welchem er die Verbrechen von Auschwitz und Treblinka als Massenmord bezeichnet hatte.[16] Burger hatte nach diesem Interview an »Haider persönlich« einen 10-seitigen Schimpfbrief geschrieben, da für ihn Haiders Aussagen über den »Massenmord« offensichtlich inakzeptabel waren. Zwei Jahre zuvor, Haider war noch nicht Parteiobmann, waren die Verbrechen des Nationalsozialismus für ihn noch »Vorgänge, ... die nicht zu akzeptieren sind«, erst auf das Drängen seines Interviewpartners hatte er kühl hinzugefügt: »Wenn Sie wollen, dann war es halt Massenmord.«[17] Als potenzieller Bündnispartner kam Burger im Übrigen bereits wenige Monate nach diesem Gespräch nicht mehr in Frage, da dessen Partei in einem Erkenntnis des Verfassungsgerichtshofes wegen nationalsozialistischer Wiederbetätigung verboten wurde.

Als das »Geheimtreffen« im März 1988 öffentlich bekannt wurde, konnte Haider sich zunächst nicht erinnern, im Anschluss erklärte er, es sei zufällig »passiert« und er habe keine Kenntnis davon gehabt, dass Burger anwesend sein werde. Erst als eine Art »Beschlussprotokoll« von gemeinsamen Vorhaben auftauchte, welche »den angeblich zufälligen und informellen Charakter dieses Treffens konterkarierten, bekannte er, es sei ›ein Fehler‹ gewesen«[18]. Dieses Eingeständnis trug ihm allerdings massiven Tadel jener Kräfte in der FPÖ ein, die 1986 seine Wahl zum Parteiobmann ermöglicht hatten. Als sich Haider wenige Monate später mit der Bemerkung, die österreichische Nation sei eine »Missgeburt«, einen Medienskandal provozierte, wurde dahinter ein »strategisches Kalkül« vermutet, also ein bewusst gesetztes Signal an die »nationalen« Funktionäre und Stammwähler der FPÖ. Haider hatte diese Aussage, die nur für das eben genannte Wählerpotential mehrheitsfähig ist, im ORF-»Inlandsreport« vom 18. August fallen lassen: »Das wissen Sie ja so gut wie ich, dass die österreichische Nation eine Missgeburt ist, eine ideologische Missgeburt. Denn die Volkszugehörigkeit ist die eine Sache und die Staatszugehörigkeit ist die andere Sache. Man hat ja versucht, nach 1945, um hier die besondere Distanz zur Vergangenheit zu wahren, diese österreichische Nation zu schaffen, damit einen Bruch der jahrhundertelangen Geschichte vollzogen. Denn es geht darum, welchen Beitrag Österreich im Rahmen der deutschen Geschichte getragen hat.« Nach dem Interview, das auf der »Gerlitzen« in Kärnten geführt wurde, sagte er zu Heide Schmidt, dass »in diesem Interview was drinnen war, wo es Reaktionen geben wird«.[19]

Der Historiker Bruckmüller hat nachgewiesen, dass es ausgerechnet der erfolgreiche Prozess der Nationswerdung war, der von der Legitimitätskrise des politischen Systems in den 80er- und 90er-Jahren unberührt geblieben war.[20] Ob politische Parteien oder Sozialpartnerschaft, ob Verstaatliche Industrie oder Neutralität, ob Proporzsystem oder Sozialstaat: Das große Design von Österreich II hatte Risse abbekommen, nicht aber das Bekenntnis zur eigenständigen Nation. Aus einer 1987 durchgeführten Studie ist ersichtlich, dass nur 5 Prozent der Feststellung ihre Zustimmung gaben, wonach die Österreicher keine Nation seien, 9 Prozent betrachteten sich als Deutsche bzw. österreichische Deutsche.[21] Auf Grund der in zahlreichen Studien verifizierten Akzeptanz der Einheit von Nation und Staat, die im Vergleich mit den meisten anderen europäischen Staaten ohnehin eine »verspätete« war, konnte Haiders Tabubruch tatsächlich nur zum Zwecke der Befriedung seiner Kernwählerschichten intendiert gewesen sein. Nicht zufällig erntete er speziell vom rechtsextremen Lager Lob und Zustimmung. Festzuhalten ist aber auch, dass in der FPÖ derartige Ansichten immer schon artikuliert worden waren. Friedrich Peter beispielsweise hatte 1958 erklärt: »Es geht nicht an, dass in unseren Lehrbüchern Geschichtsfälschungen wie jene der ›österreichischen Nation‹ wider besseres Wissen als Drachensaat in die Herzen der Jugend gesenkt werden.«[22]

Am Tag nach der Ausstrahlung des »Inlandsreports« war die mediale Berichterstattung noch relativ knapp gehalten, ausführlichere Berichte und Analysen erfolgten erst nach den empörten Reaktionen von SPÖ-

und ÖVP-Politikern. Der sozialdemokratische Abgeordnete Ernst Nedwed etwa bemerkte, Haider hätte »die Sprache der extremen Neonazis« übernommen. Dieser wiederum berief sich – taktisch klug – auf Bundespräsident Waldheim, der gegenüber der »Aula«, welche an seiner Einstellung zur »deutschen Volks- und Kulturgemeinschaft« interessiert war, geantwortet hatte, er halte »die Bewahrung dieses Bewusstseins für richtig«.[23] Waldheim war es schließlich auch, der nach einer Unterredung mit Haider eine Art allerhöchsten Dispens erteilte, indem er verlautbaren ließ, der FPÖ-Obmann habe seitens seiner Partei die österreichische Eigenstaatlichkeit außer Zweifel gestellt und er, Waldheim, begrüße »diese Klarstellung als Bekenntnis zur staatstragenden Rolle der Freiheitlichen Partei«. Die Kärntner Volkspartei, die Haider nur ein knappes Jahr später auf den Stuhl des Landeshauptmannes heben sollte, und ÖVP-Obmann Mock, der gegenüber der FPÖ bekanntlich keinerlei Berührungsängste empfand, sah dies offensichtlich ähnlich, Mocks Stellvertreter Busek und Generalsekretär Kukacka hingegen schlossen eine Zusammenarbeit mit Haider aus.
Am 16. Oktober fanden in Niederösterreich Landtagswahlen statt, die für die FPÖ, welche mit fünf Mandaten in den Landtag einzog, erfolgreich endeten. Haider hatte es im Vorfeld geschickt verstanden, die auf Grund seiner Infragestellung der österreichischen Nation hohe Medienpräsenz bis zum Wahltag aufrechtzuerhalten. Es kann nicht mit Sicherheit gesagt werden, ob der Skandal bewusst inszeniert worden war, wenngleich vieles für diese These spricht, oder ob Haider der »Sager« auf Grund seiner politischen Sozialisation einfach »herausgerutscht« ist, Tatsache ist, dass ihm die öffentliche Diskussion nicht geschadet hat. 1988 war freilich nicht mit dem Hinweis argumentiert worden, dass der Begriff Missgeburt für die österreichische Nation auch von Hitler verwendet wurde, der z. B. 1927 in Ansbach formuliert hatte: »Etwas östlich von uns ist ein so genannter deutscher Nachbar, Österreich, eine Missgeburt von sechs Millionen Menschen.«[24]
Am 30. Mai 1989, ich habe es bereits vorweggenommen, wurde Haider mit den Stimmen der ÖVP zum Landeshauptmann von Kärnten gewählt. Zu Beginn des Jahres 1991 waren die Umfragedaten für die FPÖ und Haider, der im Januar mit der Idee zu provozieren wusste, Kärnten in einen »Freistaat« umzuwandeln, relativ schlecht. In der Folge sicherte er sich eine »beinahe durchgehende Medienpräsenz, wenn auch nicht immer in positivem Sinne«.[25] Haiders Kritik an Fri-

schenschlager, der sich anlässlich eines Israel-Aufenthaltes erneut für die 1985 erfolgte Begrüßung Reders entschuldigt hatte, sein unerhörter Vergleich von osteuropäischen Emigranten mit einem »östlichen Bazillus, der zu beseitigen sei«, sowie die primitive Beschimpfung des polnischen Präsidenten Lech Walesa, der infolge der westlichen Hilfe bereits »mehr breit als hoch« sei, und dessen Landsleute als »arbeitsscheu« wurden auch unter dem Gesichtspunkt der laufenden Beitrittsverhandlungen Österreichs mit der Europäischen Union als skandalös und störend empfunden.

Am 13. Juni 1991 fand im Kärntner Landtag eine Sitzung über Arbeitsmarktpolitik und Ausländerbeschäftigung statt, in deren Verlauf Haider für eine Verschärfung der Zumutbarkeitsbestimmungen für Arbeitslose eintrat, worauf der Abgeordnete Gerhard Hausenblas rief: »Was Sie fordern, hat es schon gegeben, aber im Dritten Reich!« Daraufhin formulierte Haider einen Satz, der sich tief in seine politische Biografie einbrannte und das Stigma seiner internationalen Ächtung begründete: »Nein, das hat es im Dritten Reich nicht gegeben, weil im Dritten Reich haben sie ordentliche Beschäftigungspolitik gemacht, was nicht einmal Ihre Regierung in Wien zusammenbringt, das muss man auch einmal sagen.«[26] Hausenblas erklärte, dass die FPÖ-Landtagspräsidentin Trattnig auf seine Forderung, die Sitzung sofort zu unterbrechen, nicht reagierte, die für eine Obmännerkonferenz notwendige Unterbrechung, in deren Verlauf sich Haider halbherzig für seine Wortmeldung entschuldigte, erfolgte erst später. Tags darauf erklärte Haider jedoch, er habe lediglich eine »Tatsachenbehauptung« aufgestellt. Auch in den folgenden Tagen bekräftigte er, »in der Sache Recht« gehabt zu haben. Er hatte noch dazu die Chuzpe, sich als Opfer einer »Hexenjagd« bzw. »politischen Hinrichtung« zu stilisieren. Als die Staatsanwaltschaft Klagenfurt eine Untersuchung wegen des Verdachtes des Verstoßes gegen das NS-Verbotsgesetz einzuleiten beschloss, drohte Haider allen Ernstes, er werde im Falle eines Verfahrens »österreichweit alle jene Menschen mobilisieren, die für Gerechtigkeit und Sauberkeit und Ordnung in der Justiz eintreten«.[27] Einen Vorgeschmack darauf lieferte am 19. Juni eine Pro-Haider-Kundgebung am Neuen Platz in Klagenfurt, der während der NS-Diktatur den Namen »Adolf-Hitler-Platz« getragen hatte. Auf dieser Demonstration, zu welcher Sympathisanten aus ganz Österreich herangekarrt worden waren, fabulierte Haider von einer »medialen Vernichtungsmaschinerie« des »linken Pöbels«.

Das Argument von zahlreichen Parteifreunden Haiders, die Aussage von der »ordentlichen Beschäftigungspolitik« sei ihm »nur so herausgerutscht«, ist absolut glaubwürdig, »weil sie der Erfahrung entspricht. Braune Blößen hat sich der FPÖ-Chef immer nur spontan gegeben, wenn er durch eine vorangegangene Provokation aus der Reserve gelockt wurde, oder bei Auftritten vor Gleichgesinnten ... Recht haben auch Haiders Gegner, wenn sie argumentieren: Herausrutschen kann ... nur, was vorher drinnen war.«[28] In diesem Zusammenhang ist auf eine Wortmeldung des burgenländischen FPÖ-Obmannes Wolfgang Rauter aufmerksam zu machen, der meinte, es kotze ihn »richtiggehend an, dass in Österreich Politiker lügen, betrügen und stehlen dürfen. Wenn aber jemand die Wahrheit sagt, wird er medial verfolgt und fertig gemacht.« Bei aller »Verwerflichkeit des nationalsozialistischen Regimes« müsse es möglich sein, »die positiven Aspekte darzulegen«.[29] Haiders Geschichtsverständnis, wonach es im Dritten Reich sehr wohl auch positive Gesichtspunkte gegeben hätte, die losgelöst von den – zumeist nicht in aller Deutlichkeit an- und ausgesprochenen – Verbrechen zu beurteilen seien, wird (leider nicht nur in der FPÖ) von vielen geteilt. Dass Hitlers »ordentliche Beschäftigungspolitik« der Vorbereitung eines Eroberungs- und Vernichtungskrieges diente und mit der Judenverfolgung, mit dem System der Konzentrationslager, mit Folter und Zwangsarbeit in einem ursächlichen Zusammenhang stand, wird bis heute ungenügend wahrgenommen. Alleine die Lektüre des Protokolls einer Ministerbesprechung, welche nur neun Tage nach Hitlers Ernennung zum Reichskanzler stattgefunden hatte, müsste genügen, um angesichts der Absurdität solcher Relativierungen die Augen geöffnet zu bekommen: »Der Reichskanzler führte aus, ... jede öffentlich geförderte Arbeitsbeschaffungsmaßnahme müsse unter dem Gesichtspunkt beurteilt werden, ob sie notwendig sei vom Gesichtspunkt der Wiederwehrhaftmachung des deutschen Volkes. Dieser Gedanke müsse immer und überall im Vordergrund stehen ... Der Reichskanzler unterstrich noch einmal, dass für die nächsten vier bis fünf Jahre der oberste Grundsatz lauten müsse: alles für die Wehrmacht.«[30]

Am 20. Juni veröffentlichte der »Standard« eine Umfrage, wonach nur 15 Prozent der Befragten für Haider Partei ergriffen, während 52 Prozent die Ansicht der Regierung vertraten, die am 18. Juni erklärt hatte: »Angesichts des Umstandes, dass durch derartige Äußerungen Verbrechen des NS-Regimes verniedlicht und verharmlost werden, dass die

weiteren Erklärungen von Dr. Haider die Zweifel an seiner klaren Ablehnung der NS-Beschäftigungspolitik verstärken anstatt beseitigen und dass hier eine Umwertung historischer, wissenschaftlich einwandfrei erwiesener und dokumentierter Realität versucht wurde sowie weiters, dass damit Millionen Opfer beleidigt wurden, erwartet die österreichische Bundesregierung von Dr. Jörg Haider im Interesse des Ansehens Österreichs und Kärntens in der Welt sowie einer gedeihlichen Zusammenarbeit aller demokratischen Kräfte Österreichs, sein Amt als Landeshauptmann von Kärnten zur Verfügung zu stellen.«
Haider, der einen freiwilligen Rücktritt stets ausgeschlossen hatte, war überrascht, als die Kärntner ÖVP, deren Obmann Christof Zernatto bis zuletzt um eine »gütliche Einigung« mit der FPÖ bemüht war, am 21. Juni einem Misstrauensantrag der SPÖ zustimmte. Zum ersten Mal in der Geschichte der Zweiten Republik wurde ein Landeshauptmann vom Landtag abgewählt. Haiders Uneinsichtigkeit ist u. a. in seinem Buch »Die Freiheit, die ich meine« dokumentiert, in dem er feststellte: »Wenn man die von der jüngeren Forschung zweifelsfrei belegten Erfolge der Beschäftigungspolitik im Dritten Reich auch nur erwähnt, steht man sofort unter der Drohung einer Klage wegen Wiederbetätigung und muss als Politiker sofort zurücktreten.«[31]
Nach seiner Abwahl war Haider noch immer die Position des Landeshauptmann-Stellvertreters geblieben. Im März 1992 kehrte er als Klubobmann der FPÖ in den Nationalrat zurück und verkündete den »Sturm auf das Kanzleramt«. Narzisstische Sätze wie »Ich bin die Mehrheit!«[32] waren Anzeichen seines zurückgekehrten Selbstbewusstseins. Die Einleitung des Anti-Ausländer-Volksbegehrens »Österreich zuerst« im Herbst 1992, das Hans-Henning Scharsach, dessen Buch »Haiders Kampf« ein Bestseller wurde, ein »Volksverhetzungsbegehren« nannte, stand schließlich an der Wiege einer weiteren Radikalisierung von Haiders Sprache und Stil. Heide Schmidt behauptete am Tage ihres Bruches mit der FPÖ, dem 4. Februar 1993, Haider habe in einer FPÖ-Vorstandssitzung erklärt, er würde im Zuge der Kampagne auch Ausschreitungen in Kauf nehmen. Am 23. Januar 1993 demonstrierten 250.000 Menschen in Wien gegen die ausländerfeindliche Politik der FPÖ und das »erste gegen Menschen gerichtete« Volksbegehren, was mit dazu beitrug, dass dessen Ergebnis weit hinter den Erwartungen der Organisatoren zurückblieb. Seit diesem Volksbegehren setzt die FPÖ auf einen aggressiven, chauvinistischen »Österreich-Patriotismus«, der dem Umstand Rechnung trägt, dass in Österreich der

Deutschnationalismus ganz einfach nicht mehrheitsfähig ist. Aus diesem Grunde erklärte Haider im August 1995 auch, dass die »Deutschtümelei« innerhalb der FPÖ der »Vergangenheit angehören muss«. Die Empörung des deutschnationalen Flügels über diesen »Richtungswechsel« verstummte rasch, als dieser erkannte, dass Haiders Ausführungen keineswegs programmatischer, sondern einmal mehr strategischer Natur waren.
Auf dem Kärntner Ulrichsberg findet alljährlich Anfang Oktober eine Gedenkfeier für gefallene Soldaten statt, an der regelmäßig auch ehemalige SS-Angehörige teilnehmen. Ende der 80er-Jahre wurden von der Staatspolizei einmal 50-Hakenkreuz-Abzeichen konfisziert. Als Festredner fungierten Politiker aller Parteien, die Anwesenheit von Honoratioren und hohen Kirchenmännern war immer schon eine Selbstverständlichkeit. Bereits 1985 und 1990 hatte Haider als Festredner die Soldaten des Zweiten Weltkrieges – unter Einschluss jener der Waffen-SS – für ihren Einsatz für Demokratie und Freiheit (!) gewürdigt. Vor diesem Hintergrund schrieb Ottomeyer: »Haider ist hier eine Art Heiland, der mit einem mächtigen Gedenkkreuz im Rücken und als Sohn, auf den man gewartet hat, das komplizierte Problem der Schuld oder Mitverantwortung in der NS-Zeit einfach abschafft, und zwar ganz großzügig und pauschal ... die Umwertung der NS-Geschichte ist nachweislich alles andere als nur ein Ausrutscher, sondern Teil eines breit angelegten Programms zur kollektiven Rehabilitation und Idealisierung der NS-Väter.«[33]
Am Vorabend der offiziellen Feier erfolgt traditionsgemäß eine Zusammenkunft der rechtsextremen Veteranenorganisation »Kameradschaft IV«[34], des Traditionsverbandes der Waffen-SS. 1995 war bei einem solchen Treffen im Kursalon von Krumpendorf auch Haider zugegen.[35] Unter den Anwesenden befanden sich die Tochter des »Reichsführer SS« Heinrich Himmler und der letzte Kommandant der SS-Leibstandarte Adolf Hitler. Nach Aussage eines der Organisatoren war Haider weder eingeladen worden, noch hatte man ihn aufgefordert eine Rede zu halten. Die Ansprache, die zu halten Haider offenbar ein Bedürfnis war, auch wenn sich die Zuhörerschaft u. a. aus ehemaligen SS-Männern und NS-Verbrechern zusammensetzte, beinhaltete derart Ungeheuerliches, dass sie nach Bekanntwerden, was nur zufällig geschah, da die ARD in den Besitz eines Amateurvideos gekommen war, zu seinem sofortigen Rücktritt hätte führen müssen. Haider sprach dieses Auditorium von Ewiggestrigen mit »meine lie-

ben Freunde« an und würdigte diese als »anständige Menschen, die einen Charakter haben und die auch bei größtem Gegenwind zu ihrer Überzeugung stehen und ihrer Überzeugung bis heute treu geblieben sind«. Seine »lieben Freunde« hätten gekämpft und ihr Leben riskiert, damit »die jüngere Generation und die Jugend eine Zukunft in einem Gemeinwesen hat, in dem auch Ordnung, Gerechtigkeit und Anständigkeit noch Prinzipien sind«. Im Anschluss solidarisierte und identifizierte sich Haider mit seinem Publikum: »Nachdem wir aber eine Zukunft haben wollen, werden wir jenen Linken ... beibringen, dass wir nicht umzubringen sind und dass sich Anständigkeit in unserer Welt alle Mal noch durchsetzt, auch wenn wir (!) momentan vielleicht nicht mehrheitsfähig sind. Aber wir (!) sind den anderen überlegen ... Ich wünsche euch ein großes, schönes Treffen, ich wünsche euch dabei schöne Begegnungen und das Treffen mit vielen Freunden und Kameraden. Ich nehme auch an, dass auch meine Eltern wieder oben sein werden, wie es zur Tradition gehört ...«[36]

Während sich seine Partei voll hinter Haider stellte, der kurz darauf noch zum Ausdruck brachte, der Waffen-SS komme »Ehre und Anerkennung« zu, ließen andere Reaktionen nichts an Deutlichkeit zu wünschen übrig. SPÖ-Klubobmann Peter Kostelka erklärte, ein »Nazi-Wiederbetätiger« habe »im Parlament nichts verloren«, der Journalist Lingens schrieb, Haider sei offenbar »ein ganz gewöhnlicher Nazibua«[37], und der ehemalige Richter Heinrich Gallhuber, ein Experte für das NS-Verbotsgesetz, kam zu der Auffassung, Haider habe objektiv gegen letzteres verstoßen.[38]

Bei all dieser Kritik an Haider, an dessen Aussagen und ideologischer Ausrichtung blieb der Vorwurf des Antisemitismus zumeist ausgespart, weil der Freiheitliche in diesem Kontext keinen unmittelbar greifbaren Anhaltspunkt geliefert hatte und gegen jene klagte bzw. zu klagen drohte, die ihm Antisemitismus unterstellten. Haider empfand keine Skrupel, nach dem »Krumpendorf«-Skandal den greisen Psychotherapeuten und KZ-Überlebenden Viktor Frankl als »Freund« zu vereinnahmen, der allerdings verlautbaren ließ, er sei »nicht erfreut darüber«, dass sein Name ausgerechnet in dieser Causa ins Spiel gebracht werde. Haiders Bemerkung gegenüber einer israelischen Zeitung Ende 1999, »kein freiheitlicher Politiker« habe sich jemals antisemitische Äußerungen zuschulden kommen lassen, ist geradezu unverschämt. Der Gebrauch antisemitischer Stereotypen und Anspielungen hat in der FPÖ eine lange Tradition.[39] Es sei hier als Beispiel nur an einen Ortsparteiobmann namens Müller erinnert, der im November 1989 einem »Trend«-Journalisten anvertraut hatte: »Dem Simon Wiesenthal hab ich gesagt: Wir bauen schon wieder Öfen. Aber nicht für Sie, Herr Wiesenthal. Sie haben im Jörgl seiner Pfeife Platz!« Christa Zöchling berichtete, dass in Haiders Jugend auf der »Bude« seiner Studentenverbindung für Fechtübungen eine Vorrichtung aus Stroh vorhanden gewesen wäre. »Zu Haiders Zeiten war an diesem Strohmann monatelang eine Binde befestigt, auf der ›Simon Wiesenthal‹ geschrieben war. Vielleicht auch ›Simon Wiesenthal, der Jude‹ ... Haider kann sich daran nicht erinnern. ›Antisemitismus, also das war nie ein Thema. Bei uns nicht ... Ich hab da wirklich ein entspanntes Verhältnis.‹«[40]

Haiders skandalöse Attacken gegen Ariel Muzicant, den Präsidenten der Israelitischen Kultusgemeinde, im Vorfeld des Wiener Gemeinderats- und Landtagswahlkampfes 2001, wurden hingegen als Versuch gewertet, Antisemitismus bewusst als Mobilisierungsinstrument zu verwenden. Am so genannten »Politischen Aschermittwoch« der FPÖ in Ried im Innkreis hatte Haider erklärt: »Ich verstehe nicht, wie jemand, der Ariel heißt, so viel Dreck am Stecken haben kann.« Er insinuierte, Muzicant würde als Immobilienmakler unsauberen Geschäften nachgehen und hätte sich als Präsident der Kultusgemeinde einer fahrlässigen finanziellen Gebarung schuldig gemacht. Muzicant habe im Spektrum demokratischer Kräfte wenig Platz. Während die teilweise betrunkenen Besucher der »Jahn-Turnhalle« an Haiders niveaulosen Entgleisungen hörbar Gefallen fanden, verliehen Sozialdemokraten, Grüne, nationale und internationale Medienvertreter ihrer Empörung Ausdruck. »Jörg Haider pöbelt gegen Juden in Wien«, titelte etwa die »Süddeutsche Zeitung«, die »New York Times« bezeichnete den Österreicher als »populistischen Brandstifter«. Führende Vertreter der ÖVP konnten sich nicht zu einer expliziten Verurteilung Haiders durchringen, andere reagierten viel zu spät, Bundeskanzler Schüssel sprach euphemistisch von einem »Faschingsscherz«. Muzicant fand den »Witz mit dem Vornamen eines Juden, einem Waschmittel und dem Begriff Dreck nicht lustig«[41] und klagte u. a. wegen Kreditschädigung und verhetzender Beleidigung.

Bereits am 21. Januar hatte Haider im Zusammenhang mit der Entschädigung arisierten jüdischen Besitzes gesagt, es sei »die trügerische Hoffnung des Bundeskanzlers«, dass er »den ungeteilten Applaus der Ostküste« bekomme. »Der Herr Muzicant ist erst zufrieden, bis man

ihm jene 600 Millionen Schilling bezahlt, die von ihm in Wien angehäuft worden sind.« Am 21. Februar trieb Haider in einer Rede das Spiel mit jüdischen Codewörtern bzw. Namen auf die Spitze: »Der Häupl hat einen Wahlkampfstrategen, der heißt Greenberg [lautes Gelächter im Publikum, Anm. C. D.]. Den hat er sich von der Ostküste einfliegen lassen. Liebe Freunde, ihr habt die Wahl, zwischen Spin-Doktor Greenberg von der Ostküste oder dem Wienerherz zu entscheiden!«[42]
Zu diesem Zeitpunkt war Haider bereits nicht mehr Parteivorsitzender der FPÖ. Anfang Mai 2000 hatte er die Obmannschaft – wie bereits am 28. Februar angekündigt – offiziell an Susanne Riess-Passer übergeben. Doch nach wie vor hält das »einfache Parteimitglied« die Zügel seiner »Gesinnungsgemeinschaft« fest in der Hand, er zieht die Fäden, an deren Enden die Mitglieder der »Parteispitze« oftmals wie Marionetten wirken. Die charismatische Dominanz des »Jörg« über die FPÖ ist ungebrochen. Wie ein Aufsichtsratsvorsitzender, der Mehrheitseigentümer und Tribun der Hauptversammlung in Personalunion ist, weist er seiner Partei den Weg. Ob Haider die Peitsche knallen lässt oder mit den Fingern schnipst, jede auch noch so kleine Erschütterung, die vom Epizentrum Kärnten ausgeht, wo Haider nach der Landtagswahl vom 7. März 1999, bei der die FPÖ 42 Prozent der Stimmen erzielt hatte, erneut zum Landeshauptmann gewählt wurde, wird von den Seismografen im Parlamentsklub, in der Parteizentrale und den Ministerien aufmerksam registriert. Zusätzliches formales Gewicht verleiht Haider seine Mitgliedschaft im Koalitionsausschuss der FPÖ-ÖVP-Regierung, die am 4. Februar 2000 von Bundespräsident Klestil, der diese Koalition im Hinblick auf die absehbaren internationalen Reaktionen mit allen Mitteln zu verhindern versucht hatte, mit sicht- und hörbarem Missfallen angelobt wurde.[43]
Bereits vor und während der offiziellen Verhandlungen zwischen ÖVP und FPÖ hatten sich mehrere Staats- und Regierungschefs »sehr besorgt und kritisch« über eine mögliche Regierungsbeteiligung der Freiheitlichen geäußert. Aus Anlass einer Feier zu seinem 50. Geburtstag provozierte Haider am 29. Januar Frankreich und Belgien: »Chirac hat in den vergangenen Jahren so ziemlich alles falsch gemacht, was man falsch machen kann ... Wir verlangen ja auch nicht die Ablösung einer korrupten belgischen Regierung, die Kinderschänder pardoniert und gegen die Eltern auf die Straße gehen, weil sie Angst haben müssen, dass diese Regierung mit Verbrechern konspiriert.«[44] Einige Wochen setzte er noch nach und hielt fest: »Dieses Österreich braucht

keinen Westentaschen-Napoleon des 21. Jahrhunderts.« Chiracs ausgestreckter Zeigefinger sei von der »moralischen Qualität Pinocchios«. Doch zurück zum Januar. Am 31. d. M. sandte der damalige EU-Ratspräsident Antonio Guterres ein brisantes Schreiben nach Wien: »Die Regierungen der 14 Mitgliedsstaaten« würden im Falle einer Regierungsbeteiligung der FPÖ »keinerlei offizielle bilaterale Kontakte auf politischer Ebene mit einer österreichischen Regierung unter Einbindung der FPÖ betreiben oder akzeptieren«, hieß es u. a. in diesem Text. ÖVP-Obmann Schüssel ignorierte diese Warnung. Die Konsequenzen sind bekannt: Die als »Sanktionen« bekannt gewordenen bilateralen Maßnahmen der EU-14 stigmatisierten die österreichische Regierung für sieben Monate als Paria der Staatengemeinschaft. Das diplomatische Tor für die Beendigung der Maßnahmen, die sich rasch als kontraproduktiv herausstellten, wurde durch einen »Weisen«-Bericht geöffnet, welcher über die Verpflichtung der österreichischen Regierung zu den europäischen Werten, »insbesondere die Rechte der Minderheiten, Flüchtlinge und Immigranten«, sowie über die »Entwicklung der politischen Natur der FPÖ« Auskunft geben sollte. Letzteres betreffend gab sich die Gemeinschaft keinen Illusionen hin. Die »Natur der FPÖ und ihre ungewisse Entwicklung« gäben ... Grund zu »ernster Besorgnis«, hieß es in einem Kommunique.
Schüssel und Haider waren vor der Angelobung der neuen Regierung von Klestil zur Unterzeichnung einer Präambel zum Koalitionsabkommen angehalten worden, das das Bekenntnis zur Mitgliedschaft in der EU ebenso beinhaltet wie jenes zu den Grundsätzen der Freiheit, Demokratie, Menschenrechte, Grundfreiheiten und Rechtsstaatlichkeit. U. a. heißt es in diesem Papier: »In der Vertiefung der Integration und der Erweiterung der Union liegt auch Österreichs Zukunft ... Die Bundesregierung tritt für Respekt, Toleranz und Verständnis für alle Menschen ein, ungeachtet ihrer Herkunft, Religion oder Weltanschauung ...« Festzuhalten ist auch, dass Klestil sich geweigert hatte, Thomas Prinzhorn, den FPÖ-Spitzenkandidaten der Nationalratswahl von 1999, auf Grund dessen absurder Erklärung, Ausländer würden zur Steigerung ihrer Fortpflanzungsfähigkeit gratis Hormonpräparate erhalten, zum Finanzminister, und den Wiener FPÖ-Obmann Hilmar Kabas, der die Mitverantwortung für den Anti-Ausländer-Wahlkampf (»Stopp der Überfremdung«) trug, zum Verteidigungsminister zu ernennen. »Die Wahlschlusskundgebung der FPÖ ... war ein horribler Höhepunkt freiheitlicher Verbalgewalt«, erinnerte sich Alfred Worm,

der schrieb: »Bei dieser historischen Veranstaltung haben FPÖ-Spitzenmandatare stundenlang gegen Ausländer gehetzt – nie zuvor im demokratischen Österreich sind Menschenmassen derart hasserfüllt aufgepeitscht worden. Hilmar Kabas war einer dieser Hetzer.«[45] Später soll Kabas, der ebenso wie zahlreiche andere Politiker der FPÖ dem Bundespräsidenten unterstellte, er wäre – gewissermaßen als Dioskur von Bundeskanzler Viktor Klima – »Drahtzieher« der so genannten »Sanktionen« gewesen, im Rahmen einer Parteiveranstaltung Klestil als »Lump« apostrophiert haben, es wäre »eine Schande«, einen solchen Präsidenten zu haben.

Der Name Kabas spielt auch in einem anderen Zusammenhang eine Rolle. Im Herbst 2000 hatte ein karenzierter Polizist dem Magazin »Format« ein Interview gegeben, das den so genannten »Spitzelskandal«, dessen Implikationen und Hintergründe noch gründlich erforscht werden müssen, ins Rollen brachte.[46] Der Exekutivbeamte Josef Kleindienst erklärte, dass er persönlich im Vorfeld des »Lichtermeeres« im Dezember 1993 aus dem Polizeicomputer Informationen über den Künstler André Heller erhoben habe. Dies habe er nicht aus eigenem Antrieb getan, sondern auf Grund einer telefonischen Aufforderung eines Angestellten »der FPÖ, der jahrelang mit Jörg Haider zusammengearbeitet hat. Ob Haider davon gewusst hat oder wissen wollte, weiß ich nicht ... Ich habe für die Heller-Anfrage nichts erhalten. Aber ich kenne persönlich fünf Polizisten in Wien, die jahrelang Geld dafür bekommen haben, Informationen an Politiker weiterzugeben.« Pro Jahr seien dafür »60.000 Schilling aufwärts« geflossen. Er habe sich gedacht, so der Polizist weiter, »dass man der Partei gegen ihre Gegner helfen muss«. Ihm wäre »diese Art der Überprüfung durchaus geläufig« gewesen.

Kleindienst war nicht irgendein einfaches Parteimitglied der FPÖ, die er zum Zeitpunkt des besagten Interviews bereits verlassen hatte, sondern Gründungsmitglied der FPÖ-nahen Gewerkschaft AUF und Gründer der freiheitlichen Gewerkschaft FGÖ. Mit einem Buch[47] über die Exekutive und die Methoden seiner ehemaligen Partei beabsichtigte er »eine Diskussion über das System auszulösen, die vielleicht zu Änderungen führt«. Seinen Parteiaustritt begründete Kleindienst mit der »Menschenverachtung, die viele Funktionäre an den Tag legen ... Gegen wen sie sich richtet, sieht man ohnehin an den Plakaten: Wie die FPÖ beispielsweise gegen die Ausländer vorgegangen ist, hat mir absolut nicht behagt.« Außerdem kenne er »keine politische

Diskussion in der FPÖ, bei der es wirklich um die Menschen geht, um den ›kleinen Mann‹, der immer zitiert wird. Es ging nur darum, Stimmenmaximierung zu betreiben.«
Innenminister Ernst Strasser setzte als Reaktion auf die Vorwürfe von Kleindienst eine Sonderkommission (Soko) ein, deren Aufgabe in der Überprüfung der Angaben des Ex-Polizisten bestand. Bis Ende Oktober schienen sich die Verdachtsmomente gegen prominente FPÖ-Funktionäre erhärtet zu haben. Der enge Haider-Vetraute und ehemalige Bundesgeschäftsführer Gernot Rumpold wurde ebenso verdächtigt wie Haiders Pressesprecher. Gegen Haiders Leibwächter Horst Binder wurden Ermittlungen eingeleitet. Im Zentrum von Kleindiensts Anschuldigungen standen der Wiener Landesparteisekretär und Sicherheitswachebeamte Michael Kreißl und dessen Parteiobmann Kabas, deren Immunität als Landtagsabgeordnete schließlich aufgehoben wurde. Am selben Tag, dem 25. Oktober, setzten gegen Haider und den niederösterreichischen Landesrat Ewald Stadler Vorerhebungen ein.[48]
Im ORF-»Mittagsjournal« vom 30. Oktober reagierte Haider gereizt und aggressiv, er werde »zurückschlagen«. Der Spitzelskandal sei, so der FPÖ-Obmann, »in den kranken Gehirnen einiger Journalisten entstanden«. Er reagierte wie dutzende Male zuvor, mit Tatsachenverdrehungen, verbaler Radikalität und impliziten Drohungen: Man werde »Ordnung schaffen« in dem »Spitzelstaat, der von den Roten entwickelt wurde«. Diese Diktion – »Ordnung machen«, »aufräumen« etc. – wird von einem ausgeprägten, geradezu manichäischen Feindbilddenken genährt, das Haider bereits bei vielen Gelegenheiten zur Schau stellte, wobei die Grenze von der impliziten zur expliziten Drohung gelegentlich auch überschritten wird: »Die, die da hinten schreien, werden – wenn ich etwas zu sagen habe – noch ihre Luft brauchen – zum Arbeiten!« Oder: »In Kärnten traut sich ja schon längst kein Linker mehr zu demonstrieren, in Wien ist das anders.« Oder: »Wenn ich etwas zu sagen habe, wird in den Redaktionsstuben in Zukunft weniger gelogen und mehr Wahrheit sein als jetzt!« Vor dem Hintergrund der von der FPÖ angestrebten »umfassenden Staatsreform«, die als »Dritte Republik« bekannt wurde und nach Ansicht vieler Kritiker auf eine auf permanenter Mobilisierung der Bevölkerung beruhenden »plebiszitären Führerdemokratie« hinausläuft, erhalten diese und andere Aussagen eine bedrohliche Dimension, die ich als »konnotative Aura« der »Dritten Republik« bezeichnen möchte.[49]

Haider hatte aber bereits vor Jahren öffentlich damit geprahlt, dass er sich jedes Dokument beschaffen könne. Vor einer ORF-»Pressestunde« hatte er einmal durchblicken lassen, er habe ein »Dossier« über »profil«-Herausgeber Rainer und wisse z. B., welches Auto der Journalist fahre und wo dieser seinen Urlaub verbringe.[50] Im November 2000 druckte die Wiener Stadtzeitung »Falter« einen Brief Haiders an den damaligen Innenminister Karl Schlögel vom 17. Dezember 1997 ab. Darin gab der Freiheitliche indirekt zu, »Spitzelbeamte« zu kennen und Auszüge aus Polizeicomputern von drei Bundesländern zur Verfügung gestellt bekommen zu haben. Ende 1997 war Haider im Verdacht gestanden, »Beamte zum Amtsmissbrauch angestiftet oder gegen das Datenschutzgesetz verstoßen zu haben«, weil er im Rahmen einer Pressekonferenz Auszüge aus dem Polizeicomputer EKIS präsentiert hatte. »Das war ein unglaublicher Skandal«, erinnerte sich Schlögel, »wir führten Hausdurchsuchungen bei mehreren Beamten durch. Die Justiz konnte den Skandal aber nicht beweisen.« Schlögel hatte Haider schriftlich aufgefordert, die Namen jener Beamten zu nennen, die illegale Abfragen für die FPÖ getätigt hatten. Haider weigerte sich: Die geheimen Akten würden »selbstverständlich bei mir unter Verschluss« bleiben: »Du wirst verstehen, wenn ich es nicht zulasse, dass jene mutigen Exekutivbeamten ... nun zu Sündenböcken gemacht werden ... Dass mir diese Unterlagen zugespielt wurden, muss wohl als Notwehrreaktion deiner Exekutive betrachtet werden«, schrieb Haider. Sein hämischer Rat an den Innenminister: »Du solltest also rasch für die Funktionstüchtigkeit deiner Computeranlagen Sorge tragen.«[51]
Die Abwehrstrategie der FPÖ lief bzw. läuft über die Feindbild-Trias »Medien«, »Ermittler« und »Hauptbelastungszeuge«. Die permanenten, harten Angriffe auf den ORF führten u. a. dazu, dass die Redakteure einen offenen Brief verfassten, in dem diese festhielten, dass das »Interventionsbombardement« ein »unerträgliches Ausmaß« angenommen habe. Parallel dazu geißelte Ewald Stadler die »Tot- und Vernichtungsschreiber in den Magazinen«. Der Generaldirektor für die öffentliche Sicherheit und der Sprecher der Sonderkommission wurden als »rote Brüder« denunziert, die Oberstaatsanwälte als »sozialistische Handlanger«. Der Salzburger Landesparteiobmann Schnell sprach von Untersuchungsmethoden, »ärger als bei der Gestapo«. Der Kärntner Landesrat Freunschlag warf dem Innenminister vor, er habe sein Ministerium »nicht unter Kontrolle«. Sogar von einem Misstrauensantrag gegen den Koalitionspartner Strasser war die Rede. Der

»Aufdecker« und Hauptbelastungszeuge Kleindienst schließlich wurde durch verschiedene Anschuldigungen, etwa jene, er wäre ein »dubioser Geschäftemacher«, unglaubwürdig zu machen versucht. Nach einer anonymen Anzeige wurde die Wirtschaftspolizei tätig. Sie prüfte die Aktien- und Immobiliengeschäfte Kleindiensts und konnte keine Unregelmäßigkeiten entdecken.
Kurz vor Weihnachten 2000 protestierten 1300 Richterinnen und Richter gegen den »Versuch, die Justiz der Politik dienstbar zu machen«. »Der eigentliche Skandal am Skandal ist«, schrieb das »profil« im Rückblick, »dass hohe Vertreter der Justiz genau dies machten: Sie gaben dem Druck nach ... Wie sich die Zeiten ändern: Noch im November hatten die Ermittler alles, was man für einen Kriminalfall braucht: einen Kronzeugen, dessen Angaben sich ›bis ins Detail als richtig herausstellen‹; jede Menge Sachbeweise – von ORF-Mitschnitten bis hin zu stenografischen Protokollen aus Parlamentssitzungen; eine Hand voll Augenzeugen und einen Innenminister, der pausenlos versicherte, alles ›restlos aufklären‹ zu wollen. Seit der Akt bei der Justiz ist, ist alles anders. Plötzlich ist von ›vagen Aussagen‹ die Rede, von ›dürftigen Beweisen‹ und ›teils falschen, teils verjährten Fakten‹ ... Die Verfahren gegen die FPÖ-Spitze waren auf für Außenstehende nicht nachvollziehbare Weise schlicht niedergeschlagen worden.«[52] Eine Anzeige gegen Haider wegen versuchter Zeugenbeeinflussung »fiel unter den Tisch«. Enge Mitarbeiter des Freiheitlichen wurden erst gar nicht vorgeladen. Die Wirtschaftspolizei hatte in ihrem »vorläufigen Endbericht« vom 19. Januar 2001 die Rolle einiger FPÖ-Politiker bewertet. Über Haider notierten sie, er »dürfte in das System der Informationsbeschaffung eingeweiht gewesen sein«. Zwei Wochen später wurde das Verfahren gegen Haider eingestellt. Wichtige Zeugen waren zu diesem Zeitpunkt noch nicht einvernommen worden. Justizminister Dieter Böhmdorfer, Haiders Freund und langjähriger Rechtsanwalt, der »in politischen Prozessen gegen FPÖ-Kritiker streng geheimes Material der Stapo zitiert und Polizeifotos«[53] vorgelegt hatte, formulierte einen öffentlichen Freispruch: Jörg Haider sei »über jeden Verdacht erhaben«. Der Justizminister war es auch, der Haiders »Idee«, regierungskritische Oppositionspolitiker wegen Hochverrates vor Gericht zu bringen, für »überlegenswert« befunden hatte.

Anmerkungen

1. ZUM GELEIT

[1] Vgl. »Die Zeit« vom 17. Februar 1989.
[2] Fritz Lietsch/Bernhard Michalowski (Hg.), Die Bananenrepublik. Skandale und Affären in der Bundesrepublik, München 1989.
[3] Vgl. dazu den großartigen, leider vergriffenen Sammelband von Michael Gehler/Hubert Sickinger (Hg.), Politische Skandale und Affären in Österreich. Von Mayerling bis Waldheim, Thaur/Wien/München 1995.
[4] Peter Michael Lingens, Auf der Suche nach den verlorenen Werten, Wien 1986, S. 178.
[5] Gehler/Sickinger, Politische Skandale als Forschungsgegenstand: Zur Konzeption des Sammelbandes, in: dies. (Hg), Politische Skandale, a. a. O., S. 9 ff, hier S. 11, in Anlehnung an Sighard Neckel, Das Stellhölzchen der Macht, in: Rolf Ebbighausen/Sighard Neckel (Hg.), Anatomie des politischen Skandals, Frankfurt am Main 1989, S. 55 ff, hier S. 57. Aus der Fülle der wissenschaftlichen Literatur über politische Skandale vgl. z. B. Dirk Käsler u. a., Der politische Skandal. Zur symbolischen und dramaturgischen Qualität von Politik, Opladen 1991; Rainer Nick/Hubert Sickinger, Politische Skandale als Indikatoren und Beschleuniger politischen Wandels in Österreich, in: Rainer Nick/Mark Philip/Michael Pinto-Duschinsky (Hg.), Political corruption and Scandals, Wien 1989, S. 105 ff; Julius H. Scheops (Hg.), Der politische Skandal, Stuttgart/Bonn 1992.

2. DIE HABSBURGKRISE

[1] Hellmut Andics, Der Fall Otto Habsburg. Ein Bericht, Wien/München 1965; Fritz Kaufmann, Sozialdemokratie in Österreich. Idee und Geschichte einer Partei von 1889 bis zur Gegenwart, Wien/München 1978; Gordon Brook-Shepherd, Österreich. Eine tausendjährige Geschichte, München 2000, S. 385 ff und 527 ff; Norbert Leser, »Die Causa Habsburg«, in: ders., Salz der Gesellschaft. Wesen und Wandel des österreichischen Sozialismus, Wien 1988, S. 124 ff; Margareta Mommsen-Reindl, Die österreichische Proporzdemokratie und der Fall Habsburg, Wien/Graz 1976; dies., Die »Staatskrise« über den »Juristenputsch« in der Causa Habsburg 1963 und der Niedergang der Großen Koalition, in: Gehler/Sickinger (Hg.), Skandale, a. a. O., S. 437 ff; Kurt Piringer, Die Habsburg-Krise, in: ders., Geschichte der Freiheitlichen, Wien 1982, S. 85 ff; Hugo Portisch, Österreich II (Band 3), Wien 1996, S. 192 ff; Ludwig Reichhold, Geschichte der ÖVP, Graz/Wien/Köln 1975;
[2] Vgl. http://members.tripod.com/~ tschwarzer/otto/.htm.

[3] Ingrid Mosser, Der Legitimismus und die Frage der Habsburger-Restauration in der innenpolitischen Zielsetzung des autoritären Regimes in Österreich (1933–1938) (Diss.), Wien 1979.

[4] Zit. nach: Siegfried Nasko (Hg.), Karl Renner in Dokumenten und Erinnerungen, Wien 1982, S. 15.

[5] Ernst Hanisch, Wien: Heldenplatz, in: Transit. Europäische Revue, Heft 15/1998, S. 120 ff, hier S. 126.

[6] Brook-Shepherd, Österreich, a. a. O., S. 387. Über diese Gespräche wurden von Habsburgs damaligem Sekretär Notizen angefertigt, die in den Habsburgischen Familienarchiven (Kassette Nr. 33, Ordner 805) aufbewahrt werden. Nachfolgende Zitate stammen aus diesem Protokoll.

[7] Dokumentationsarchiv des österreichischen Widerstandes (DÖW) (Hg.), Österreicher im Exil: Frankreich 1938–1945. Eine Dokumentation, Wien 1984, S. 16 f; DÖW (Hg.), Österreicher im Exil: USA 1938–1945. Eine Dokumentation (2 Bände), Wien 1995. Zum Gesamtkomplex vgl. auch Franz Goldner, Die österreichische Emigration 1938 bis 1945, Wien/München 1972.

[8] Zit. nach: Herbert Lackner, Die Habsburger. Die ewigen Kaiser, in: »profil«, Heft 48/1998.

[9] Erika Weinzierl, Die Vor- und Frühgeschichte der Zweiten Republik, in: Wolfgang Mantl (Hg.), Politik in Österreich. Die Zweite Republik: Bestand und Wandel, Wien/Köln/Graz 1992, S. 83 ff, hier S. 86. Zu Habsburgs Erfolgen zählten die Befreiung der Österreicher vom »enemy alien«-Status und die Aufnahme Österreichs in eine Briefmarkenserie der »zu befreienden Länder«. Vgl. dazu Österreicher im Exil: USA, a. a. O., S. 286 ff.

[10] Karl Gruber, Meine Partei ist Österreich. Privates und Diplomatisches, Wien/München 1988, S. 90.

[11] Zit. nach: Peter Pelinka, Österreichs Kanzler. Von Leopold Figl bis Wolfgang Schüssel, Wien 2000, S. 77 f.

[12] John Leslie, Otto, in: Brigitte Hamann (Hg.), Die Habsburger. Ein biografisches Lexikon, Wien 1988, S. 379 ff, hier S. 381.

[13] Zit. nach: Brook-Shepherd, Österreich, a. a. O., S. 529.

[14] Erkenntnis des Verfassungsgerichtshofes vom 16. Dezember 1961, Beschluss 260/61, Slg. 4126/1961; Erkenntnis des Verwaltungsgerichtshofes vom 24. Mai 1963, Zl. 245/62/6. Zur Kritik vgl. Mommsen-Reindl, Proporzdemokratie, a. a. O., S. 115 ff.

[15] Norbert Leser, Gab es eine k. k. Sozialdemokratie?, in: Walburga Habsburg/Bernd Posselt (Hg.), Einigen – nicht trennen. Festschrift für Otto Habsburg, Moers 1987, S. 54 ff.

[16] Leser, Die »Causa Habsburg«, in: ders., Salz, a. a. O., S. 130.

[17] Paul Ledvai/Karl Heinz Ritschel, Kreisky. Porträt eines Staatsmannes, Düsseldorf/Wien 1972, S. 116.

[18] Heinz Fischer, Reflexionen, Wien 1998, S. 84.

[19] Ernst Koref, Die Gezeiten meines Lebens, Wien/München 1980, S. 418.

[20] Günther Nenning, Anschluss an die Zukunft. Österreichs unbewältigte Gegenwart und Vergangenheit, Wien 1963, S. 30.

[21] Otto Schulmeister, Das Habsburg-Gespenst, in: ders., Die Zukunft Österreichs, Wien 1967, S. 147. Zu Gorbach und dessen Rolle als »Übergangskanzler« vgl. Hanna Bleier-Bissinger, Bundeskanzler Dr. Alfons Gorbach und seine Zeit. Leben und Sterben der Nachkriegskoalition, Graz 1988.
[22] Andics, Fall Habsburg, a. a. O., S. 184.
[23] Diese Rede wurde abgedruckt in: Hermann Withalm, Brennpunkte, Graz/Wien/Köln 1975, S. 95 ff.
[24] Vor der Nationalratswahl von 1962 hatte es eine Absprache zwischen ÖVP und FPÖ in Richtung der Möglichkeit einer kleinen Koalition gegeben, doch Gorbach hatte sich gegen die Widerstände in seiner Partei nicht durchzusetzen vermocht. Die enttäuschten Freiheitlichen suchten daraufhin vermehrt Kontakte zur SPÖ.
[25] Zit. nach: Portisch, Österreich II (Band 3), a. a. O., S. 199.
[26] Franz Olah, Die Erinnerungen, Wien/München/Berlin 1995, S. 235.
[27] Hellmut Andics, Die Insel der Seligen. Österreich von der Moskauer Deklaration bis zur Gegenwart, München 1980, S. 291.
[28] Zit. nach: Hermann Withalm, Aufzeichnungen, Graz/Wien/Köln 1973, S. 125 f.
[29] Gerhard Vogl, Ich bin im Bild. Darsteller und Selbstdarsteller in Anekdoten und Karikaturen, Wien 1994, S. 236.

3. DIE OLAH-KRISE

[1] Fritz Csoklich, Die Olah-Krise, in: Erika Weinzierl/Kurt Skalnik (Hg.), Das neue Österreich. Geschichte der Zweiten Republik, Graz/Wien/Köln 1975; Ferdinand Karlhofer/Eva Lichtenberger, Franz Olah – Eine anachronistische Karriere, in: Anton Pelinka (Hg.), Populismus in Österreich, Wien 1987, S. 123 ff; Fritz Klenner, Die österreichischen Gewerkschaften. Vergangenheit und Gegenwartsprobleme (Band 3), Wien 1979; Helmut Konrad, Zur politischen Kultur der Zweiten Republik am Beispiel des »Falles Olah«, in: Geschichte und Gegenwart, Heft 1/1986, S. 31 ff; ders., Die Olah-Krise. Eine Krise der Sozialdemokratie?, in: Peter Pelinka/Gerhard Steger (Hg.), Auf dem Weg zur Staatspartei. Zur Geschichte und Politik der SPÖ seit 1945, Wien 1988, S. 47 ff; ders./Manfred Lechner, Millionenverwechslung. Franz Olah. Die Kronenzeitung. Geheimdienste, Wien/Köln/Weimar 1992; Manfred Lechner, Franz Olah, in: Herbert Dachs u. a. (Hg.), Die Politiker. Karrieren und Wirken bedeutender Repräsentanten der Zweiten Republik, Wien 1995, S. 426 ff; ders., »... Jener, dessen Namen unter den Lebenden nicht genannt werden mag.« Der »Fall Olah« – Ein Megaskandal der Zweiten Republik?, in: Gehler/Sickinger (Hg.), Politische Skandale, a. a. O., S. 419 ff; Leser, Salz, a. a. O., S. 147 ff; Hans T. Porta, Fall Olah – Ein Symptom, Wien/Melk 1965; Olah, Erinnerungen, a. a. O.; Werner Pleschberger, Die Olah-Krise. Politische Probleme der Modernisierung des österreichischen Parteiensystems in den sechziger Jahren, in: Anton Pelinka/Fritz Plasser (Hg.), Das österreichische Parteiensystem, Wien/Köln/Graz 1988, S. 695 ff; Wilhelm Svoboda, Franz Olah. Eine Spurensuche, Wien 1990.
[2] Olah, Erinnerungen, a. a. O., S. 21.

[3] Lechner, Olah, a. a. O., S. 427.
[4] Zitiert nach: Otto Klambauer, Der Kalte Krieg in Österreich. Vom Dritten Mann zum Fall des Eisernen Vorhangs, Wien 2000, S. 72. Vgl. auch Anton Benya, Mein Weg, Wien o. J. (1992), S. 57 ff und – zur »Olah-Krise« – S. 74 ff; Zu Olahs Wahrnehmung seiner Rolle vgl. Erinnerungen, a. a. O., S. 134 ff, zum Stand der Forschung vgl. Michael Ludwig/Klaus Dieter Mulley/Robert Streibel (Hg.), Der Oktoberstreik 1950. Ein Wendepunkt der Zweiten Republik, Wien 1991.
[5] Zur Gründungsgeschichte der »Kronen Zeitung« vgl. Hans Dichand, Kronen Zeitung, Die Geschichte eines Erfolgs, Wien 1977 und Konrad/Lechner, Millionenverwechslung, a. a. O.
[6] Lechner, »... Jener, dessen Namen ...«, a. a. O., S. 427.
[7] Martin Zgonc/Peter P. Habarta, Skandalland Österreich 1970–1988, Wien 1988, S. 63; Vgl. auch Arno Maierbrugger, Elefanten im Porzellanladen. Über Meinungsmacher, Geldscheffler und Medienmagnaten, in: Peter Pelinka/Wolfgang Duchkowitsch/Fritz Hausjell (Hg.), Zeitungs-los. Essays zu Pressepolitik und Pressekonzentration in Österreich, Salzburg 1992, S. 143 ff, hier S. 147.
[8] Vgl. Lothar Höbelt, Von der vierten Partei zur dritten Kraft. Die Geschichte des VdU, Graz 1999; Viktor Reimann, Die Dritte Kraft in Österreich, Wien u. a. 1980; Max Riedlsperger, The Lingering Shadow of Nazism. The Austrian Independent Party Movement since 1945, New York 1978.
[9] Konrad, Olah-Krise, a. a. O., S. 51.
[10] Mommsen-Reindl, Proporzdemokratie, a. a. O., S. 207.
[11] Klenner, Gewerkschaften, a. a. O., S. 2459.
[12] Zit. nach: Fischer, Reflexionen, a. a. O., S. 93.
[13] Gertrud Neuhauser, Die verbandsmäßige Organisation der österreichischen Wirtschaft. Systematische Gesamtdarstellung, in: Theodor Pütz (Hg.), Verbände und Wirtschaftspolitik in Österreich, Berlin 1966, S. 79.
[14] Vgl. dazu Gerhard Steger, Der Brückenschlag. Katholische Kirche und Sozialdemokratie in Österreich, Wien/München 1982, insbes. S. 40 f. Zum Verhältnis zwischen der katholischen Kirche und den Parteien vgl. ferner: Hans Magenschab, Die Zweite Republik zwischen Kirche und Parteien, Wien 1968; Erika Weinzierl, Die Katholische Kirche, in: dies./Kurt Skalnik (Hg.), Österreich. Die Zweite Republik (Band 2), Graz/Wien/Köln 1972, S. 285 ff.
[15] Zit. nach Portisch, Österreich II (Band 3), a. a. O., S. 70.
[16] Robert Michels, Zur Soziologie des Parteiwesens in der modernen Demokratie, Stuttgart 1957, S. 215.
[17] Zit. nach Leser, Salz, a. a. O., S. 162.
[18] Karl Czernetz, Führungsprobleme in der Demokratie, in: Die Zukunft, Heft 5/1964, S. 4.
[19] Leser, Salz, a. a. O., S. 148. Zum Problem mit den »Spitzelakten« und dem damit zusammenhängenden Fernsehauftritt vgl. Olah, Erinnerungen, a. a. O., S. 247 ff; Portisch, Österreich II (Band 3), a. a. O., S. 205 f und Svoboda, Olah, a. a. O.
[20] Fischer, Reflexionen, a. a. O., S. 94.
[21] Lendvai/Ritschel, Kreisky, a. a. O., S. 111.
[22] Diese Auffassung vertrat Leser, Salz, a. a. O., S. 171, die Memoiren von Klaus,

Macht und Ohnmacht in Österreich, Wien 1971, geben in diesem Kontext keine Auskunft. Olah, Erinnerungen, a. a. O., S. 270, schrieb über die Reaktion von Klaus: »Natürlich haben wir gegen Sie polemisiert. Sie nehmen uns ja die Leute weg! Aber sonst haben wir nichts gegen Sie, bleiben Sie doch! Stellen Sie sich doch dem Nationalrat, vielleicht kommt es zu einem Umschwung innerhalb Ihrer Fraktion.«
[23] Hermann Mörth, Trennung von Partei- und Staatsfunktion, in: Die Zukunft, Heft ?/1964, S. 6 f.

4. DIE FUSSACH-AFFÄRE

[1] Archiv des Karl-von-Vogelsang-Instituts, Bundesparteileitung der Österreichischen Volkspartei, Karton Sonderakten VIII 1965, Mappe Schiffstaufe Vorarlberg; Susanne Dermutz u. a. (Hg.), Anders als die anderen? Politisches System, Demokratie und Massenmedien in Vorarlberg, Bregenz 1982; Harald Dunajtschik, Volksaufstand wegen Schiffstaufe. Die Fußach-Affäre 1964, in: Gehler/Sickinger (Hg.), Politische Skandale, a. a. O., S. 455 ff; Otto Probst, Die Wahrheit über Fußach – eine Dokumentation, in: Die Zukunft, April 1966, S. 4 ff; Gerhard Wanner, Schiffstaufe Fußach 1964, Bregenz 1980.
[2] Oskar Lehner, Verfassungsentwicklung, in: Emmerich Tálos u. a. (Hg.), Handbuch des politischen Systems Österreichs. Erste Republik 1918–1933, Wien 1995, S. 45 ff, hier S. 46.
[3] Wolfgang C. Müller, Otto Probst, in: Dachs u. a. (Hg.), Die Politiker, a. a. O., S. 461 ff, hier S. 465.
[4] Zit. nach: Portisch, Österreich II (3. Band), a. a. O., S. 217.
[5] Zit. nach: Dunajtschik, Volksaufstand, a. a. O., S. 456.
[6] Vgl. Siegbert Morscher, Pro Vorarlberg, in: Andreas Khol/Alfred Stirnemann (Hg.), Österreichisches Jahrbuch für Politik 1980, München/Wien 1981, S. 42.
[7] Wanner, Schiffstaufe Fußach, a. a. O., S. 25.
[8] Dunajtschik, Volksaufstand, a. a. O., S. 460.
[9] Vgl. »Volksblatt« vom 22. November 1964.
[10] Zu dessen Sicht vgl. auch Ernst Haselwanter, Zur Vorgeschichte von Fußach, in: »Bregenzer Informationen«, 1. Folge, März 1965.
[11] Vgl. »Salzburger Nachrichten« vom 23. November 1964.
[12] Dunajtschick, Volksaufstand, a. a. O., S. 464 ff.
[13] Wanner, Schiffstaufe Fußach, a. a. O., S. 8. Zur Rolle dieser Zeitung in Vorarlberg vgl. auch Rainer Nick, Österreichs Alemannen – Die »besseren« Demokraten? Eine Untersuchung über plebiszitäre Tendenzen, Demokratie und Landesbewusstsein in Vorarlberg, in: Dermutz u. a. (Hg.), Anders als die Anderen?, a. a. O., S. 105 ff.
[14] Vgl. »Salzburger Nachrichten« vom 25. November 1964.
[15] Vgl. »Wiener Zeitung« vom 26. November 1964.
[16] Zit. nach: Dunajtschick, Volksaufstand, a. a. O., S. 474.
[17] Otto Tschadek, Jahre der Freiheit. Österreich seit dem Staatsvertrag, Wien 1967, S. 55 ff.

[18] Claus Reitan, Der Kampf um die wahre Heimat, in: Robert Kriechbaumer (Hg.), Österreichische Nationalgeschichte nach 1945. Die Spiegel der Erinnerung: Die Sicht von innen, Wien/Köln/Weimar 1998, S. 891 ff, hier S. 891.

5. DER FALL BORDAJKEWYCZ

[1] Heinz Fischer (Hg.), Einer im Vordergrund. Taras Borodajkewycz. Eine Dokumentation, Wien/Frankfurt/ Zürich 1966; Gerard Kasemir, Spätes Ende für »wissenschaftlich« vorgetragenen Rassismus. Die Borodajkewycz-Affäre 1965, in: Gehler/Sickinger (Hg.), Politische Skandale, a. a. O., S. 486 ff; Erich Schmidt/Albrecht K. Konecny, »Heil Borodajkewycz!« Österreichs Demokraten im Kampf gegen Professor Borodajkewycz und seine Hintermänner, Wien/München 1966.
[2] Zur Biografie Maletas, der in der Ära des »Austrofaschismus« als stellvertretender Leiter der »Vaterländischen Front« fungierte und nach seiner Verhaftung durch die Gestapo von 1938 bis 1941 in den Konzentrationslagern Dachau und Flossenburg war, vgl. Alfred Stirnemann, Alfred Maleta, in: Dachs u. a. (Hg.), Die Politiker, a. a. O., S. 397 ff. Zu den »Oberweiser Gesprächen« vgl. z. B. Reichhold, Geschichte der ÖVP, a. a. O., S. 189; Reimann, Dritte Kraft, a. a. O., S. 116 ff.
[3] So William Lloyd Stearman, Die Sowjetunion und Österreich 1945–1955: ein Beispiel für die Sowjetpolitik gegenüber dem Westen, Bonn/Wien 1962, hier zitiert nach: Ernst Trost, Figl von Österreich, Wien/München/ Zürich 1972, S. 237.
[4] Walter Pollak, Sozialismus in Österreich. Von der Donaumonarchie bis zur Ära Kreisky, Wien/Düsseldorf 1979.
[5] Zit. nach: Schmidt/Konecny, »Heil Borodajkewycz!«, a. a. O., S. 38.
[6] Zit. nach: »profil«, Heft 15/2000.
[7] Kasemir, Spätes Ende, a. a. O., S. 487.
[8] Vgl. z. B. Georg Denzler/Volker Fabricius, Christen und Nationalsozialisten. Darstellung und Dokumente, Frankfurt am Main 1993; Karlheinz Deschner, Der Nationalsozialismus und die christlichen Kirchen, in: ders., Abermals krähte der Hahn, Rastatt 1989, S. 586 ff; Jan Rehmann, Die Kirchen im NS-Staat. Untersuchung zur Interaktion ideologischer Mächte, Berlin 1986; Walter Sauer, Loyalität, Konkurrenz oder Widerstand? Nationalsozialistische Kultuspolitik und kirchliche Reaktionen in Österreich 1938-1945, in: Emmerich Tálos u. a. (Hg.), NS-Herrschaft in Österreich, Wien 2000, S. 159 ff; Erika Weinzierl, Prüfstand. Österreichs Katholiken und der Nationalsozialismus, Mödling 1988.
[9] Vgl. Viktor Reimann, Innitzer. Kardinal zwischen Hitler und Rom, Wien/München 1988, S. 171 ff sowie Hudals Rechtfertigungsbuch Römische Tagebücher. Lebensbeichte eines alten Bischofs, Graz 1976.
[10] Zit. nach: Fischer, Einer im Vordergrund, a. a. O., S. 43.
[11] Ebenda, S. 67.
[12] Kasemir, Spätes Ende, a. a. O., S. 489.
[13] Vgl. »Die Zukunft«, Heft 4/1962, S. 109 ff.
[14] Fischer, Einer im Vordergrund, a. a. O., S. 56.

[15] Gerald Stourzh, Hans Kelsen. Die österreichische Bundesverfassung und die rechtsstaatliche Demokratie, in: Die Reine Rechtslehre in wissenschaftlicher Diskussion, Wien 1982, S. 7 ff.
[16] Fischer, Reflexionen, a. a. O., S. 127 f.
[17] Taras Borodajkewycz, Gedanken zum 1. September 1939 und seine Folgen, in: Aus Politik und Zeitgeschichte. Beilage zur Wochenzeitung Das Parlament, Heft 36/1964, S. 13.
[18] Zit. nach: Fischer, Einer im Vordergrund, a. a. O., S. 226 ff.
[19] Christian Dickinger, Der Arbeiterpräsident. Franz Jonas, in: ders., Österreichs Präsidenten. Von Karl Renner bis Thomas Klestil, Wien 2000, S. 97 ff, hier S. 106 ff.
[20] Portisch, Österreich II (3. Band), a. a. O., S. 239 f.
[21] Peter Kreisky, Bruno Kreisky – Mensch, Vater, Politiker, in: Werner Gatty u. a. (Hg.), Die Ära Kreisky. Österreich im Wandel, Innsbruck/Wien 1997, S. 47 ff, hier S. 54. Vgl. dazu auch die Wahrnehmung von Ferdinand Lacina (Historicum 15, Frühjahr 1983), hier zit. nach: Kasemir, Spätes Ende, a. a. O., S. 495: »Das war ja mitten in einem Wahlkampf, es war also auch für uns in der Partei nicht ganz einfach, weil es da in der Partei Meinungen gegeben hat, die gesagt haben, mitten in der Wahl für den Bundespräsidenten brauch ma des net, da brauchen wir alle Stimmen, die wir bekommen können.«
[22] Diese Auffassungen über die »Herkunft« Marxens aus dem Rabbinertum wurde auch von Alfred Stirnemann, dem mittlerweile verstorbenen Co-Herausgeber des renommierten »Österreichischen Jahrbuches für Politik«, bestätigt, der als Hörer von Borodajkewycz am 3. Mai 1965 u. a. zu Protokoll gab: »Ebenfalls in die Zeit meines ersten Studienjahres fällt eine spezielle Vorlesung Dr. Borodajkewycz über die Geschichte des Zweiten Weltkrieges. Er erklärte hiebei, dass in diesem Kriege Verbrechen begangen worden sind: das Bombardement von Dresden und die Atombombenabwürfe auf Japan. Es fiel mir damals auf, dass der Professor bei der Erwähnung der im Kriege begangenen Verbrechen nur diese beiden erwähnte.« Hier zit. nach: Fischer, Einer im Vordergrund, a. a. O., S. 143.
[23] Bernhards Rede wurde abgedruckt in: Neues Forum XV/1968, S. 349. Vgl. auch Wendelin Schmidt-Dengler, Der Übertreibungskünstler. Studien zu Thomas Bernhard, Wien 1986, S. 99.
[24] Vgl. dazu die recht eigenwillige Interpretation bei Theodor Piffl-Perčević, Zuspruch und Widerspruch, Graz 1977, S. 168 ff.
[25] Zit. nach: Fischer, Einer im Vordergrund, a. a. O., S. 34.
[26] Portisch, Österreich II (3. Band), a. a. O., S. 241 f.
[27] Vgl. »Kronen Zeitung« vom 1. April 1965.
[28] Vgl. Hanisch, Wien: Heldenplatz, a. a. O., S. 120 ff, hier S. 126 und S. 139.
[29] Peter Pelinka, Österreichs Kanzler, a. a. O., S. 99.
[30] Vgl. »Arbeiter-Zeitung« vom 9. April 1965: »25.000 trauern um Kirchweger.«
[31] Fischer, Reflexionen, a. a. O., S. 126.
[32] Kasemir, Spätes Ende, a. a. O., S. 497.
[33] Zit. nach: Schmidt/Konecny, »Heil Borodajkewycz!«, a. a. O., S. 8 f.

[1] Zum Leben und Werk Wiesenthals vgl. sein Buch: Recht, nicht Rache. Erinnerungen, Frankfurt am Main/Berlin 1988 sowie Irene Etzersdorfer, James Bond oder Don Quichotte? Simon Wiesenthals Kampf gegen Lüge und Verdrängung, Wien 1992; Alan Levy, Die Akte Wiesenthal, Wien 1995; Maria Sporrer/Herbert Steiner, Simon Wiesenthal. Ein unbequemer Zeitgenosse, Wien/München/Zürich 1992. Erwähnenswert ist in diesem Zusammenhang auch eine vierteilige »profil«-Serie über Wiesenthal von Peter Michael Lingens (28. 10. 4. 11., 11. 11. und 25. 11. 1975). Zum Konflikt mit Kreisky vgl. insbesondere Martin van Amerongen, Kreisky und seine unbewältigte Gegenwart, Graz/Wien/Köln 1977; Ingrid Böhler, »Wenn die Juden ein Volk sind, so ist es ein mieses Volk«, in: Gehler/Sickinger, Politische Skandale, a. a. O., S. 502 ff; Ruth Wodak u. a., Die »Kreisky-Peter-Wiesenthal-Affäre«, in: dies., »Wir sind alle unschuldige Täter«. Diskurshistorische Studien zum Nachkriegsantisemitismus, Frankfurt am Main 1990, S. 282 ff.
[2] Elisabeth Horvath, Ära oder Episode. Das Phänomen Bruno Kreisky, Wien 1989, S. 133.
[3] Vgl. Leopold Spira, Feindbild »Jud«, Wien 1981. Der Text der Privatanklage Kreiskys ist abgedruckt in: Stiftung Bruno Kreisky Archiv/Historisches Museum der Stadt Wien (Hg.), Bruno Kreisky. Seine Zeit und mehr. Wissenschaftliche Begleitpublikation zur 240. Sonderausstellung des Historischen Museums der Stadt Wien, Wien 1998, S. 263.
[4] Dieses Plakat ist u. a. abgedruckt in: Ernst Hanisch, Der lange Schatten des Staates. Österreichische Gesellschaftsgeschichte im 20. Jahrhundert, Wien 1994, S. 464. Zu Kreiskys Einschätzung vgl. Bruno Kreisky, Im Strom der Politik. Erfahrungen eines Europäers, Berlin 1988, S. 277.
[5] Horvath, Ära, a. a. O., S. 133.
[6] Zitiert nach: Portisch, Österreich II (3. Band), a. a. O., S. 336.
[7] Zur Regierungsbildung von 1970 und zur SPÖ-Minderheitsregierung vgl. Heinz Fischer, Die Kreisky-Jahre, 1967–1983, Wien 1993, S. 61 ff.
[8] Kreisky, Strom, a. a. O., S. 409.
[9] Dickinger, Der Arbeiterpräsident, a. a. O., S. 118.
[10] Vgl. Anton Pelinka, Die Kleine Koalition: SPÖ – FPÖ 1983–1986, Wien 1993, S. 23 ff.
[11] Zit. nach: Bruno Kreisky, Der Mensch im Mittelpunkt. Der Memoiren dritter Teil (herausgegeben von Oliver Rathkolb, Johannes Kunz und Margit Schmidt), Wien 1996, S. 232.
[12] Ebenda, S. 230.
[13] Bruno Kreisky, Zwischen den Zeiten. Erinnerungen aus fünf Jahrzehnten, Wien 1986, S. 429.
[14] Kreisky am außerordentlichen Parteitag der SPÖ am 15. April 1966 in Wien, hier zit. nach: Kreisky. Reden (2 Bände), hier Band 1 (herausgegeben von Heinz Fischer u. a.), Wien 1981, S. 689 f. Vgl. auch Manfried Rauchensteiner, Die Zwei. Die große Koalition in Österreich 1945 bis 1966, Wien 1987, S. 479 ff.
[15] Bruno Kreisky, Die Koalition in Österreich nach 1945, in: Wissenschaftliche

Kommission des Theodor-Körner-Stiftungsfonds und des Leopold-Kunschak-Preises (Hg.), Koalitionsregierungen in Österreich. Ihr Ende 1920 und 1966, Wien 1985.
[16] Fischer, Kreisky-Jahre, a. a. O., S. 67.
[17] Levy, Akte Wiesenthal, a. a. O., S. 301.
[18] Zit. nach: »Format«, Heft 14/2000.
[19] Zit. nach: Amerongen, Kreisky und seine unbewältigte Gegenwart, a. a. O., S. 51 f.
[20] Vgl. »profil«, Heft 47/1975.
[21] Hella Pick, Und welche Rolle spielt Österreich? Vom besetzten Grenzland zum offenen EU-Staat: die Alpenrepublik im internationalen Blickfeld, Wien 1999, S. 157.
[22] Zit. nach: Levy, Akte Wiesenthal, a. a. O., S. 302.
[23] Kreisky, Strom, a. a. O., S. 280 f.
[24] Vgl. z. B. »profil«, Heft 34/1975: »Kreiskys blaue Braut«.
[25] Die Aufzeichnungen des vormaligen Nationalratsabgeordneten Klaus Mahnert belegen dies. Vgl. dazu Böhler, »Wenn die Juden ein Volk sind ...«, a. a. O., S. 502, Anm. 2.
[26] Kreisky, Mensch im Mittelpunkt, a. a. O., S. 233.
[27] Zit. nach: Levy, Akte Wiesenthal, a. a. O., S. 304.
[28] Wiesenthal, Recht, nicht Rache, a. a. O., S. 360.
[29] Zur Biografie Friedrich Peters vgl. Kurt Richard Luther, Friedrich Peter, in: Dachs u. a. (Hg.), Die Politiker, a. a. O., S. 435 ff.
[30] Vgl. »Wiking-Ruf«, Feber 1956, S. 5 f, hier zit. nach: Stiftung Dokumentationsarchiv des österreichischen Widerstandes (Hg.), Handbuch des österreichischen Rechtsextremismus, Wien 1994, S. 329.
[31] Reimann, Dritte Kraft, a. a. O., S. 284.
[32] Brigitte Bailer-Galanda/Wolfgang Neugebauer, Haider und die »Freiheitlichen« in Österreich, Berlin 1997, S. 12.
[33] Dies berichtete Fritz Molden, der zu diesem Zeitpunkt bei Außenminister Karl Gruber Sekretär war. Gruber musste persönlich mehrmals bei Schärf und Helmer vorstellig werden, um Kreisky 1951 als Mitarbeiter im Außenressort zu bekommen. Vgl. dazu Wilhelm Swoboda, Die Partei, die Republik und der Mann mit den vielen Gesichtern. Oskar Helmer und Österreich II. Eine Korrektur, Wien 1993.
[34] Zit. nach: Ebenda, S. 37.
[35] H. Pierre Secher, Bruno Kreisky, Chancellor of Austria. A Political Biography, Pittsburgh 1993, S. 43.
[36] »Unsere Ehre heißt Treue«. Kriegstagebuch des Reichsführers SS, Tätigkeitsberichte des 1. und 2. SS-Inf.-Brigade, der 1. SS-Kav.-Brigade und von Sonderkommandos der SS, Wien/München/Zürich 1984 (das Tagebuch wurde erstmals 1965 veröffentlicht).
[37] Levy, Akte Wiesenthal, a. a. O., S. 305.
[38] Christian Dickinger, Der Bundespräsident im politischen System Österreichs, Innsbruck/Wien 1999, S. 99 ff.
[39] Vgl. »Financial Times« vom 15. Oktober 1975.

[40] Vgl. z. B. »Der Spiegel« vom 13. Oktober 1975.
[41] Amerongen, Kreisky und seine unbewältigte Gegenwart, a. a. O., S. 98; Spira, Feindbild Jud, a. a. O., S. 143.
[42] Vgl. »profil«, Heft 43/1975.
[43] Alle Zitate Stammen aus: Heinz P. Wassermann, »Zuviel Vergangenheit ist nicht gut!« Nationalsozialismus im Spiegel der Tagespresse der 2. Republik, Innsbruck 2000.
[44] Vgl. »Frankfurter Rundschau« vom 23. Oktober 1975, hier zit. nach: Böhler, »Wenn die Juden ein Volk sind ...«, a. a. O., S. 510.
[45] Vgl. »profil«, Heft 47/1975.
[46] Fischer, Kreisky-Jahre, a. a. O., S. 147.
[47] Zit. nach: Erinnerungen 2. Johannes Kunz im Gespräch mit Prominenten, Wien 1991, S. 257 f.
[48] Wodak u. a., »Wir sind alle unschuldige Täter«, a. a. O., insbes. S. 288 ff.
[49] Vgl. »profil«, Heft 23/1973.
[50] Wiesenthal, Recht, nicht Rache, a. a. O., S. 366.
[51] Golda Meir, Mein Leben, o. O. 1975, S. 437 ff. Zur Widerlegung vgl. glaubhaft Margit Schmidt, in: Gatty u. a. (Hg.), Ära Kreisky, a. a. O., S. 142 f.
[52] H. Pierre Secher, Kreisky and the Jews, in: Günter Bischof/Anton Pelinka (Hg.), The Kreisky-Era in Austria, New Brunswick 1994, S. 22.

7. DER AKH-SKANDAL

[1] Christian Brünner (Hg.), Korruption und Kontrolle, Wien/Köln/Graz 1981; Andreas Khol/Alfred Stirnemann (Hg.), Österreichisches Jahrbuch für Politik 1980, Wien/München 1981, S. 568 ff; Anton Pelinka, »Wanzenjournalismus« und »Zerfall der Geschlossenheit«. Der AKH-Skandal, in: Gehler/Sickinger (Hg.), Politische Skandale, a. a. O., S. 532 ff; Alfred Worm, Der Skandal. AKH: Story, Analyse, Dokumente. Europas größter Krankenhausbau, Wien 1981.
[2] Zit. nach: Marco Schenz, Bundespräsident Rudolf Kirchschläger, Wien/Köln/Graz 1984, S. 117.
[3] Vgl. »AZ« vom 4. September 1980.
[4] Zit. nach: Stella Klein-Löw, Bruno Kreisky. Ein Porträt in Worten, Wien/München 1983, S. 128.
[5] Zit. nach: Paul Lendvai, Auf schwarzen Listen. Erlebnisse eines Mitteleuropäers, Hamburg 1996, S. 311.
[6] Vgl. dazu ausführlich Worm, Der Skandal, a. a. O., S. 260 ff.
[7] »Der Rechnungshof stellte in seinem Rohbericht fest, dass die Gesamtbaukosten des AKH, bezogen auf die Preisbasis 1980, bei rund 35 Milliarden Schilling liegen werden. Hochgerechnet auf die Preisbasis der Baufertigstellung im Jahr 1986 werden sie sich bei 50 Milliarden Schilling einpendeln.« Vgl. »profil« vom 4. Februar 1980.
[8] Worm, Der Skandal, a. a. O., S. 277 f.
[9] Khol/Stirnemann (Hg.), Jahrbuch, a. a. O., S. 570.

[10] Worm, Der Skandal, a. a. O., S. 255 ff.
[11] Vgl. »Die Presse« vom 15. April 1980.
[12] Worm, Der Skandal, a. a. O., S. 256.
[13] Vgl. »profil« vom 8. April 1980.
[14] Worm, Der Skandal, a. a. O., S. 259.
[15] Fischer, Reflexionen, a. a. O, S. 292.
[16] Anton Pelinka, Inflation der Ausschüsse, in: »Der Standard« vom 30. September 1989.
[17] Khol/Stirnemann (Hg.), Jahrbuch, a. a. O., S. 582.
[18] Zit. nach: Liselotte Palme, Androsch. Ein Leben zwischen Geld und Macht, Wien 1999, S. 262.
[19] Brünner, Korruption und Kontrolle – eine Einleitung, in: ders. (Hg.), Korruption, a. a. O., S. 15.
[20] Zit. nach: Fischer, Reflexionen, a. a. O., S. 293.
[21] Herbert Schachter, Stellungnahme aus juristischer Sicht, in: SWS-Rundschau, Heft 4/1998, S. 500 ff, hier S. 501.
[22] Pelinka, »Wanzenjournalismus«, a. a. O., S. 543 ff.
[23] Werner Mück, Österreich. Das war unser Jahrhundert, Wien 1999, S. 180.

8. DER KREISKY-ANDROSCH-KONFLIKT

[1] Hannes Androsch, Konsens und Konflikt als Januskopf, in: SWS-Rundschau, Heft 4/1998, S. 499 ff; Christian Dickinger, Der Konflikt zwischen Bundeskanzler Kreisky und Finanzminister Androsch. Versuch einer Rekonstruktion, in: SWS-Rundschau, Heft 1/1998, S. 73 ff; ders., Der Kreisky-Androsch-Konflikt. Versuch einer Annäherung (i. V.); Fischer, Kreisky-Jahre; ders., Reflexionen, a. a. O.; Horvath, Ära, a. a. O.; Kreisky, Mensch im Mittelpunkt, a. a. O.; Beppo Mauhart, Anmerkungen, in: Herbert Cordt/Beppo Mauhart (Hg.), Zurück in die Zukunft, Wien 1988, S. 207 ff; Palme, Androsch, a. a. O.; Eugen Seco, Der Fall Androsch. Eine sozialistische Karriere in den siebziger Jahren, Wien 1981.
[2] Zit. nach: Erinnerungen 2, a. a. O., S. 26.
[3] Brief von Hannes Androsch an Chefredakteur Christian Schaller vom 13. August 1998; Kopie im Besitze des Verfassers.
[4] Leser, Salz, a. a. O., S. 229.
[5] Ich versuche dies ausführlich in meinem oben zitierten Buchmanuskript; vgl. vor allem auch Palme, Androsch, a. a. O.
[6] Zit. nach: Erinnerungen 2, a. a. O., S. 24.
[7] Kreisky, Mensch im Mittelpunkt, a. a. O., S. 308.
[8] Wolfgang Petritsch, Bruno Kreisky. Ein biografischer Essay, Wien/München/Zürich, S. 130.
[9] Palme, Androsch, a. a. O., S. 246.
[10] Zit. nach: Georg Nowotny, 100 Stunden Kreisky. Kritische Analyse eines Regierungsstils, Wien 1976, S. 73.
[11] Zit. nach: Horvath, Ära, a. a. O., S. 86.

[12] Portisch, Österreich II (3. Band), a. a. O., S. 410.
[13] Fischer, Reflexionen, a. a. O., S. 298.
[14] Kreisky, Mensch im Mittelpunkt, a. a. O., S. 95.
[15] Mauhart, Anmerkungen, a. a. O., S. 244.
[16] Thomas Nowotny, Was bleibt von der Ära Kreisky?, Wien o. J., S. 29.
[17] Zit. nach: Palme, Androsch, a. a. O., S. 241.
[18] Ebenda, S. 270.
[19] Dickinger, Der Arbeiterpräsident, a. a. O., S. 97 ff.
[20] Kreisky, Strom, a. a. O., S. 367.
[21] Zit. nach: Horvath, Ära, a. a. O., S. 106.
[22] Zit. nach: Portisch, Österreich II (3. Band), a. a. O., S. 411.
[23] Fischer, Kreisky-Jahre, a. a. O., S. 96.
[24] Klein-Löw, Kreisky, a. a. O., S. 141.
[25] Anton Benya, »Kreisky stand für eine Ära«, in: »Der Standard« vom 30. Juli 1990. Hier zitiert nach: Johannes Kunz (Hg.), Anton Benya. Ansichten des Nationalrats- und ÖGB-Präsidenten, Wien 1992, S. 130.
[26] Pick, Rolle, a. a. O., S. 208.
[27] Hannes Androsch in einem Dossier an den vormaligen Chefredakteur der »Kleinen Zeitung« Kurt Wimmer vom 10. Februar 1998. Eine Kopie befindet sich im Kreisky-Archiv und im Besitze des Verfassers.
[28] Horvath, Ära, a. a. O., S. 105.
[29] Zit. nach: Palme, Androsch, a. a. O., S. 253.
[30] Zitiert nach: Ebenda, S. 257.
[31] Fischer, Reflexionen, a. a. O., S. 271 f.
[32] Zit. nach: Horvath, Ära, a. a. O., S. 104.
[33] Androsch, Konsens, a. a. O.
[34] Ebenda, S. 510.
[35] Vgl. dazu Angus McIntyre, Aging and Political Leadership, Oxford 1988 sowie Jerrold M. Post/Robert S. Robins, When Illness Strikes the Leader, New Haven 1993.
[36] Vgl. Christian Dickinger, »Zampano tritt auf!« Bruno Kreisky und die Medien: eine Spurensuche, in: Medien & Zeit, Heft 3/1999, S. 26 ff.
[37] Oliver Rathkolb, Die Kreisky-Ära 1970–1983, in: Rolf Steininger/Michael Gehler (Hg.), Österreich im 20. Jahrhundert. Vom Zweiten Weltkrieg bis zur Gegenwart (Band 2), Wien/Köln/Weimar 1997, S. 305 ff, hier S. 311.
[38] Vgl. »profil«, Heft 32/1990.
[39] Zitiert nach: Herbert Lackner, Hiebe und Liebe. Kreisky und »profil«, in: 25 Jahre »profil«/Die Profil Story, Sonderheft vom 14. September 1995, S. 26 ff, hier S. 28.
[40] Ebenda. Siehe auch Mauhart, Anmerkungen, a. a. O., S. 254 f.
[41] Androsch, Konsens, a. a. O., S. 510.
[42] Hannes Androsch, Mord durch Worte, in: »profil«/Die Profil-Story, a. a. O., S. 109 f, hier S. 110.
[43] Mauhart, Anmerkungen, a. a. O., S. 207.
[44] Vgl. Seco, Fall Androsch, a. a. O., S. 53 ff, wo mehrere Beispiele gegeben werden.

[45] Horvath, Ära, a. a. O., S. 98.
[46] Vgl. »Kronen Zeitung« vom 17. März 1974.
[47] Androsch, Konsens, a. a. O., S. 508.
[48] Norbert Leser, hier zitiert nach: Palme, Androsch, a. a. O., S. 243.
[49] Josef Hindels, Austromarxismus und SPÖ-Linke, in: ders./Peter Pelinka (Hg.), Roter Anstoß, Wien 1980, S. 15.
[50] Zitiert nach: Leser, Salz, a. a. O., S. 224.
[51] Vgl. »profil« vom 22. August 1983.
[52] Fischer, Kreisky-Jahre, a. a. O., S. 248.
[53] Zitiert nach: Kreisky, Mensch im Mittelpunkt, a. a. O., S. 300.
[54] Mauhart, Anmerkungen, a. a. O., S. 255.
[55] Androsch an Wimmer, a. a. O.
[56] Um ein Mitglied der Bundesregierung dem Bundespräsidenten zur Entlassung vorzuschlagen, bedarf ein Bundeskanzler keines »Rücktrittsangebotes«.
[57] Lendvai, Auf schwarzen Listen, a. a. O., S. 308.
[58] Vgl. »Kurier« vom 10. September 1980.
[59] Leser, Salz, a. a. O., S. 231.
[60] Fischer, Reflexionen, a. a. O., S. 297.
[61] Vgl. »Kleine Zeitung« vom 13. Dezember 1980.
[62] Vgl. »Salzburger Nachrichten« vom 3. Januar 1981.
[63] Der an Karl Blecha gerichtete Brief ist abgedruckt in: Kreisky, Mensch, a. a. O., S. 306 f. Unmittelbarer Anlass war ein im »Foreign Report« (hrsg. v. »Economist«) abgedruckter Artikel, in welchem u. a. zu lesen war: »Androsch ... wird die Spitzenposition [das Amt des Bundeskanzlers, Anm. C. D.] anpeilen und er wird sie wahrscheinlich bekommen.«
[64] Hanisch, Schatten, a. a. O., S. 469.

9. ZWENTENDORF, HAINBURG UND DIE FOLGEN

[1] Lidia Brandstätter/Michael Grosser/Hannes Werthner, Die Anti-AKW-Bewegung in Österreich, in: Umdenken. Analysen grüner Politik in Österreich, Wien 1984, S. 156 ff; Hans Heinz Fabris, Pro und kontra Zwentendorf. Basisinitiativen und Massenmedien, in: ÖZP, Heft 1/1980, S. 69 ff; Friedrich Fehlinger, Beiträge zur Geschichte der österreichischen Anti-Atomkraft-Bewegung (Dipl-Arb.), Linz 1979; Herbert Gottweis, Neue soziale Bewegungen in Österreich, in: Herbert Dachs u. a. (Hg.), Handbuch des politischen Systems Österreichs. Die Zweite Republik, Wien 1997, S. 342 ff; hainburg. ein Basisbuch, Wien 1985; Andreas Huber/Günther Nenning (Hg.), Die Schlacht der Bäume. Hainburg 1984, Wien 1985; Erich Kitzmüller, Österreich – Verspäteter Atomzwerg oder nichtatomarer Anfänger, in: Lutz Mez (Hg.), Der Atomkonflikt. Atomindustrie, Atompolitik und Anti-Atombewegung im internationalen Vergleich, Berlin 1979, S. 221 ff und S. 249 ff; Franz Kok/Christian Schaller, Restrukturierung der Energiepolitik durch neue soziale Bewegungen? Die Beispiele Zwentendorf und Hainburg, in: ÖZP, Heft 1/1986, S. 61 ff; Karl Manzano, Anti-AKW-Bewegung in Österreich, in:

Schulheft 7, Heft 25/1979, S. 65 ff; Bernhard Natter, Die »Bürger« versus die »Mächtigen« – Populistischer Protest an den Beispielen Zwentendorf und Hainburg, in: Pelinka (Hg.), Populismus, a. a. O., S. 151 ff; Anton Pelinka, Hainburg – mehr als nur ein Kraftwerk, in: Andreas Khol/Günther Ofner/Alfred Stirnemann (Hg.), ÖJP '85, Wien 1986, S. 101 ff; ders., Die kleine Koalition, a. a. O., S. 39 ff; Christian Schaller, Die österreichische Kernenergiekontroverse. Meinungsbildungs- und Entscheidungsfindungsprozess mit besonderer Berücksichtigung der Auseinandersetzungen um das Kernkraftwerk Zwentendorf bis 1981 (Diss., 2 Bände), Salzburg 1987; Herbert Vetter, Zwickmühle Zwentendorf, Wien 1983, S. 219 ff; Hannes Wimmer, Institutionelle und soziale Bedingungen der Entstehung von Basisinitiativen am Beispiel der Anti-KKW-Gruppen, in: ÖZP, Heft 1/1980, S. 57 ff; Ruth Wodak u. a., Die Sprache der »Mächtigen« und »Ohnmächtigen«. Der Fall Hainburg, Wien 1985.

[2] Fritz Keller, Wien. Mai 68 – Eine heiße Viertelstunde, Wien 1983.

[3] Paulus Ebner/Karl Vocelka, Die zahme Revolution. '68 und was davon blieb, Wien 1998.

[4] Vgl. dazu allgemein die anregende Studie von Peter Cornelius Mayer-Tasch, Die Bürgerinitiativbewegung. Der aktive Bürger als rechts- und politikwissenschaftliches Problem, Reinbek bei Hamburg 1985 (erstmals 1976 publiziert).

[5] Gottweis, Neue soziale Bewegungen, a. a. O., S. 347.

[6] Pelinka, Hainburg, a. a. O., S. 94.

[7] Vgl. dazu ausführlich David Campbell, Der politische Paradigmenbruch in Österreich. Bürgerinitiativen und Volksabstimmungen als demokratiepolitische Phänomene, in: SWS-Rundschau, Heft 2/1991, S. 211 ff.

[8] Benya, Mein Weg, a. a. O., S. 98.

[9] Kitzmüller, Österreich, a. a. O., S. 256, Anm. 2.

[10] Kreisky, Mensch im Mittelpunkt, a. a. O., S. 151.

[11] Hier zit. nach: Hannes Androsch, Der österreichische Weg – Reminiszenz und Prospektion, in: Robert Kriechbaumer (Hg.), Österreichische Nationalgeschichte nach 1945. Die Spiegel der Erinnerung: Die Sicht von innen, Wien/Köln/Weimar 1998, S. 559 ff, hier S. 578.

[12] Zitiert nach: Portisch, Österreich II (Band 3), a. a. O., S. 425 f.

[13] Fischer, Kreisky-Jahre, a. a. O., S. 157.

[14] Fischer, Reflexionen, a. a. O., S. 266.

[15] Kreisky, Mensch im Mittelpunkt, a. a. O., S. 157 und S. 166.

[16] Peter Kreisky, Bruno Kreisky – Mensch, Vater, Politiker, a. a. O., S. 56.

[17] Zum Thema direkte Demokratie in Österreich vgl. Anton Pelinka, Der Aufstieg des Plebiszitären, in: ders. (Hg.), EU-Referendum. Zur Praxis direkter Demokratie in Österreich, Wien 1994, S. 9 ff und ders., Direkte Demokratie – mehr als nur Illusion, aber kein Rezept, in: SWS-Rundschau, Heft 2/1999, S. 109 ff.

[18] Vgl. u. a. zum Text des Gesetzes sowie zum Ergebnis der Volksabstimmung Josef Rauchenberger (Hg.), Stichwort Demokratie. 50 Jahre Zeitgeschehen, Wien 1994, S. 987 ff.

[19] Mauhart, Anmerkungen, a. a. O., S. 252.

[20] Petritsch, Bruno Kreisky, a. a. O., S. 124.

[21] Zit. nach Fischer, Kreisky-Jahre, a. a. O., S. 162.

[22] Im § 1 des »Bundesgesetzes über das Verbot der Nutzung der Kernspaltung für die Energieversorgung in Österreich« heißt es: »Anlagen, mit denen zum Zwecke der Energieversorgung elektrische Energie durch Kernspaltung erzeugt werden soll, dürfen in Österreich nicht errichtet werden. Sofern jedoch derartige Anlagen bereits bestehen, dürfen sie nicht in Betrieb genommen werden.«
[23] David Campbell, Fred Sinowatz, in: Dachs u. a. (Hg.), Die Politiker, a. a. O., S. 520 ff, hier S. 528.
[24] Pelinka, Kleine Koalition, a. a. O., S. 45.
[25] Anton Pelinka, Die kleine Koalition, in: Reinhard Sieder/Heinz Steinert/Emmerich Tálos (Hg.), Österreich 1945–1995, Wien 1995, S. 279 ff, hier S. 281.
[26] Karl Wagner, Vom langen Marsch. Die Geschichte der Au-Erregung, in: Nenning/Huber (Hg.), Schlacht der Bäume, a. a. O., S. 11 ff, hier S. 11.
[27] Dies bekannte Michael Graff, zit. nach: Pelinka, Kleine Koalition, a. a. O., S. 43.
[28] Wagner, Marsch, a. a. O., S. 13.
[29] Karl Weber, Schlacht der Bäume – Schlacht der Paragrafen. Das juristische Dilemma von Hainburg, in: Nenning/Huber (Hg.), Schlacht der Bäume, a. a. O., S. 210 ff, hier S. 211.
[30] Das »Konrad-Lorenz-Volksbegehren« erhielt im März 353.906 Unterschriften, nicht sehr viel angesichts der dem Plebiszit vorangegangenen Mobilisierung und Dramatisierung.
[31] Natter, Die »Bürger« versus die »Mächtigen«, a. a. O., S. 161.
[32] Fischer, Reflexionen, a. a. O., S. 367.
[33] Zit. nach: Ebenda, S. 368.
[34] Neben anderen Beispielen abgedruckt in: Nenning/Huber (Hg.), Schlacht der Bäume, a. a. O., S. 150 und S. 153.
[35] Zit. nach: Peter Pelinka, Fred Sinowatz oder die Mühen der Ebene, in: ders., Österreichs Kanzler, a. a. O., S. 151 ff, hier S. 162 f. Dass die Wirkung der »Krone«-Kampagne auf die Leserschaft überschätzt wurde, wies Ernst Gehmacher nach: Ohnmacht der Massenmedien? Die wahre Wirkung der »Kronen-Zeitung« am Beispiel Hainburg, in: Journal für Sozialforschung, Heft 2/1985, S. 233 ff.
[36] Peter Kostelka, Die kleine Koalition (1983 bis 1986), in: Pelinka/Steger (Hg.), Staatspartei, a. a. O., S. 75 ff, hier S. 85.
[37] Zit. nach: Pelinka, Kleine Koalition, a. a. O., S. 43.
[38] Ebenda.

10. DIE LUCONA-AFFÄRE

[1] Helmut Epp, Lucona. Gedanken zum Untersuchungsausschuss, in: Österreichische Monatshefte, Heft 5/1989, S. 23 f; Felix Ermacora, Der Lucona-Ausschuss im Lichte staatswissenschaftlicher Erfahrungen, in: Andreas Khol/Günther Ofner/Alfred Stirnemann (Hg.) ÖJP '89, München/Wien 1990, S. 225 ff, Gerald Freihofner, Der Proksch-Prozess und seine politischen Implikationen, in: Andreas Khol/Günther Ofner/Alfred Stirnemann (Hg.), Österreichisches Jahrbuch für Politik '91, München/Wien 1992, S. 607 ff; ders., Der Fall Udo Proksch oder die Af-

färe »Lucona«, in: Gehler/Sickinger (Hg.), Politische Skandale, a. a. O., S. 546 ff; Hans Pretterebner, Der Fall Lucona. Ost-Spionage, Korruption und Mord im Dunstkreis der Regierungsspitze, München 1989; ders., Das Netzwerk der Macht. Anatomie der Bewältigung eines Skandals, Wien 1993; »profil«-Dokumente: Der Fall »Lucona«. Aus dem Protokoll des Untersuchungsausschusses (1989).

[2] Berufungsschrift der Staatsanwaltschaft an das Landesgericht für Strafsachen Wien vom 22. März 1991.

[3] Ebenda.

[4] Die nachfolgenden Anmerkungen über den Lebensweg Prokschs basieren auf Pretterebner, Fall Lucona, a. a. O., S. 25 ff.

[5] Ebenda, S. 31.

[6] Ebenda, S. 81.

[7] Vgl. »Wochenpresse« vom 14. März 1991.

[8] Freihofner, Fall Udo Proksch, a. a. O., S. 547.

[9] Pretterebner, Fall Lucona, a. a. O., S. 172. Zur »Zapata« vgl. ebenda, S. 165 ff.

[10] Ebenda, S. 175.

[11] Freihofner, Fall Udo Proksch, a. a. O., S. 548.

[12] Ebenda.

[13] Vgl. die chronologische Zusammenfassung bei Pretterebner, Netzwerk der Macht, a. a. O., S. 447 ff, hier S. 450 f.

[14] Pretterebner, Fall Lucona, a. a. O., S. 477 ff.

[15] Vgl. »Neue Kronen Zeitung« vom 26. Februar 1985 (»Weltmeister Lauda besucht Udo Proksch im Gefängnis«).

[16] Vgl. »Kurier« vom 20. Februar 1985 (»Ich bin der Kronzeuge«).

[17] Pretterebner, Fall Lucona, a. a. O., S. 579.

[18] Vgl. »Wochenpresse« vom 20. Januar 1989.

[19] Vgl. »Wochenpresse«, Heft 11/1991 (»Geliebter Udo«).

[20] Vgl. ORF-»Mittagsjournal« vom 10. März 1988.

[21] Demel wurde im September 1993 wegen falscher Zeugenaussage im Zusammenhang mit der Beschaffung falscher Papiere aus Rumänien rechtskräftig zu einer Geldstrafe in der Höhe von 450.000 Schilling verurteilt. Vgl. dazu Freihofner, Fall Udo Proksch, a. a. O., S. 567.

[22] Peter Pilz, Land über Bord. Kein Roman, Wien 1989.

[23] Vgl. »Der Standard« vom 12. Januar 1989.

[24] Vgl. Nr. 1000 der Beilagen zu den Stenograf. Prot. des Nationalrates, XVII. Gesetzgebungsperiode.

[25] Vgl. »Die Presse« vom 14. Dezember 1993.

[26] Zu den genaueren Umständen vgl. Pretterebner, Netzwerk der Macht, a. a. O., S. 329 ff.

[27] Vgl. »Salzburger Nachrichten« vom 12. Juni 1997.

[28] Vgl. Karl Vocelka, Leopold Gratz, in: Die Politiker, a. a. O., S. 185 ff, hier S. 190, und »Kleine Zeitung« vom 12. Oktober 1993.

[29] Zit. nach: Erinnerungen 2, a. a. O., S. 54 f.

[30] Vgl. »Der Standard« vom 29. Juni 2001; »profil«, Heft 27/2001; »News«, Heft 27/2001.

11. DER NORICUM-SKANDAL

[1] Doris Schmidauer, Der Noricum-Untersuchungsausschuss. Analyse eines politischen Skandals, in: Andreas Khol/Günther Ofner/Alfred Stirnemann (Hg.), ÖJP '90, München/Wien 1991, S. 557 ff; dies., »Nix seh'n, nix hör'n, nix red'n, so lebst am besten.« Der Noricum-Skandal, in: Gehler/Sickinger (Hg.), Politische Skandale, a. a. O., S. 568 ff.
[2] Pilz, Land über Bord, a. a. O., S. 51.
[3] Mit der provisorischen Leitung des Konzerns wurde der Generaldirektor der Chemie Linz AG Richard Kirchweger betraut, ihm folgte im Februar 1986 der Auslandsösterreicher Herbert Lewinsky, der bis zu diesem Zeitpunkt Chef von Mobil Oil Deutschland war.
[4] Zit. nach: Pelinka, Die kleine Koalition, a. a. O., S. 50.
[5] Vgl. Hans Weiss/Christa Federspiel, Wer?, o. O. 1988, S. 13.
[6] Vgl. »Kurier« vom 19. Oktober 1990.
[7] Androsch, Konsens, a. a. O., S. 508.
[8] Schmidauer, »Nix seh'n ...«, a. a. O., S. 577.
[9] Vgl. z. B. Herbert Dachs, Von der »Sanierungspartnerschaft« zur konfliktgeladenen Unübersichtlichkeit. Über politische Entwicklungen und Verschiebungen während der Großen Koaliton 1986 bis 1994, in: Sieder/Steinert/Tálos (Hg), Österreich, a. a. O., S. 290 ff.
[10] Vgl. § 320 Z 3 Strafgesetzbuch (StGB)
[11] Walter Kleindel, Österreich. Daten zur Geschichte und Kultur, Wien 1995, S. 520.
[12] Vgl. »profil«, Heft 15/1990.
[13] Schmidauer, »Nix seh'n ...«, a. a. O., S. 584.
[14] Vgl. »APA« vom 9. März 1993.
[15] Zit. nach: Fischer, Reflexionen, a. a. O., S. 483.
[16] Bericht des Noricum-Untersuchungsausschusses, Nr. 1235 der Beilagen zu den Stenograf. Prot. des Nationalrates, XVII. GP, April 1990, S. 2.
[17] Fischer, Reflexionen, a. a. O., S. 484.
[18] Bericht des Noricum-Untersuchungsausschusses, a. a. O., S. 35.
[19] Vgl. »Der Spiegel«, Heft 15/1990.

12. DIE CAUSA REDER – FRISCHENSCHLAGER

[1] Fischer, Reflexionen, a. a. O., S. 372 ff; Walter Hacker, Kriegsverbrecherbubi, in: ders. (Hg.), Warnung an Österreich. Neonazismus: Die Vergangenheit bedroht die Zukunft, Wien 1966, S. 119 ff; Anneliese Hawel, Jahreschronik 1985, in: Andreas Khol/Günther Ofner/Alfred Stirnemann (Hg.), ÖJP '85, Wien/München 1986, S. 695 ff; Christian S. Ortner, Am Beispiel Walter Reder. Die SS-Verbrechen in Marzabotto und ihre »Bewältigung«, Wien o. J. (1985); Pelinka, Kleine Koalition, a. a. O., S. 46 ff; Heidi Trettler, Der umstrittene Handschlag. Die Affäre Frischenschlager – Reder, in: Gehler/Sickinger (Hg.), Politische Skandale, a. a. O., S.

592 ff. Zum Lebenslauf Reder vgl. auch den Akt »Walter Reder; Haft in Italien« Zl. 514.897-pol/56. Österreichisches Staatsarchiv, Archiv der Republik, BKA/AA, II-pol, Italien 49. Für das Thema relevante Dokumente und Zitate finden sich auch an verschiedenen Stellen des Handbuchs des österreichischen Rechtsextremismus, a. a. O.

[2] Gerichtsurteil, hier zitiert nach: Ortner, Beispiel Walter Reder, a. a. O.

[3] Fischer, Reflexionen, a. a. O., S. 372.

[4] Vgl. »Kurier« vom 31. Januar 1985.

[5] »The Times« vom 30. Januar 1985. Zur internationalen Reaktion vgl. auch Pick, Rolle, a. a. O., S. 221 ff.

[6] Weiss/Federspiel, Wer?, a. a. O., S. 50.

[7] Pelinka, Kleine Koalition, a. a. O., S. 47.

[8] Pick, Rolle, a. a. O., S. 222.

[9] Kreisky, Mensch im Mittelpunkt, a. a. O., S. 234.

[10] Fischer, Reflexionen, a. a. O., S. 373.

[11] Zur SS, deren Aufbau, Hierarchie und Terrorapparat vgl. Heinz Höhne, Der Orden unter dem Totenkopf. Die Geschichte der SS, Augsburg 1992; Eugen Kogon, Der SS-Staat. Das System der Deutschen Konzentrationslager, München 1991.

[12] Es wurde gelegentlich behauptet, Reder wäre zu diesem Zeitpunkt nicht in Marzabotto gewesen, da ihn eine Beinverletzung an seinen Stützpunkt gefesselt hätte. Vgl. »profil« vom 28. Januar 1985.

[13] Vgl. »Aula«, Heft 5/1985.

[14] Zit. nach: Weiss/Federspiel, Wer?, a. a. O., S. 163.

[15] Vgl. »Wochenpresse« vom 5. Februar 1985 (»Handschlag in Gaeta«).

[16] Trettler, Handschlag, a. a. O., S. 599.

[17] Ebenda, S. 602.

[18] Vgl. »Kurier« vom 27. Januar 1985.

[19] Zitiert nach: »Abendjournal« des ORF vom 11. Februar 1985.

[20] Zitiert nach: »Kärntner Nachrichten« vom 14. Februar 1985.

[21] Zitiert nach: »APA« vom 12. Juli 2000.

[22] Vgl. zu beiden Zitaten »profil« vom 21. Mai 1991.

[23] Vgl. »Bundesturnzeitung« Nr. 6/1991, S. 2.

[24] Vgl. »Salzkammergut-Zeitung« Nr. 20 vom 16. Mai 1991.

13. DIE CAUSA WALDHEIM

[1] Hans-Peter Born, Für die Richtigkeit – Kurt Waldheim, München 1988; Christian Dickinger, Der Pflichterfüller. Kurt Waldheim, in: ders., Österreichs Präsidenten, a. a. O., S. 155 ff (das nachfolgende Kapitel ist eine verkürzte und überarbeitete Fassung dieses Aufsatzes); Michael Gehler, »... eine grotesk überzogene Dämonisierung eines Mannes ...«, in: ders./Sickinger (Hg.), Politische Skandale, a. a. O., S. 614 ff; Edwin Herzstein, Waldheim. The Missing Years, New York 1988; Andreas Khol, Die Kampagne gegen Waldheim – Internationale und nationale Hinter-

gründe, in: ÖJP '86, München/Wien 1987, S. 97 ff; ders./Theodor Faulhaber/ Günther Ofner (Hg.), Die Kampagne. Kurt Waldheim – Opfer oder Täter?, München/Berlin 1987; Richard H. Mitten, Politics of Antisemitics Prejudice. The Waldheim Phenomenon in Austria, Boulder 1992; Eli Rosenbaum, Betrayal. The untold story of the Kurt Waldheim. Investigation and cover-up, New York 1993; Kurt Waldheim, Die Antwort, München 1996; Ruth Wodak u. a., Die »Kampagne« und die Kampagne mit der »Kampagne« – Die »Waldheim-Affäre«, in: dies. u. a., »Wir sind alle unschuldige Täter«, a. a. O., S. 59 ff.

[2] Zit. nach: Erinnerungen 2, a. a. O., S. 234.

[3] Waldheim, Antwort, a. a. O., S. 22.

[4] Klaus Harpprecht, Am Rande der Gemütlichkeit. Ein österreichisches Tagebuch, München 1989, S. 70.

[5] Kreisky, Mensch im Mittelpunkt, a. a. O., S. 320.

[6] Zit. nach: Erinnerungen 2, a. a. O., S. 234.

[7] Vgl. Wodak u. a., »Wir alle sind unschuldige Täter«, a. a. O., S. 60 f.

[8] Ebenda, S. 69.

[9] Anton Pelinka, Zur österreichischen Identität, Wien 1990, S. 45.

[10] Zit. nach: Karl Gruber u. a. (Hg.), Wir über Waldheim, Wien/Köln/Weimar 1992, S. 114.

[11] Eine von Fiktionen und Ressentiments genährte, geradezu abenteuerliche »Verschwörungstheorie«, wonach die SPÖ gemeinsam mit »Honoratioren des World Jewish Congress« ein Komplott gegen Waldheim »geschmiedet und inszeniert« hätte, offerierte Ernst Hofbauer, Das Waldheim-Komplott. Eine politische Sittengeschichte, Wien 1997.

[12] Kreisky, Mensch im Mittelpunkt, a. a. O., S. 324 f.

[13] Vgl. Felix Ermacora, Die Watchlist-Entscheidung der USA gegen Kurt Waldheim im Lichte des Völkerrechts und allgemeiner Rechtsgrundsätze, in: ÖJP '87, München/Wien 1988, S. 213 ff.

[14] John Mapother, Wie man auf die Watchlist kommt. Eine wahre Geschichte aus Amerika, Wien 1997.

[15] Die Schlussfolgerungen der Historikerkommission wurden veröffentlicht in: »profil«, Heft 7/1988, S. 1 ff.

[16] Waldheim, Antwort, a. a. O., S. 126.

[17] Zit. nach: Othmar Karas (Hg.), Die Lehre. Österreich. Schicksalslinien einer europäischen Demokratie, Wien 1988, S. 7 ff.

[18] Vgl. Franz Vranitzky, Im Gespräch mit Armin Thurnher, Frankfurt am Main 1992, S. 31.

[19] Waldheim, Antwort, a. a. O., S. 229.

[20] Pelinka, Identität, a. a. O., S. 46.

[21] Die deutsche Ausgabe trägt den Titel »Der jüdische Weltkongress und die Waldheim-Affäre«, Wien 2001.

[22] Vgl. »profil«, Heft 19/2001.

14. JÖRG HAIDER ODER: DER SKANDAL IN PERMANENZ

[1] Brigitte Bailer-Galanda, Haider wörtlich. Führer in die Dritte Republik, Wien 1995; dies., »Ideologische Missgeburt« und »ordentliche Beschäftigungspolitik«. Rechtspopulistische Skandale, in: Gehler/Sickinger (Hg.), Politische Skandale, a. a. O., S. 666 ff; dies./Wolfgang Neugebauer, Haider und die »Freiheitlichen« in Österreich, Berlin 1997; Hubertus Czernin (Hg.), Wofür ich mich meinetwegen entschuldige. Haider beim Wort genommen, Wien 2000; Harald Goldmann/Hannes Krall/Klaus Ottomeyer, Jörg Haider und sein Publikum, Klagenfurt 1992; Jörg Haider, Die Freiheit, die ich meine, Frankfurt 1993; Klaus Ottomeyer, Die Haider-Show. Zur Psychopolitik der FPÖ, Klagenfurt 2000; Max Preglau, Rechtsextrem oder postmodern? Über Rhetorik, Programmatik, Interaktionsformen und ein Jahr Regierungspolitik der (Haider-)FPÖ, in: SWS-Rundschau, Heft 2/2001, S. 193 ff; Hans-Henning Scharsach, Haiders Kampf, Wien 1992; ders., Haiders Clan. Wie Gewalt entsteht, Wien 1995; ders. (Hg), Haider und die rechte Versuchung, Reinbek bei Hamburg 2000; ders./Kurt Kuch, Haider. Schatten über Europa, Köln 2000; SPÖ-Kärnten, Das ist ein Skandal. Haider und seine Spießgesellen (Broschüre), o. O. o. J.; Handbuch des österreichischen Rechtsextremismus, a. a. O.; Melanie A. Sully, The Haider Phenomenon, New York 1997; Gudmund Tributsch (Hg.), Schlagwort Haider. Ein politisches Lexikon seiner Aussprüche von 1986 bis heute, Wien 1994; Christa Zöchling, Haider. Licht und Schatten einer Karriere, Wien 1999.

[2] Pick, Rolle, a. a. O., S. 258.

[3] Zöchling, Haider, a. a. O., S. 9.

[4] Ottomeyer, Haider-Show, a. a. O., S. 7.

[5] Ebenda, S. 8. Zu diesen vier Rollen vgl. auch Joe Berghold/Klaus Ottomeyer, Populismus und neuer Rechtsruck in Österreich im Vergleich mit Italien, in: Sieder/Steinert/Tálos (Hg.), Österreich, a. a. O., S. 314 ff.

[6] Vgl. z. B. Bailer-Galanda/Neugebauer, Haider, a. a. O.; Scharsach, Haiders Kampf, a. a. O.

[7] Zit. nach: Scharsach, Haiders Kampf, a. a. O., S. 98.

[8] Willibald I. Holzer, Rechtsextremismus – Konturen, Definitionsmerkmale und Erklärungsansätze, in: Handbuch des österreichischen Rechtsextremismus, a. a. O., S. 11 ff.

[9] Ernst Hanisch, Periodisierungsversuche des 20. Jahrhunderts, in: Dachs u. a. (Hg.), Handbuch, a. a. O., S. 11 ff, hier S. 23.

[10] Ebenda.

[11] Bailer-Galanda/Neugebauer, Haider und die »Freiheitlichen in Österreich«, a. a. O., S. 34.

[12] Viktor Reimann, Fünf ungewöhnliche Gespräche, Wien 1991, S. 219.

[13] Fritz Plasser, Die populistische Arena: Massenmedien als Verstärker, in: Pelinka (Hg.), Populismus, a. a. O., S. 84 ff, hier S. 89.

[14] Vgl. Andreas Pittler, Am Beispiel Otto Scrinzi. Rechtsextreme in Österreich, Wien 1986, S. 7 ff.

[15] Zit. nach: Scharsach/Kuch, Haider, a. a. O., S. 190.

[16] Bailer-Galanda, »Ideologische Missgeburt«, a. a. O., S. 667. Zum besagten Interview vgl. »profil« vom 16. März 1987 (das Interview führte Peter M. Lingens).
[17] Vgl. »profil«, Heft 8/1985 (das Interview führte Helmut Voska).
[18] Zöchling, Haider, a. a. O., S. 68 f.
[19] Ebenda, S. 162.
[20] Ernst Bruckmüller, Österreichbewusstsein im Wandel. Identität und Selbstverständnis in den 90er-Jahren, Wien 1994.
[21] Peter A. Ulram, Österreichbewusstsein 1964–1987, in: Dr. Fessel & Co. GesmbH Institut für Meinungsforschung, Österreichbewusstsein 1987, S. 4. Aus der umfangreichen Literatur vgl. ferner Felix Kreissler, Der Österreicher und seine Nation. Ein Lernprozess mit Hindernissen, Wien/Köln/Graz 1984; Gerald Stourzh, Vom Reich zur Republik. Studien zum Österreichbewusstsein im 20. Jahrhundert, Wien 1990; Georg Wagner (Hg.), Österreich. Von der Staatsidee zum Nationalbewusstsein, Wien 1982.
[22] Vgl. »Neue Front« vom 20. September 1958.
[23] Vgl. »Aula«, Heft 9/1988.
[24] Zit. nach: Norbert Schausberger, Hitler und Österreich, in: Österreich in Geschichte und Literatur 6/1984.
[25] Vgl. dazu Bailer-Galanda, »Ideologische Missgeburt«, a. a. O., S. 672 f, deren Aufsatz ich auch die folgenden Beispiele entnehme.
[26] Das Protokoll dieser Sitzung wurde abgedruckt in: Andreas Khol/Günther Ofner/Alfred Stirnemann (Hg.), ÖJP '91, Wien/München 1992, S. 167 ff.
[27] Vgl. »Der Standard« vom 15./16. Juni 1991.
[28] Scharsach/Kuch, Haider, a. a. O., S. 38 f.
[29] Vgl. »Der Standard« vom 20. Juni 1991.
[30] Zit. nach: Scharsach/Kuch, Haider, a. a. O., S. 39.
[31] Haider, Freiheit, a. a. O., S. 199.
[32] Vgl. »News« vom 26. November 1992.
[33] Vgl. »Die Zukunft«, März 1992, hier zit. nach: Handbuch des österreichischen Rechtsextremismus, a. a. O., S. 379.
[34] Der Zusatz »IV« steht als Ausdruck einer Geschichtsfälschung neben Heer, Luftwaffe und Marine für die »vierte Waffengattung«, wenngleich die Waffen-SS niemals Teil der Wehrmacht war.
[35] Vgl. dazu Bailer-Galanda/Neugebauer, Haider und die »Freiheitlichen« in Österreich, a. a. O., S. 69 ff; Scharsach/Kuch, Haider, a. a. O., S. 25 ff; »profil« vom 8. Januar 1996.
[36] Zit. nach: Hubertus Czernin, Westentaschen-Haider, Wien 2000, S. 53 ff.
[37] Vgl. »Der Standard« vom 22. Dezember 1995.
[38] Vgl. »Wiener Zeitung« vom 27. Juni 1996.
[39] Vgl. dazu z. B. Scharsach/Kuch, Haider, a. a. O., S. 56 ff und Heribert Schiedel, Die FPÖ und der Antisemitismus – Ein lange verdrängter Aspekt, in: http://www.doew.at/thema/fpoe/schiedl.html.
[40] Zöchling, Haider, a. a. O., S. 43.
[41] Vgl. »Format«, Heft 11/2001, S. 28.
[42] Zit. nach: Ebenda, S. 29.

[43] Zur Regierungsbildung und zur Rolle Klestils vgl. Christian Dickinger, Der Diplomat. Thomas Klestil, in: ders., Österreichs Präsidenten, a. a. O., S. 185 ff, hier S. 216 ff. Eine umfassende Darstellung bieten Margaretha Kopeinig/Christoph Kotanko, Eine europäische Affäre. Der Weisen-Bericht und die Sanktionen gegen Österreich, Wien 2000 (vgl. insb. die Chronologie S. 89 ff) Gerfried Sperl, Der Machtwechsel. Österreichs politische Krise zu Beginn des 3. Jahrtausends, Wien 2000.

[44] Zit. nach: Czernin, Westentaschen-Haider, a. a. O., S. 92.

[45] Vgl. »News«, Heft 17/2000.

[46] Vgl. »Format«, Heft 40/2000 (»Enthüllung eines FPÖ-Spitzels«). Vgl. für die weitere Entwicklung und insb. zur Rolle Haiders »Format«, Heft 44/2000 (»Der Kriminalfall Haider«); »Format«, Heft 45/2000 (»Akten ins Büro Haider«); »News«, Heft 44/2000 (»Das Finale. Die Ermittler kommen Haider immer näher«); »News«, Heft 46/2000 (»Die Blaue Spitzelakte. Im Zentrum der Ermittlungen stehen Haider, Binder, Kabas und Kreißl«); »profil«, Heft 42/2000 (»Die Spitze des Eisbergs«); »profil«, Heft 43/2000 (»Anlaufstelle Jörg Haider«).

[47] Josef Kleindienst, Ich gestehe. Was ein Polizist über die Exekutive weiß, o. O. 2000.

[48] Vgl. »Der Standard« vom 28./29. Oktober 2000.

[49] Vgl. dazu Christian Dickinger, Die »Dritte Republik«. Freiheitliche »Reformvorschläge« auf dem Wege zu einer autoritären Präsidialrepublik, in: SWS-Rundschau, Heft 4/1996, S. 367 ff.

[50] Vgl. »profil«, Heft 42/2000.

[51] Vgl. »Falter«, Heft 44/2000.

[52] Vgl. »profil«, Heft 21/2001.

[53] Vgl. »Falter«, Heft 44/2000.